초격차 영업법

초격차 영업법

초판 1쇄 인쇄 2017년 9월 1일
초판 1쇄 발행 2017년 9월 6일

지은이 이정식
펴낸이 백유미

Publishing Dept.
CP 조영석 | **Director** 김윤정 | **Chief editor** 박혜연 | **Editor** 이선일
Marketing 이원모 방승환 조아란 | **Design** 문예진 엄재선

Education Dept.
박은정 김주영 이정미 이하영

Management Dept.
임미현 윤민정

펴낸곳 라온북
주소 서울시 서초구 효령로 34길 4, 프린스효령빌딩 5F

등록 2009년 12월 1일 제 385-2009-000044호
전화 070-7600-8230 | **팩스** 070-4754-2473
이메일 raonbook@raonbook.co.kr | **홈페이지** www.raonbook.co.kr

값 14,500원
ISBN 979-11-5532-305-2 (03320)

이 도서의 국립중앙도서관 출판시도서목록(CIP)은 서지정보유통지원시스템 홈페이지(http://seoji. nl.go.kr)와 국가자료공동목록시스템(http://www.nl.go.kr/kolisnet)에서 이용하실 수 있습니다. (CIP제어번호 : CIP2017022124)

라온북은 독자 여러분의 다양한 아이디어와 원고 투고를 설레는 마음으로 기다리고 있습니다. 머뭇거리지 말고 두드리세요. (raonbook@raonbook.co.kr)

기하급수 성장 기업은
서든데스시대를 어떻게 극복하는가

초격차
영업법

이정식 지음

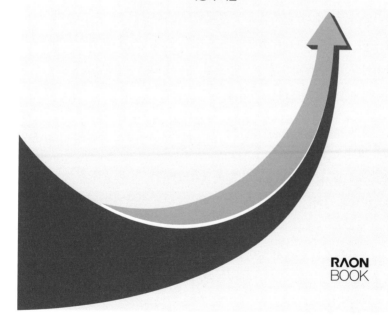

RAON
BOOK

저성장시대 유일한 전략,
초격차 영업을 하라

시장이 크게 변하고 있다. 저성장시대의 장기 불황으로 제한된 수요를 두고 기업 간, 유통 간의 경쟁은 날로 치열해지고 있다. 과거의 불황은 일시적이었다. 그러나 현재의 영업 상황은 불황이 장기화로 굳어진다는 점에서 큰 차이점이다. 저성장과 장기불황 시대가 일상이 되어 버린 것이다. 처음으로 경험하는 이런 엄격한 영업 환경에서 우리는 경쟁사와 큰 격차를 벌리면서 주어진 매출 목표를 달성하고 성장해야 한다. 도대체 어떻게 해야 할까. 기업 CEO부터 현장의 접점 영업 인력까지 품고 있는 공통된 생각들이다. 분명한 것은 전통적인 영업 방식으로는 전년 대비 성장과 경쟁력을 지켜내기가 어렵다는 것이다.

팔아야 한다. 그것도 이익을 내면서 경쟁사보다 더 많이 팔아야 한다. 이런 압박 속에 기업이 저지르게 되는 실수는 어떤 수를 쓰더라도 고객에게 일방적으로 팔고 말겠다는 단기적 차원의 푸시(Push) 영업을 하는 것이다. 이는 절대 해서는 안 되는 실수다. 어려울수록 고객의 문제를 기업이 해결해 주면서 고객이 스스로 구매하게 만드는 장기적인 차원의 가치 영업으로 전환할 수는 없을까 고민해야 한다. 모든 기업의 성과에 가장 크게 영향을 미치는 중요한 요소는 역시 고객이다.

그럼 어떻게 하면 고객의 마음을 헤아리고 고객을 확보하고 유지할 수 있을까. 기존에 알고 있던 품질, 가격, 신속성은 경쟁 우선순위에서 기본적으로 갖춰야 할 필수 조건들에 불과하다. 이제 고객의 마음을 얻기 위해서는 고객이 기업에게 지불하는 비용 대비 최상의 서비스를 제공하고 이것이 타 기업과 차별된다는 것을 고객이 느끼도록 해야 한다.

따라서 지금 기업에 성과를 만들어 줄 수 있는 유일한 조직은 오직 고객과의 접점에 있는 영업조직이다. 기업의 영업 조직이 영업, 마케팅 전략을 충분히 이해하고 한 방향으로 신속하게 고객에게 가치를 잘 전달하고 성과로 만들어 내는 것이 지금 시대에서 기업 경쟁력의 중요한 부분 중의 하나라고 볼 수 있다.

그런데 최고경영자는 "영업 인력들은 공부를 안 하고 전략도 없다", "조직 내에서 가장 변하지 않는 조직으로 빠르게 변하는 고객을 좇아가지 못한다", "제조를 리드 하지 못하며 부가가치가 없다"며 영업 조직을 채근한다. 그리고 영업 리더 역시 "영업 혁신과 학습을 통해 이젠 가치영업으로 전환해야 하며 기존의 구태의연한 영업방식에 대한 한계와 고객중심의 영업 전략과 접점 영업 인력들의 선진화 필요성을 강하게 실감하고 있다"고 한다.

리더들은 이렇게 영업 현장에 마구 폭격을 가하지만 새로운 시대에 맞는 구체적인 영업 방법이나 가치 영업에 대해 이야기해 주는 경우는 극소수다. 영업사원이 답답한 마음에 대형 서점에 가 봐도 마케팅이나 경영 전략과 같은 어려운 서적들과 일부 극소수의 전략 스텝부서에서나 참고할 만한 책들뿐 속 시원한 해결책을 제시하는 영업 관련 서적은 찾아보기 힘들다. 이에 대해 늘 고민하다 직접 현장에서 지속 가능한 지침서가 될 수 있는 영업 도서를 집필하기로 마음먹었다.

필자는 삼성전자에서 30여 년간 근무하면서 영업현장과 스텝의 주요 부서를 모두 경험했다. 대리점 관리부터 상품기획, 판매기획, 영업전략, 머천다이징팀장, 국내 마케팅팀장과 전속유통팀장 등 고성장시대부터 저성장시대까지 영업의 최전방에서 근무하였다. 이후 서강대에서 마케팅 석사와 경영학 박사를 취득하며 경험을 이론으로 정립할 수 있었다. 이에 미국 피츠버그대학교에서 마케팅 전략과 일본에서 익힌 선진 영업 기법들을 총 망라하여 정리한 책이 바로 '초격차 영업법'이다.

'초격차 영업'이란 2위 업체가 도저히 따라올 수 없을 정도의 압도적인 차이의 영업을 말한다. 영업의 격차 수준을 '초격차 영업〉격차영업〉보합영업〉열세영업〉초열세 영업' 이렇게 다섯 단계로 나누어 보았다.

격차 영업은 2위와 작은 격차를 두고 서로 치열한 경쟁을 하는 수준을 말한다. 대부분 현재 기업에서 하고 있는 영업의 수준이다. 제품과 영업의 격차 전략에서 만일 회사의 제품이 초격차의 경쟁력을 갖고 있다면 영업은 그렇게 열심히 안해도 되는 것은 아닌가 하는 생각을 가질 수도 있다.

하지만 초격차 제품을 가지고 보합 영업을 해버리면 보합 수준의 영업 성과밖에 나올 수 없다(초격차 제품×보합 영업=보합수준의 영업성과). 반면에 경쟁력이 비슷한 보합수준의 제품을 가지고 초격차 영업을 한다면 보합수준 이상의 영업성과를 기대해도 좋다(보합 수준의 제품×초격차 영업=보합수준 이상의 성과)는 것이 초격차 영업법이다.

제품력이 100% 수준이라고 가정하고 기존 방식이 100, 105%의 경쟁력을 갖기 위한 영업이었다면 초격차 영업법은 200% 이상의 경쟁력을 만들기 위한 새로운 영업법을 말하는 것이다. 많은 자원을 들이는 외형적인 초격차가 아닌 기존의 영업 자산인 사람, 프로세스, 영업의 방법과 개념을 바꾼 효율적인 성과 영업을 의미한다.

이 책은 기존의 고차원적인 전략이나 마케팅 전문 서적이 아니다. 그동안 영업활동에서 시행하면서 놓쳤던 실무내용을 되짚어보고 새롭게 이해하고 공감하여 차별화된 성과를 만들어 내자는 것이다. 총 7장으로 구성되어 있는 이 책은 실제 현장에서 적용할 수 있는 워크프레임은 물론 경영자가 제시할 수 있는 비전까지 담겨 있어, 역성장을 대비한 영업 환경에 맞춘 '초격차 영업법'을 제시한다.

특히 아래로는 영업사원들 그리고 고객들과의 틈바구니에서 목표에 대해 압박을 느끼는 영업의 중간 관리층에게 이 책을 꼭 권한다. 또한 접점의 영업리더십에 한계를 느끼는 임원급, 기술의 급변으로 인한 제품의 변화, 더욱 스마트해지는 고객, 치열한 경쟁 환경에서 영업의 성공과 차별화된 가치영업에 대해 고민하는 최고 영영자들에게도 현장을 들여다볼 수 있는 계기가 될 것이다.

현장 스태프와 임직원들 역시 현장에서 꼭 필요한 전략과 개념들에 대해 확실히 이해하고, 현장 접점의 직원들이 공감할 수 있는 전략, 고객에게 제대로 도달할 수 있는 영업을 하는 데 도움을 받을 수 있다.

이 책이 있기까지 만날 때마다 다양한 영업 경험을 많은 사람들에게 책으로 전파를 하라고 자극해 주신 이상현 사장님과 삼성전자 국내영업의 손명섭, 이현봉, 장창덕 선배님들과 정우회 회원 분들께 머리 숙여 깊은 감사인사를 드리고 싶다. 서강대 서창적 교수님께도 감사의 말을 전한다. 나의 가족 정영희, 창우, 주연 그리고 형제들에게 사랑을 전한다.

저자 이정식

목
차

PART 2. 불황을 돌파할 새로운 영업 전략

Chapter 3 / 불황기 영업 돌파 전략, 초격차 영업 4P모델

PART 3. '초격차 영업 4P모델'의 전략적 활용 방법

PART 1

서른데스시대,
변화에서 기회를

Chapter 1

영업의 축이
흔들린다

장기 저성장시대,
가격 경쟁으로
망할 수도 있다

한국은 과거 10%대의 고성장의 시대에서 2012년 이후 2%대라는 저성장의 시대에 머물러 있다. 이러한 현상은 앞으로 매우 길어질 것이라고 예측한다. 일부 업종에서는 이미 저성장이 아닌 역성장으로 돌입하고 있다.

필자는 삼성전자 재직 당시 지금의 롯데하이마트와 같은 일본의 Top3 가전 양판점인 에디온(Edion)이라는 회사에 3개월간 소매 유통의 실판매 기법을 배우기 위해 연수를 간 적이 있다.

1994년 당시 일본은 저성장의 늪에서 힘든 시기를 보내고 있을 시기였다. 그 당시 에디온의 구보 회장은 영업 실적이 역성장에서 벗어나 2%나 성장(2016년 2% 역성장)했다고 좋아했다. 당시 나와 함께한 유통 연수단 중 어떤 영업 간부는 자기가 맡고 있는 점포는 10%,

또 다른 간부는 20% 이상 성장하고 있다고 하면서 그들 앞에서 영업력을 한껏 뽐냈다. 그때 일본의 에디온 영업 전문가들은 우리를 얼마나 우습게 보았을까? 사실 그 당시 에디온으로부터 배운 소매 영업 기술들은 오늘날 삼성전자판매(주)의 영업력 향상에 큰 보탬이 되고 있다.

당시 우리는 궁금하고 이해할 수가 없었다. 어떻게 2% 밖에 성장하지 못한 영업실적을 갖고 에디온의 구보 회장은 저렇게도 좋아할까? 그때 한국은 IMF 환란을 불과 3년 앞둔 시기였다. 그 당시 필자가 느꼈던 일본의 선진 유통 연수 소감은 정말 상상 이상의 디테일과 철저한 고객 중심의 영업이었다. 지금 돌이켜 생각해보면 그렇게 해서 나온 실적이 2%의 성장이었던 것이다. 2016년 일본의 Top3 가전 양판점의 매출 실적 역시 2% 역성장을 했다. 만일 일본 경제의 '잃어버린 20년(1991년~2011년)'과 같은 장기 불황이 우리에게 온다면 우리는 어떻게 대처할 것인가? 우리에게는 일본과 같은 장기 불황을 견뎌낼 만한 영업 경쟁력은 과연 보유하고 있는 것인가?

국내 내수 영업의 경우에도 이마트를 포함한 대형 유통들은 이미 저성장이 아닌 역성장을 하고 있으며 동시에 비효율적인 점포들은 폐점을 하기도 한다. 롯데하이마트를 포함한 가전 유통전문점들도 휴대폰 매출을 제외하고는 전년도보다 밑도는 실적을 보이고 있다. 따라서 과거 경쟁적으로 점포를 출점해오던 다점포 유통 전략에서 이제는 이익이 나지 않는 비효율적인 점포는 과감히 폐점을 하는 효율 영업으로 전략을 바꾸고 있다.

국내 4대 은행의 생산성 역시 2016년 기준, 5년 전인 2011년에 비하면 신한은행이 38%, 국민은행이 64%가 줄어든 실적을 보이고 있다. 이러한 실적은 인터넷전문은행의 출범에 따른 영업 확대와 저금리가 장기화로 이어질 경우 더욱 악화될 것으로 보인다. 이로 인해 4대 대형 은행들 또한 최근 5년 동안 500개 정도의 오프라인 영업 지점을 폐점시키면서 효율적인 영업 체제로의 전환을 모색하고 있다. 국내 자동차 업계 또한 수입차에 시장점유율을 내주면서 큰 폭의 역성장을 이어가고 있다.

최근 영업에 몸담고 있는 경영자들을 만나보면 하나같이 장기 불황은 이미 시작되었다고 이야기한다. 그러나 똑 부러지게 이 어려운 시기를 어떻게 돌파해야 할지 명확한 전략은 없다고 한다. 앞으로 기업이 성장을 못하고 역성장을 하게 되면 어떻게 될까. 이건 굉장히 심각한 문제다. 전체적으로 수요가 정체되면 역성장으로 인해 영업 조직에서는 목표를 달성하기 위해 기업 간의 경쟁은 더욱 치열해지고 결국 가격 중심의 영업으로 빠져들게 된다. 그럼 장기적으로 지속적인 가격 중심의 경쟁을 해나갈 수 있을까? 가격 중심의 영업은 결국 기업의 이익까지 줄어들게 만든다. 기업의 이익은 줄어드는데도 조직은 과연 지금처럼 판매 인센티브를 지급하면서 영업사원들을 그대로 유지하며 존재할 수 있을까?

저성장의 시대에서 더 나아가 역성장의 시대로 가면 이제는 정말 기업이 망할 수도 있다고 생각해야 한다. 혹시 경기가 좋아질 때까지 버티기 작전으로 견디면 살아날 수 있지 않을까? 실제 얼마 지나지 않아 경기가 좋아질 것이라고 낙관하고 견뎌보자는 영업조직들도 적지 않다. 하지만 이제는 오히려 영업조직에서 역성장이 장기적으로 오래 갈 수 있다는 가정하에 전략과 방침을 짜야 한다.

영업의 CEO들은 매출은 역성장을 하더라도 이익은 포기할 수 없다고 강하게 주문을 하게 된다. 그리고 그 해법으로는 가격 중심의 영업을 하지 말고 비가격 차원의 가치 중심의 영업을 하라고 요구한다. 그러나 비가격 중심의 가치 영업이 말처럼 그렇게 쉽지는 않다. 그리고 이제껏 성장시대에서 해온 영업 자체가 가치 영업과는 차이가 있어 익숙지가 않은 것이 또한 사실이다. 이럴 경우 단위 영업조직에서는 딜레마에 빠지기 쉽다.

'잃어버린 20년(1991~2011년)'이라는 장기 불황의 노하우 덕분인지 2016년 일본의 Top3 가전 양판점 매출은 2% 역성장은 했지만, 가격 경쟁이 아닌 고가 제품 중심의 프리미엄 백색가전(냉장고, 세탁기, 에어컨 등)의 집중 판매로 순이익은 오히려 전년비 29.9%나 성장하였다.

2000년 초 삼성전자 국내 영업담당 사장이었던 이상현 사장은 다소 이른 시기에 가치 영업을 강조하였다. 전국 영업조직을 통하여 영업사원들은 대리점을 운영하는 점주들을 설득하여 고객들과 상담을 할 때 가격으로 승부하지 말고 제품의 가치를 개발하고 이 가치를 고객에게 친절히 설명하여 고객으로부터 제품별 판매 가격에서 최소 만 원씩은 더 받을 수 있도록 하자는 '만 원 캠페인'을 한 적이 있다.

이런 '만 원 캠페인'을 통하여 실제 대리점에게는 가격 중심의 영업에서 고객에게 가치를 파는 영업으로의 마인드 전환과 역량을 키우는 계기가 되었고 대리점들에게는 상당히 큰 수익도 안겨 주었다. 그리고 조직 내부적으로는 영업관리자들과 영업사원들의 가격과 가치에 대한 개념과 인식을 바꿀 수 있는 기회가 되었다.

당시 필자 역시 두 차례에 걸쳐 삼성전자 전사 경영 혁신대회에서 '대리점의 이익률 향상을 위한 비가격차원의 전략' 등의 주제로 금상과 은상을 수상한 경험이 있다.

한국능률협회컨설팅(KMAC)에서 발간하는 2017년 1월자 「혁신 리더」에 실린 에어부산의 이야기이다. 기사에 따르면 에어부산은 부산과 동남권 지역민의 항공 교통을 위해 부산시와 14개 지역 기업, 그리고 아시아나항공이 공동 주주로 참여해 만든 항공사이다. 2008년 출범 첫해 58억 원 매출에서 2016년 4,400억 원으로 급성장했으며, 2015년에는 국적 항공사 중에서 가장 높은 영업이익률인 8.7%를 기록했다고 한다.

에어부산의 성공비결은 한마디로 '차별화된 경영전략'이 핵심인 것 같다. 에어부산은 '저가격(Low Cost)의 저비용 항공사(LCC)'가 아니라 '스마트(SMART)한 실용 항공사'를 비즈니스 모델로 정했다. 비즈니스의 기본 개념이 '저가격'에 메이저 항공사 이상의 서비스'를 한다는 것으로 너무나 명확한 전략이었다. 이런 전략을 가진 회사를 어떻게 이길 수 있을까? 저가격만으로 경쟁하는 저가 항공사가 아닌 저가격에 대한 고객의 기대보다 더 큰 가치를 제공한다는 생각과 고객 맞춤서비스로 차별화된 가치까지 창출한다는 훌륭한 전략이다.

에어부산의 이런 전략은 **마이클 포터의 3가지 본원적 전략**을 뛰어 넘는 것 같다. 3가지 본원적 전략은 '**원가우위 전략**', '**차별화 전략**', '**집중화 전략**'으로 나뉜다. 낮은 원가로 경쟁우위를 가져가는 원가우위 전략과 차별화 전략은 사실 반대의 개념이다. 고객에게 맞춤서비스로 차별화된 가치를 제공하려면 원가가 올라가기 때문이다. 그러나 최근에는 비용은 낮추면서도 고객가치를 올리는 기업들이 많아짐에 따라 원가우위 전략과 차별화 전략을 함께 가져가야 한다는 주장도 있다.

경영을 둘러싸고 있는 영업 환경은 점점 더 어려워지고 있다. 영업조직의 경영진은 가격 중심의 영업을 하지 말고 비가격 차원의 가치 중심의 영업을 하라고 요구한다. 하지만 경영학 차원에서 마케팅 4P를 한번 살펴보자.

마케팅 4P는 '**제품(Product)**', '**가격(Price)**', '**유통(Place)**', '**판촉(Promotion)**'으로 구성된다. 이 네 가지 구성요소 중에서 제품(Product), 유통(Place), 판촉(Promotion)의 세 가지 요소는 모두 비용을 쓰는 요소이다. 제품을 만들고, 유통을 구축하고, 물건을 팔기 위해 판촉을 하는 데는 모두 비용이 든다. 반면 기업에게 매출을 통해 돈을 벌어다 주는 유일한 요소는 가격(Price)밖에 없다.

이렇게 중요한 요소임에도 기업에서는 가격에 대한 고민은 그렇게 깊이 있게 하지 않고 있다. 가격 전략은 단순히 제품과 서비스에 대해 가격을 정하는 문제를 떠나 고객이 지불하는 가격 이상의 가치 창조를 제안할 수 있는 방안을 만드는 것이 장기적으로 중요한 일 중 하나이다.

영업의 CEO와 경영진들은 현장의 영업관리자와 영업사원들에게 가격 영업을 하지 말고 가치 영업을 하라는 선문답식의 미사여구 대신에 구체적으로 대고객 커뮤니케이션 활동을 할 수 있는 방안을 마련해줘야 한다.

2000년 초 삼성전자 국내영업에서 실시한 제품별 판매가격에서 최소 만 원씩은 더 받을 수 있도록 하자는 '만 원 캠페인'은 사실 세탁기 판매 가격을 100만 원으로 볼 때 1%에 해당하는 것이다. 실제 많은 경영학자들과 마케팅 전문가들은 글로벌 기업 1,200개 사의 수익 구조에서 판매 가격을 1% 높게 받을 경우 영업이익은 무려 11%나 추가로 이익을 창출할 수 있다고 하였다. 영업조직에서는 1%의 가격을 더 받으려는 노력을 고객 측면에서 해야 한다. 즉, 고객의 가치를 높여서 가격을 추가로 더 받을 수 있는 마인드와 프로세스를 마련해야 하는 것이다.

이 책에서는 현장에서 다년간 쌓은 필자의 경험과 이론적인 지식을 접목하여 가격 중심의 영업에서 탈피하여 가치 중심의 영업으로 전환할 수 있는 해결책을 제안하고자 한다.

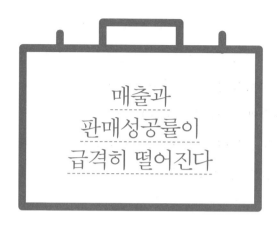

매출과
판매성공률이
급격히 떨어진다

시장 수요의 침체와 장기 불황의 상황에서 가장 큰 문제는 매장을 방문하는 고객들의 발걸음이 크게 줄어들고 있다는 것과 그나마 방문한 고객들조차도 과거처럼 영업사원의 상담이 구매로 이어지는 경우가 눈에 띌 정도로 줄어들고 있는 것이다. 이렇게 매장을 방문하는 고객도 줄어들고 판매로 연결되는 비율도 떨어진다면 영업조직에서는 이중으로 어려움을 겪을 수밖에 없다.

현재 2%대 수준 성장이라는 어려운 영업 상황이 몇 년 후에는 정말 1%대 내지는 완전히 역성장으로 들어간다면 영업의 미래는 과연 어떻게 될까? 그땐 정말 영업직원들이 매출 부진으로 인해 판매 인센티브를 받지 못하는 것은 물론 영업 인력에 대한 구조조정의 이슈까지 나오지 않을까 하는 생각이 든다.

매출이 오르려면 '①내방 고객수×②판매성공률×③고객별 구매 금액×④빈도수'와 같이 우선 ①점포를 방문하는 내방 고객수가 많아야 하는데 오히려 줄어들고 있다. 아니면 방문한 고객들이라도 상담한 이후에 구매를 하는 ②판매성공률이 높아야 하는데 이것 또한 줄어들고 있다는 것이다. 이러다 보니 매출 목표 달성을 위해 영업관리자들과 영업사원들은 고객들과의 상담과정에서 쫓기는 마음에서 자꾸 상담을 서두르고 판매 성공을 위해서 무리수를 두게 된다. 고객에게 제품을 팔고 말겠다는 생각에서 고객에게 물건을 밀어내려고 하는 소위 푸시(Push) 영업을 하게 된다. 또한 판매를 성공시키겠다는 생각과 함께 고객이 구매하려고 하는 예산의 범위와는 상관없이 구매 금액을 억지로 올려 매출을 높여야겠다는 생각으로 고가격의 제품으로 구매를 유도하게 된다.

만약 여러분이 고객이라면 과연 이런 영업사원과 계속 상담을 하고 싶은 생각이 들까? 또한 나중에 이 점포를 다시 방문하여 물건을 사고 싶을까? 그리고 주변 지인들에게 이 점포와 영업사원에게 물건을 사라고 추천하고 싶은 마음이 생길까? 아니다. 독자들도 아마 필자와 똑같은 생각을 하고 있을 것이다. 그런데 왜 이런 영업을 계속하고 있을까? 영업조직에서는 아직도 과거 성장시대의 영업 방식을 못 버리고 있는 것은 아닐까? 과거 성장기의 성공 영업에 갇혀 있다면 빨리 벗어나야 한다. 그러나 지금도 아마 과거 성장기의 영업 마인드에서 조직을 운영하고 있는 경영자와 관리자들이 적지 않을 것이다.

학생들에게 가끔 마케팅 사례로 들곤 하는 성공증후군(Success Syndrome)에 대하여 살펴보자. 성공증후군이란 사업을 시작하면서 사업초기에는 고객 만족을 생각하면서 정말 열심히 하다가 사업이 어느 정도 궤도에 오르면 고객 중심이라는 초심은 잃어버리고 자만심에 젖어 고객과 시장을 등한시 하고 기업 중심의 사고로 사로잡히고 마는 것을 일컫는다. 이들은 사업이 어려워진 원인을 고객과 시장을 중심으로 문제점을 찾아내고 개선하기는커녕 오히려 문제점을 외부적인 요인으로 돌리면서 엉뚱한 방향으로 문제를 돌파해 보려고 시도한다.

1972년에 창업한 티지아이프라이데이스(T.G.I Friday's)는 초기에 폭발적인 인기로 고객이 넘쳐나 신규 매장을 7개나 오픈하였다. 그러나 오픈한지 6개월 만에 매출이 50%로 반 토막이 나버렸다. 그러자 당시 티지아이프라이데이스의 회장이었던 댄 스코긴은 매출 감소의 원인을 조직 내부로 돌리고 문제점과 대책을 고객 관점에서 접근하였다. 고객 관점에서 문제점을 찾아내고 대책을 시행하여 매출을 다시 원상으로 돌려놓는 데는 6개월이 채 걸리지 않았다.

매출이 어려운 이유를 전반적인 경기 부진과 치열한 경쟁 등 외부적인 요소로 돌리는 순간 해결책을 찾긴 쉽지 않다. 지금도 많은 영업조직에서는 판매 부진을 만회하기 위해 내부적인 개선 활동보다는 외부적인 경제적인 요인으로 돌리면서 시간만 보내고 있다. 또 어떤 영업조직의 리더들은 고객 중심의 디테일한 문제점 분석과 대책이 아닌 영업의 어려움은 열정과 의지로 충분히 극복할 수 있다고 믿는 성공증후군의 리더들도 흔히 볼 수 있다. 그들은 아직도 영업 현장은 밀어 붙이면 조직의 힘으로 성과를 올릴 수 있다고 믿는 리더들이다.

매출을 늘리기 위한 공식인 '①내방 고객수×②판매성공률×③고객별 구매 금액×④빈도수'에서 '①내방 고객수'가 떨어지는 문제를 해결하기 위해서는 우선 영업관리자와 영업사원들은 외부적인 요인에서 벗어나 내부적인 원인으로 접근하여 매장으로 고객을 유인할 수 있는 대책을 수립해야만 한다. 매장을 방문하는 고객을 늘리지 않고서는 매출을 절대로 높일 수는 없다.

다음은 상담 후의 판매성공률과 구매 금액을 자연스럽게 높이려는 '②판매성공률×③고객별 구매 금액' 역시 기업 입장이 아닌 고객의 니즈를 반영한 고객 중심의 영업으로 접객을 해야 한다. 실제 연구에서 보면 고객이 거래하던 기존의 기업을 떠나는 이유는 제품보다 서비스에 있다. 한 조사에 따르면 '제품에 대한 불만족'이 14%인 반면에 '직원의 접객과 서비스에 대한 불만족'이 68%로 '제품에 대한 불만족'보다 4배나 더 높은 수치를 보인다. 그러나 아직도 즉흥적이고 행동지향적인 영업관리자나 영업리더들은 영업사원을 포함한 영업조직의 문제점보다는 제품에 대한 문제나 가격 경쟁력의 열세로 판매가 잘 되지 않고 있다고 판매 부진의 책임을 제조로 넘기려는 경향이 강하다.

고객을 상담하여 영업의 성과인 매출로 성사시키는 사람은 결국 현장 접점의 영업사원들이다. '②판매성공률×③고객별 구매 금액'을 올리기 위해서는 상황과 시기에 맞는 영업사원의 역할을 인식하고 목적에 맞는 영업활동으로 하루 빨리 전환해야 한다.

아래 표를 살펴보면, 웨이츠 바런과 케빈 브래드포드는 영업의 본

시대에 따른 영업사원의 역할 변화

	생산시대	판매시대	마케팅시대	파트너시대
영업사원의 역할	공급자	판매자	문제 해결자	가치창조자
영업사원의 목표	판매	판매	AS의 충족	고객 관계의 구축
영업사원의 지향점	단기 매출 실적	단기 매출 실적	단기 매출 실적 및 AS충족	장기 매출 실적 및 고객니즈 충족
영업사원의 주요 업무	주문 획득 및 배송	구매 설득	고객니즈와 기존 제품과의 매칭	고객니즈에 부합하는 새로운 가치 창출
영업사원의 활동	방문 및 제품 소개	일방적인 고객 유도	적응 판매를 통한 고객 유도	고객 관계의 구축 및 유지
영업관리자와 영업관리의 대상과 초점	개별 영업사원	개별 영업사원	개별 영업사원	영업팀
	효율적인 자원 배분, 보다 적극적인 업무 수행을 위한 동기부여	효율적인 자원 배분, 보다 적극적인 업무 수행을 위한 동기부여	선발, 능력 향상을 위한 교육 훈련, 보다 효과적인 업무 수행을 위한 동기부여	선발, 영업팀에 대한 동기부여, 리더십, 갈등 관리 기술의 개발

자료:웨이츠 바런, 케빈 브래드포드 '영업과 영업관리:관계 마케팅에 대한 조망' 「마케팅과학회저널」 1999

질과 영업사원의 역할을 시대의 흐름에 따라 '생산시대', '판매시대', '마케팅시대', '파트너시대'로 구분하였다. 그럼 현재 우리 영업조직의 영업사원들은 과연 어느 단계에서 영업을 하고 있는 것일까?

우선 '생산시대'의 영업사원의 역할은 주로 고객에게 판매를 통한 단기 매출 실적 극대화였다. 이때 B2B인 경우 영업사원의 능력이나 기술보다는 고객을 더 자주 방문하여 많은 주문을 받아내는 것이 영업사원의 목적이었다.

'판매시대'는 공급이 수요를 초과하면서 잠재 고객이 경쟁사의 제품을 선택하지 않도록 공격적인 판매기법을 활용하여 고객을 설득하여 자사의 제품으로 주문을 따내는 것이 가장 중요한 역할이었다.

'마케팅시대'의 주요 핵심은 고객의 니즈이며, 이전의 시대와의 큰 차이는 공급자의 관점에서 고객의 관점으로 바뀌기 시작한 것이다. 또한 영업사원의 역할도 고객의 니즈를 충족하는데 두며 일회성 거래가 아닌 장기적인 관계에서 고객맞춤영업을 중요시하게 되었다.

마지막으로 '파트너시대'는 수요보다 공급 초과 현상이 더욱 커지면서 고객의 파워가 강해지고 요구 조건도 더욱 까다로워지고 높아졌다. '파트너시대'의 영업은 고객이 수익을 창출할 수 있도록 영업사원은 고객을 위해 새로운 가치를 지속적으로 제안할 수 있어야 한다. 이를 위해서 특히 B2B영업사원은 고객의 비즈니스를 이해하고 시장의 트렌드와 고객의 경쟁사에 대한 일반적인 지식까지도 있어야 한다. 이와 같은 변화로 영업사원의 역할은 좀 더 전략적으로 바뀌어야 한다.

따라서 영업조직은 본부로부터 받은 마케팅전략을 현장에서 단순히 실행하는 차원을 넘어서 고객을 세분화하여 목표고객을 정하고, 정해진 목표고객을 대상으로 관계를 강화시키는 한편 마케팅 정책을 통해 고객이 필요로 할 제품을 전략적으로 고객에게 제안할 수 있어야 한다.

수요는 정체된 상태에서 공급은 넘쳐나는 시장의 상황에서 누가 더 고객중심으로 맞춤영업을 할 수 있느냐가 판매 성공의 관건이다. 그러나 앞에서도 설명했듯이 영업조직에서는 고객이 쉽게 구매를 하지 않는 경향이 높아져 판매성공률이 낮아진다고 이야기만 할 뿐이지 실제 지금 어떤 형태의 영업을 하고 있는지에 대해서는 큰 관심을 갖고 있지 않다.

고객은 이미 고객의 니즈에 부합하는 새로운 가치 창출의 '파트너 시대'의 영업을 원하고 있다. 그러나 현실은 아직 단기 매출실적 중심의 마인드에서 벗어나지 못하고 일방적으로 고객을 유도하고 판매를 하려고 하는 '판매시대'의 영업 수준에 머물러 있다. 이런 '판매시대'의 영업으로는 시간이 지날수록, 앞으로 경기가 어려워지면 어려워질수록 영업사원의 매출과 판매성공률은 더욱 심하게 떨어질 것이다.

점포를 방문하는 내방객의 감소와 영업사원의 판매성공률의 하락으로 인해 매출이 줄어드는 현상은 또 다른 문제를 가져오게 된다.

매출 목표를 달성하는 것이 어려워질수록 영업에 집중할 수 있는 시간이 줄어들어 영업의 생산성은 더욱 떨어진다는 것이다.

B2B의 예를 들어 보면 매출 목표 미달성으로 인해 영업조직과 영업사원들은 목표 미달성에 대한 문제점 분석 및 대책 수립 등의 요구를 받게 되고 이로 인해 영업 이외의 잡무들이 더욱 늘어나게 된다. 또한 이러한 보고서나 대책 자료들을 만들 때 기초 자료에 대한 수집이나 분석 등이 시스템화되어 있지 않은 경우에는 자료 정리를 위한 시간의 할애 등으로 영업성과는 더욱더 떨어질 수밖에 없다. 영업리더는 영업이 어려워질수록 영업 인력들이 온전히 영업에 집중하여 영업생산성을 높일 수 있도록 해줘야 한다. 박찬욱의 저서 『고객 관계 관리』에서는 영업생산성을 아래와 같이 설명하고 있다.

영업생산성=영업성과÷총 업무시간

=(영업활동시간÷총 업무시간)×(영업성과÷영업활동시간)

=①영업 효율성×②영업 효과성

영업의 리더와 영업관리자들이 이 어려운 영업 환경에서 가장 먼저 생각해야 할 것은 바로 '①영업 효율성'을 높이는 방안이다. 이는 총 업무 시간 중에서 실제로 영업활동에 사용한 시간을 말한다. 영업리더와 관리자들은 영업사원들이 효과적인 매출 성과를 위하여 영업에만 집중할 수 있도록 업무 환경을 만들어 주어야 한다.

다음 '②영업 효과성'은 영업활동시간에 얼마나 많은 영업성과를 거두었느냐 하는 것이다. 여기서 영업성과는 두말할 것도 없이 매출이라고 보면 된다. 결국 영업생산성은 '①영업의 효율성'과 '②영업 효과성'을 곱한 것이다. 영업의 생산성을 높이기 위해서는, 즉 매출을 높이기 위해서는 영업사원들이 실제 영업활동에 사용하는 시간을 최대한 늘려주고, 영업활동 시간에는 영업에만 몰입하여 높은 영업성과를 거둘 수 있도록 영업사원의 역량을 키워줘야 한다. 우리가 앞에서 이야기한 판매성공률은 주로 '②영업 효과성'에 대한 이야기들이다. 흔히 영업조직에서 매출은 늘리기 위해 가장 문제라고 생각하고 있는 판매성공률은 영업생산성을 높이는 수단 중에서 반쪽에 해당되는 것이다. 이런 측면에서 영업의 생산성인 매출을 높이는 나머지 반쪽인 '①영업 효율성'에 대한 내용들을 살펴보자.

기업에서 영업의 생산성을 높이는 수단으로 쉽게 놓치는 것이 '①영업 효율성'이다. '①영업 효율성'은 총 업무시간 중에서 실제로 영업활동에 사용한 시간을 의미하는데 미국경영자협회(AMA:American Management Association)에서 한국, 일본, 미국 세 국가의 B2B영업사원들의 영업활동 시간에 대한 비중을 조사하였다. 다음의 표에서 보듯이 한국의 영업사원들은 '내부 업무처리' 등에 보내는 시간이 많아 영업에만 집중하는 영업활동 시간, 즉 '영업 효율성'은 가장 낮다는 것을 알 수 있다.

다음의 자료에서 보듯이 우리나라의 B2B영업사원들은 '내부 업무처리' 시간이 과다하여 실제로 영업활동에 사용하는 시간, 즉 '영업

영업사원들의 영업활동 시간 비중에 대한 국가 간 비교 (단위 : %)

	상담 준비 및 상담	이동 및 대기	내부 업무 처리	기타*
한국	㉑	7	㊺	27
미국	(51)	20	17	12
일본	29	21	38	12

*기타는 고객들의 요구에 의한 사후 서비스 등을 위한 업무를 의미함
출처: 『고객 관계 관리』, 박찬욱, 청람

효율성'은 미국의 절반 수준에도 미치지 못하는 것을 알 수 있다.

이제 영업조직은 현재 2%대의 저성장시대에서 몇 년 후에는 완전히 역성장으로 들어간다고 가정하고 대책을 수립해야 한다. 그리고 영업조직에서는 매출과 판매성공률이 급격히 떨어지는 원인을 영업생산성 차원에서 깊이 있게 고민해야 할 시기이다. 위에서도 언급했듯이 영업사원들이 영업활동에만 집중할 수 있는, 즉 '영업 효율성'을 높이는 것은 영업관리자와 영업리더들의 몫이다. 즉 물리적으로 영업에만 투여하는 시간을 어떻게 높일 것인가를 먼저 생각하고, 다음은 판매성공률을 높이는 '효과성'을 함께 고민하고 개선해야만 한다.

이 책에서는 이러한 영업의 어려움을 타개하기 위한 방안으로 영업의 생산성 차원에서 '효율성'과 '효과성'을 올릴 수 있는 자세한 방안들을 소개하고 있다.

매출 확대를 위한
광고, 판촉도
안 먹힌다

영업조직에서는 시장 침체에도 불구하고 목표 달성을 위해 다양한 아이디어로 판매 촉진을 시도한다. 이는 판매 촉진을 통하여 경쟁사보다 더 많은 매출과 고객을 확보하자는 차원이다. 매출 확대를 위한 촉진 믹스(Promotion Mix)로는 크게 다섯 가지, **광고(Advertising)**, **판매 촉진(Sales promotion)**, **공중관계(Public relations)**, **인적 판매(Personal selling)**, **직접 마케팅(Direct marketing)**이 있다. 이 다섯 가지 중에서 비즈니스와 제품에 따라 적절한 판촉수단을 활용하게 된다.

B2B인 경우에는 주로 판매 촉진(Sales promotion)과 인적 판매(Personal selling)를 많이 이용하게 된다. 그리고 점포 중심의 유통 영업인 경우 판매 촉진(Sales promotion)과 인적 판매(Personal selling)

그리고 직접 마케팅(Direct marketing)을 하게 된다. 유통 영업에서 하고 있는 세부적인 촉진은 직접 마케팅(Direct marketing)으로 소비자와 직접적인 판촉으로 단문 메시지 서비스인 SMS(Short Message Service), 전화, 직접 우편(DM: Direct Mail), 혹은 카드 회사나 은행과 함께 공동 판촉을 진행하기도 한다. 그리고 붐 조성을 위해 현수막이나 전단과 같은 홍보물을 이용하기도 한다. 그러나 이렇게 다양한 판매 촉진 수단을 써봐도 과거에 비해 판촉 수단이 매출로 잘 이어지지 않는 다는 게 현재 영업의 실상이다.

고객과 시장이 변하고 있다. 고객은 제품에 대한 많은 정보력으로 유통채널 간의 치열한 경쟁으로 어느 기업이 자신에게 가장 큰 가치를 제공해 주는지를 까다롭게 선택하고 있는 것이다. 이러한 트렌드로 인해 고객의 지갑을 열기는 점점 더 어려워지고 있다.

이렇게 과거 성장기에 비해 판촉 수단이 매출로 잘 이어지지 않는 원인은 크게 세 가지로 나눠보면 다음과 같다.

첫째 원인은 수요의 침체와 함께 구매하려고 하는 고객의 수가 절대적으로 줄어든 반면에 공급하는 업체의 수는 상대적으로 늘어났다. 정말 저성장기의 치열한 경쟁 상황에서 매출을 확대하고 목표 달성을 해야 하는 것은 정말 어려운 도전일 수밖에 없다. 지금은 수요의 침체와 고객의 감소, 치열한 경쟁으로 영업의 판이 전체적으로 바뀌는 시기이다. 이렇게 영업의 큰 축이 바뀌는 상황에서 과거와 같은 구태의연한 방식의 판촉이나 영업 방식으로는 영업의 성과를 차별화할 수 없다. 업계의 평균 성장률이 2%라면 두세 배의 성장을 할 수 있는 구체적인 방법을 강구해보자. 영업조직에서는 성장기의 영업 방식과는 완전히 다른 세일즈 기법과 고객과 시장 중심의 접근 방식으로 더욱 강력한 영업 전략 등이 필요하다.

판촉 수단이 잘 적용되지 않는 두 번째 이유는 구매의 주도권을 쥐고 있는 고객의 변화다. 기업에서는 구매에 대한 고객 변화의 흐름을 빨리 읽고 고객에 맞춰야 한다. 변화하고 있는 고객의 트렌드에 맞춰 영업 전략을 수립해야 한다. 우리는 고객이 제품이나 서비스를 구매할 때 ①해당 기업의 TV나 신문 등의 매체 광고나, ②주변 지인이나 친구, 가족들의 의견을 참고하거나, ③자신의 과거 경험이나 개인적인 지식과 판단 등으로 제품을 평가하고 구매하게 된다고 알고 있었다. 그러나 요즘 실제 구매 시의 고객들은 TV나 신문 등의 매체 광고나 영업사원의 의견보다는 주변 지인이나 친구, 가족들의 의견과 소셜 미디어의 의견을 더욱 더 신뢰한다. 기업에서 일방적으로 고객에게 보내고 있는 마케팅이나 광고보다는 친구나 가족, 그리고 페이스북의 팬이나 트위터의 팔로워를 더 믿고 따른다. 세키 이와오의 저서 『소개 리퍼럴 마케팅』 중에서 닐슨 조사에서는 고객이 구매 시 가장 신뢰할 수 있는 정보원 1위는 바로 '지인으로부터의 추천(90%)'이며, 2위가 '인터넷상의 소비자 의견(70%)'으로 나타났으며, 'TV를 포함한 전통 매체'들은 70% 이하로 뚝 떨어졌다.

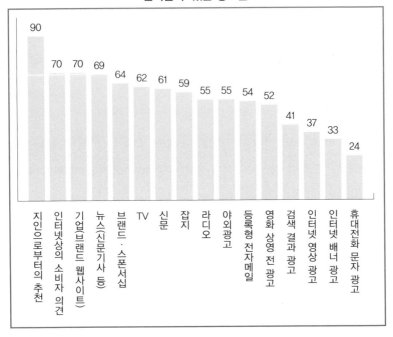

신뢰할 수 있는 정보원 　　　　(단위 : %)

출처: 「닐슨 글로벌 온라인 소비자 조사」(2009년 4월)
* 신뢰도 – 예를 들어 '지인으로부터 추천'의 경우
'완전히 신뢰한다', '어느 정도 신뢰한다'라고 대답한 사람이 전체의 90%라는 것을 의미한다.

과거에는 제품 구매 시 고객은 주로 영업사원이 설명하는 상품에 대한 특·장점과 의견을 신뢰하였으나 지금은 오히려 고객이 종합적인 정보를 더 많이 갖고 있는 시대가 되었다. 이제 정보의 비대칭 현상은 과거 고객에서 기업과 영업사원으로 옮겨 왔다고 볼 수 있다. 따라서 기업에서 매출확대를 위해 판촉과 광고에 아무리 많은 자원을 투자하더라도 구매 시점에 있는 고객들은 결국 '지인으로부터의 추천'이나 '인터넷상의 소비자 의견'에 많이 의존하게 된다. 이는 매출 확대를 위해 현재 무차별적으로 하고 있는 기업의 판매 촉진 활동들은 어쩌면 자원만 낭비한다는 것을 의미한다. 따라서 기업은 매출 확대를 위해 일시적인 판촉 행사도 물론 중요하겠지만 온라인과 오프라인에서 긍정적인 입소문을 많이 퍼뜨리는 자발적인 옹호자(기존 고객 중에서)를 만들어내는 방법을 강구해야 한다.

마지막 이유로는 고객을 생각하지 않는 기업중심의 판매 촉진 활동이 너무 많다는 것이다. 거의 대다수의 기업들은 고객 측면의 가치나 이익을 생각하기보다는 기업 입장에서 제품이나 서비스를 고객에게 무조건 팔려고만 하는 판촉을 한다. 이 글을 읽는 독자들 역시 하루에 여러 업체로부터 다양한 종류의 구매 권유나 판매에 대한 문자 메시지를 받을 것이다. 그러나 이중 어느 것 하나 고객을 위한 판촉 관련 문자라고는 여겨지지 않는다.

예를 들면 일본의 에디온이라는 가전 전문 유통 회사에서는 제품을 구매한 고객에게 일정한 날짜에 전화를 꼭 한다. 판매 후 3일이 되는 시점에 담당 영업사원이 직접 고객에게 연락을 하여 제품을 잘 사용하고 있는지 안부 전화를 하게 된다. 또한 제품을 사용하면서 불편한 점은 없었는지 물어보게 된다. 이런 식으로 판매 후 1개월, 3개월 되는 시점에 전화로 안부를 물어보면서 고객과 진정한 관계를 쌓아가게 된다. 그리고 결정적인 것은 고객이 제품을 구매한지 11개월 되는 시점에 다시 전화를 걸어 1개월 후에는 구매 후 12개월로 무상 보증기간이 끝난다는 것을 고객에게 알려주면서 수리할 것이 있으면 놓치지 말고 이달 안으로 무상수리를 받으라는 멘트를 함께 해주는 것이다. 이 얼마나 감동적인가?

이러한 판매 후의 고객 서비스 정책을 국내 가전 유통 회사들도 배워서 모두 알고 있지만 중요한 것은 그들은 끊임없이 실행하고 있고 국내 가전 유통 회사들은 반짝 유행처럼 시행하다가 지속적으로 하지 않는 것이 큰 차이점이다.

그러면 국내 많은 기업들은 판매 이후에 과연 어떤 행동들을 할까? 국내 기업이 판매 이후에 하는 첫 번째 일은 고객 만족을 묻는 평가 전화가 오면 '매우 만족'을 부탁한다는 전화나 메시지를 고객에게 보내는 것이다. 고객 입장에서 보면 이 두 회사가 판매 이후에 고객을 대하는 태도에 대해 과연 어떤 차이를 느낄까? 큰 차이는 계속 이어진다.

국내 기업들은 판매한 이후에도 지속적으로 고객의 전화번호로 신상품을 구매하라는 SMS문자를 보낸다. 이렇게 고객의 전화번호를 이용하여 끊임없이 문자를 보내서 판매로 유도하는 활동을 고객 관계 관리(CRM:Customer Relation Management)라고 생각하는 영업사원들과 영업관리자들이 대다수이다. 이러한 것이 진정으로 고객 관점에서 고객을 위하는 고객 관계 관리일까? 만일 일본 에디온의 영업사원과 한국 기업의 영업사원이 똑 같이 신상품 안내와 판매를 유도하는 문자를 고객에게 보냈다면 어느 영업사원에게 고객은 더 호의적으로 반응을 할까?

일본 에디온의 영업사원들은 고객과의 전화 통화를 하면서 추가로 고객이 필요로 하는 제품에 대한 가망 정보를 받아서 지속적인 재판매를 이어간다. 구매 고객 본인에 대한 추가 매출은 물론이고 주위 지인들에게도 살아 있는 입소문 활동을 통해 소개 판매로 연결해 주는 활동까지도 하게 된다. 주요 핵심내용은 기업 관점에서 매출만 하겠다고 생각하고 고객을 단기적인 매출의 수단으로 생각하느냐, 아니면 장기적으로 고객의 관점에서 바라보느냐 하는 것의 차이이다.

고객 관계 관리란 전산 시스템으로 편하게 고객에게 SMS문자를 휙 하고 날리는 것이 아니다. 그것은 고객의 마음을 다치게 하는 '고객 관계 악화 관리'라고 정의를 내리고 싶다. 고객 관점에서 제품 사용의 안부를 끊임없이 묻는 영업사원과 '매우 만족'과 추가로 신상품을 사라고 문자를 끊임없이 보내는 영업사원을 고객들은 어떻게 생각할까? 일본 에디온은 고객을 생각하는 이런 영업사원들의 마인드와 철저한 고객 관점의 영업방식으로 잃어버린 20년의 긴 시간 동안에도 꾸준히 성장하면서 지속적인 혁신 영업을 이어오고 있는 것이다.

지금과 같은 시장 침체는 앞으로 오랜 기간 더 지속될 것이다. 아니 우리가 생각하고 있는 그 이상으로 길어질 수도 있다. 경우에 따라서는 이런 영업 환경이 일상이 될 수도 있다.

이제 영업조직에서는 과거의 성장기 영업 방식에서 벗어나 철저히 현장 중심과 고객 중심으로 변해야 한다. 영업관리자와 영업의 리더들도 영업의 큰 축이 바뀌는 이런 상황에서 영업조직을 어떻게 끌

고가야 할 지를 재점검할 필요가 있다.

장기 불황의 저성장기를 대비하여 우리 영업조직의 현주소와 영업력을 냉철하게 평가해보자. 영업 5년차와 영업 10년차의 영업인력 간의 판매에 대한 역량 차이는 과연 무엇인가. 우리 회사의 영업조직은 2차 산업혁명 시대의 '판매시대'중심의 영업을 하고 있는 것인지 아니면 4차 산업혁명 시대의 '파트너시대'의 영업을 하고 있는지를 다시 한 번 뒤돌아보자.

이 책에서는 필자의 경험과 이론을 바탕으로 전반적인 영업의 역량 강화와 매출 확대를 위한 실천적인 대안들을 구체적으로 제시하고 있다.

믿었던
단골 고객마저도
쉽게 이탈하고 있다

전반적인 불황기에도 영업에서는 판매 촉진 활동을 통하여 매출을 높이고 고객을 더 많이 확보하려고 많은 노력을 하고 있다. 또한 기업에서는 신규 고객을 확보하는데 드는 비용이 기존 고객을 유지하는데 드는 비용보다 6배나 더 많이 든다는 것을 이미 잘 알고 있다. 그래서 오늘날과 같은 시장 환경에서는 기존 고객을 잘 유지하여 충성 고객, 단골 고객으로 만들려는 노력을 더욱 많이 하게 된다. 또한 기업마다 기존 고객을 뺏기지 않도록 노력하면서 경쟁사가 보유하고 있는 경쟁사의 고객이나 미래의 잠재 고객들을 서로 자기 기업으로 유치하려고 온갖 아이디어와 마케팅 노력들을 동원하고 있는 것도 또한 사실이다.

포스코대우(구, 대우인터네셔널)에서 B2B영업을 하고 있는 정세훈 과장은 요즘 그 어느 때보다도 치열하게 영업을 하고 있다. 정 과장은 화학제품의 원자재를 매입하여 중국을 포함한 동남아에 있는 공장에 파는 수출입 업무를 주로 하고 있다. 그러나 최근의 영업 상황은 앞날을 예측하기 힘들 정도로 힘겹게 돌아가고 있다고 한다. 과거에는 종합상사 특유의 네트워킹과 정보력을 통한 영업으로 승부가 가능했으나 오늘날의 비즈니스 환경은 인터넷의 발달로 가격을 포함한 많은 부분이 투명하게 노출이 되어 있다. 따라서 과거 기업이 갖고 있던 정보 우위를 중심으로 한 영업 경쟁력의 많은 부분은 상실되고, 오히려 비즈니스의 주도권이 거래선으로 넘어가고 있는 것이 현실이다.

이로 인해 가격이나 구매조건을 포함한 거래선들의 요구조건들은 점점 더 까다로워지고 이러한 조건을 맞추기 위한 타 업체들과의 경쟁은 더욱 치열해 지고 있다. 심지어 오래 전부터 장기적으로 거래를 잘 해오던 거래처라 할지라도 관계 관리를 조금이라도 잘못하게 되면 경쟁 업체로 넘어가는 경우도 흔히 일어나게 되었다.

결국 바이어인 고객은 원하는 제품을, 원하는 가격에, 원하는 장소와 시기까지 맞춰달라고 명확한 요구 조건을 제시한다. 이런 고객의 요구를 들어줄 수 없으면 더 이상 거래는 이어지기가 어렵고 결국 고객은 이탈하고 만다. 그러나 요즘과 같은 저성장기에서는 기존 고객을 이탈시키지 않고 잘 관리하여 지속적으로 매출을 발생시키는 것은 그 무엇보다도 중요하다.

B2B 거래선의 고객 이탈은 물론 B2C의 백화점이나 통신업체, 금융, 대형마트와 같은 산업에서도 고객이탈률은 연간 30~40%나 된다. 산술적으로 보면 3년이 지나면 고객의 대부분이 한 번씩은 바뀐다는 것이다. 고객 한 명의 이탈은 단 한 번의 매출 손실에 그치는 일회성이 아니라 그 고객과 기업 간에 거래가 발생하는 기간 동안에 예상되는 누적 매출이 없어지는 것으로 봐야 한다. 이것을 우리는 '고객생애가치(customer lifetime value)'라고 한다. 이런 고객생애가치 때문에 한 명의 고객이라도 이탈을 해서는 안 된다는 것이다.

라이나츠(Reinartz)와 쿠마(Kumar)는 고객이 기업에 주는 '수익성'과 기업과 거래하는 '충성 유지 기간'이라는 조건으로 아래와 같이 네 가지 고객으로 분류하였다.

우선 '방문객집단(strangers)'은 짧은 충성 기간을 가진 고객으로 기업에게는 낮은 수익성을 주는 집단을 말한다. 이런 '방문객집단(strangers)'의 경우는 기업의 제품과 서비스가 고객의 욕구에 크게 못 미치는 부분이 있을 수도 있다. 따라서 기업은 이 고객 집단에 대해서는 크게 투자를 할 필요가 없다.

다음은 '나비집단(butterflies)'으로 기업에 주는 수익성은 높으나 충성 유지 기간이 짧은 고객을 말한다. 이 집단은 기업과 관계를 맺는 것을 크게 좋아하지 않기 때문에 기업은 단기적인 판촉 전략으로 구매를 촉진시킬 필요가 있다고 한다.

그리고 '따개비집단(barnacles)'은 충성 기간은 길지만 수익성이

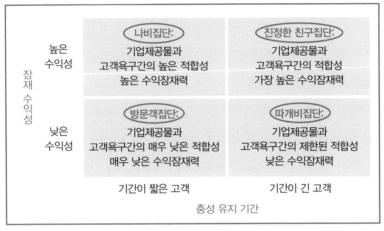

고객 관계 집단의 유형

	기간이 짧은 고객	기간이 긴 고객
높은 수익성	**나비집단:** 기업제공물과 고객욕구간의 높은 적합성 높은 수익잠재력	**진정한 친구집단:** 기업제공물과 고객욕구간의 적합성 가장 높은 수익잠재력
낮은 수익성	**방문객집단:** 기업제공물과 고객욕구간의 매우 낮은 적합성 매우 낮은 수익잠재력	**따개비집단:** 기업제공물과 고객욕구간의 제한된 적합성 낮은 수익잠재력

잠재 수익성

충성 유지 기간

출처: 『마케팅 원리』 코틀러, 안광호 외 2인 역, 시그마프레스

낮은 고객으로 기업 입장에서는 가장 골치가 아픈 고객 집단이다. 이런 집단은 향후 잠재적인 구매력이 있는 집단과 없는 집단으로 구분하고 잠재 구매력이 있는 고객에게는 교차판매나 상향판매 등으로 구매를 유도하는 전략이 필요하다.

마지막으로 '진정한 친구집단(true friends)'은 수익성이 높고 회사와 거래하는 충성 기간 역시 긴 고객 집단을 말한다. 기업은 이 집단을 특히 잘 유지하고 육성하기 위해 지속적으로 관계 향상을 위한 투자를 해야 한다.

위와 같이 네 가지의 고객 중에서 경쟁 기업으로 이탈되었을 때 가장 치명적인 고객 집단은 물론 '진정한 친구'에 속한 고객이다. 그러나 문제는 고객이 이탈되었을 때 이 사실을 알기가 무척이나 어렵다는 것이다. 물론 B2B인 경우에는 B2C에 비해 고객 이탈에 대한 사실을 비교적 알기 쉬운 반면에 B2C는 알기가 어렵다. 지금의 영업 환경은 정말 한치 앞도 알 수 없을 만큼 불투명하다. 이렇게 영업 환경이 불투명하고 어려울수록 기존 고객을 잘 관리하여 안정적인 매출을 올리기 위해서는 고객의 이탈을 막고 충성고객률을 높이는 방법을 찾아야만 한다. 특히 B2B인 경우에는 네 가지 유형으로 고객을 나누어, 관리하기가 비교적 쉽다. B2C의 경우에도 다소 관리가 어렵더라도 구매 시점과 구매 이후 고객 관계 관리를 통해 고객에게 '매우 만족'을 줄 수 있는 활동이 필요하다. 이런 활동으로 나머지 세 가지 유형의 고객으로부터 '진정한 친구집단(true friends)'으로의 이동을 유도할 필요가 있다.

많은 연구 결과에 의하면 '매우 만족'한 고객과 그렇지 않은 고객 간의 고객의 충성도는 큰 차이를 보인다고 한다. '진정한 친구집단'을 만들기 위해서는 '매우 만족'을 통하여 고객에게 '고객 감동(customer delight)'을 줄 수 있어야 한다.

앞의 표 같은 경우 구매 금액이 높은(수익성) 고객을 '진정한 친구'로 분류했으나, 이 고객이 정말 우리 기업과 '진정한 친구'인지는 정확히 알 수 없다. 하지만 모든 기업이 장기적으로 높은 수익성을 제공하고 있는 '진정한 친구집단'을 최고라고 생각하고 이 집단을 크게 만들려고 노력한다. 이런 맥락에서 보면 경쟁사의 '진정한 친구집단'을 자사로 유치하면 경쟁력 차원에서는 두 배의 효과가 있는 관계로 기업마다 경쟁사의 우수 고객을 확보하려고 많은 노력을 한다. 따라서 기업에서는 '진정한 친구집단'이 특히 이탈이 되지 않도록 관계 관리를 철저히 해야 한다.

라이나츠(Reinartz)와 쿠마(Kumar)는 고객을 '수익성'과 '충성 유지 기간'의 두 가지 기준으로 충성 고객을 분류하였다. 그러나 여기서 기업의 고민은 '수익성'과 '충성 유지 기간'을 만족하는 '진정한 친구집단'이 진짜 우리 기업의 충성 고객인가? 하는 것에 대한 의문이 있다. '진정한 친구집단'에 들어 있는 이 충성 고객은 정말 경쟁 기업의 어떠한 유혹에도 과연 안 넘어 갈까?

이러한 고객 충성도에 대해 딕(Dick)과 바수(Basu)는 다른 개념의 두 가지 관점으로 아래와 같이 정리하였다. 제품이나 서비스에 대한 상대적 태도(relative attitude, 경쟁제품에 대한 태도와 비교하여 해당 제품에 대한 태도의 비율이나 정도)와 반복 구매의 정도에 따라 네 개의 집단으로 구분하였다.

상대적 태도와 반복적 구매에 따른 충성도의 유형

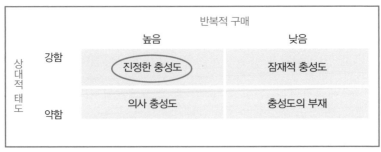

		반복적 구매	
		높음	낮음
상대적 태도	강함	진정한 충성도	잠재적 충성도
	약함	의사 충성도	충성도의 부재

출처: 『고객 관계 관리』, 박찬욱, 청람

딕(Dick)과 바수(Basu)는 고객 충성도에 대해 한 기업의 제품을 '반복하여 구매하는 정도가 높은 측면'과 '한 기업의 제품에 대하여 호감도와 만족도가 높은 측면' 즉, '상대적 태도'가 강한 것을 '진정한 충성도'라고 주장하였다. 여기서 기업은 충성 고객을 이탈시키지 않고 지속적으로 좋은 관계를 유지하기 위해서는 두 가지가 절대로 필요하다.

첫째는 '반복적인 구매'를 높여 진정한 충성도를 만들기 위해서는 기업이 보유하고 있는 CRM데이터베이스를 과학적으로 관리할 필요가 있다. 고객별로 기존의 구매 이력에서 구매하지 않았던 제품과 기존의 제품보다 고가의 제품을 추가로 구매하도록 제안을 하는 일과 또한 주위 지인들에게 구전을 하거나 고객 소개와 같은 일들이 '반복적 구매 활동'을 높이게 된다.

둘째는 '상대적 태도'로 해당 제품에 대한 호감도나 구매를 하겠다는 구매 의도 등이 여기에 포함된다. 다시 말해서 '상대적 태도'는 경쟁 제품에 비해 자사 제품에 대한 호감도나 향후 재구매 가능성이 높은 것 등을 말한다. 앞에서 이야기한 라이나츠(Reinartz)와 쿠마(Kumar)의 수익성과 충성 유지 기간에 비해 딕(Dick)과 바수(Basu)는 한 기업의 제품을 '반복하여 구매하는 정도'와 경쟁사와 대비하여 자사의 '상대적 태도'로 충성 고객, 단골 고객을 좀 더 구체화시켰다.

이상에서 보듯이 라이나츠(Reinartz)와 쿠마(Kumar)는 '수익성'과

'충성 유지 기간'으로 충성 고객을 강조하였고, 딕(Dick)과 바수(Basu)는 한 기업의 제품을 '반복하여 구매하는 정도'와 경쟁사 제품보다 자사의 제품을 좀 더 호의적으로 생각하면서 미래에도 자사 제품을 재구매 하겠다는 정도로 고객 충성도를 정의하였다.

이와 같이 모든 학자들과 성공한 기업들은 모두 기존 고객을 유지하고 고객과 장기적인 관계를 잘 구축하는 것이 중요하다고 강조한다. 그럼에도 불구하고 많은 기업들은 기존 고객의 유지와 양성보다는 신규 고객을 확보하는데 많은 노력과 자원을 들이고 있다. 이렇게 신규 고객을 확보하기 위해서는 장기적인 관점보다는 단기적인 판촉이나 가격할인, 광고, 마일리지 추가 등 비용 중심의 마케팅 활동에 집중할 수밖에 없다.

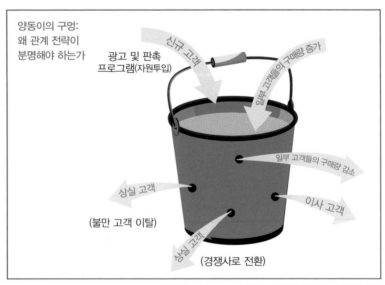

출처: 『서비스마케팅』 자이다믈 외 2인, 전인수 외 1인 역, 청람

홀리데이인(Holiday Inns)의 마케팅의 부사장이었던 제임스 쇼어 (James L. Schorr)는 고객 관계 관리에 대하여 앞의 그림과 같이 '마케팅의 양동이 이론(bucket theory of marketing)'을 주장하였다.

제임스 쇼어는 '마케팅의 양동이 이론'에서 고객 관계 관리 전략을 하나의 커다란 양동이와 비유하여 설명하였다. 기업은 광고와 판촉 프로그램 등의 마케팅 활동을 끊임없이 한다. 마치 양동이에 물을 쏟아 붓는 것처럼 말이다.

이때 영업 관련한 모든 프로세스가 정상적으로 작동이 잘 된다면 양동이는 항상 우수한 고객들로 가득 찬 상태를 유지할 수 있다. 그러나 기업의 프로세스와 각 접점에는 항상 문제가 있고 고객과의 모든 약속을 완벽하게 잘 지킬 수는 없다. 이렇게 고객이 서비스에 불만족을 할 경우 양동이에 집어넣는 신규 고객과 일부고객들의 구매량 증가 보다 더 많은 고객과 매출이 구멍을 통해 빠져 나간다는 것이 '마케팅의 양동이 이론'의 주요한 내용이다.

영업 환경이 어려워지고 있다. 앞으로 더 어려워질 수 있다. 대부분의 영업조직은 매출 목표와 이익과 시장점유율을 위해 모든 판매 방법과 판촉 수단을 강구한다. 시장 수요의 한계로 고객을 가운데 두고 기업 간의 경쟁은 점점 치열해진다. 이러한 경쟁은 기존 고객에 대한 관리보다는 신규 고객을 확보하기 위한 가격 중심의 판촉으로 기울어지기 쉽다.

앞의 그림과 같이 많은 기업의 양동이가 지금도 새고 있다. 어떤 기업은 다른 기업에 비해 새고 있는 양동이의 구멍이 더 크고, 구멍의 숫자도 더 많을 수도 있다. 그러나 중요한 것은 그 사실을 그 기업만 모르고 있다는 것이다. 자원을 투입하여 열심히 판매 촉진 활동만 잘 하면 매출은 늘어날 것이라고 생각한다.

판매 촉진 활동에 비해 매출 성과가 미흡한 원인을 양동이에 구멍이 생긴 것이라고는 생각하지도 못하고 경기가 너무 안 좋다고만 생각하고 모든 것을 판촉으로만 해결하려고 덤벼들고 있다. 양동이가 새고 있다. 구멍이 났다. 그 구멍으로 믿었던 단골 고객, 충성 고객마저도 새어나가고 있다. 지금 이 순간에도….

Chapter 2
과거의 영업 방식, 더 이상 안 통한다

잘못된 전략이
저성과를
만든다

2017년 4월 8일자 「매일경제」에 따르면 국내 대형마트 1위 기업인 이마트가 올해 신규 출점을 하지 않고 오히려 기존 점포 중에서 비효율 점포는 문을 닫겠다고 하였다. 롯데마트의 지난해 매출 역시 전년 대비 1.5% 역성장과 함께 영업 손실도 970억 원이나 발생했다고 했다. 국내 대형마트는 1993년 이마트 창동점을 시작으로 빠른 속도로 점포를 출점하고 매출을 늘려왔다. 이렇게 가파르게 매출 성장을 해오던 대형마트들은 전체적인 수요의 침체, 유통의 치열한 경쟁, 1인 가구의 확대 등의 환경 변화로 이제는 기존 점포 기준으로 매출이 역성장으로 접어들었다.

현대자동차와 기아자동차 역시 2017년 1분기 매출의 역성장으로 영업이익이 각각 6.8%와 40%를 추락하였다. 현대자동차 정의선

부회장은 이런 위기 상황을 돌파하기 위해 2017년 5월11일 전 세계 105개국 대리점 사장단을 초청하여 현장의 이야기를 듣고 전략을 함께 논의하였다.

이러한 전반적인 저성장의 흐름은 이미 2012년 이후 지속되고 있고, 2017년 역시 2%대 중반의 성장률을 예측하고 있으며 대부분의 연구기관들은 당분간 저성장이 지속되는 답답한 흐름을 전망하고 있다. 그러나 일부 기업의 경영자들은 시장 전망을 좀 낙관적으로 보면서 성장의 시기가 빨리 올 것이라는 기대와 함께 아직도 성장기에 해 오던 영업 전략에서 크게 벗어나지 못하고 있는 것도 사실이다.

과거 성장기에서는 다소 고객의 요구와 시장의 흐름을 제대로 반영하지 못한 기업의 전략도 시장의 성장 흐름 덕분에 기업 간에 큰 매출의 차이 없이 묻혀서 넘어갔다. 그러나 앞으로 다가오는 저성장기에서는 전략의 차이가 바로 매출과 시장 경쟁률의 차이로 바로 나타날 수 있다. 저성장기에서의 영업은 과거와는 전혀 다르게 디테일하게 분석하고 철저해야 한다. 특히 저성장기에서는 아래와 같은 이유 때문에 현장 중심의 과학적인 영업이 되지 않으면 더 이상 생존할 수가 없다.

첫째, 임기응변식 돌파(Breakthrough) 전략이나 비상(Contingency) 전략으로는 더 이상 성장을 할 수가 없다.

서두에 설명한 대형마트나 자동차 기업의 사례에서 보듯이 매출의 역성장과 시장점유율이 하락할 경우 해당기업의 영업조직에서는 어김없이 특단의 영업 전략을 반드시 꾸미게 된다. 시장점유율을 만회하고 매출 성장을 위해 만드는 전략을 기업에서는 흔히 돌파(Breakthrough) 전략이나 비상(Contingency) 전략이라고 부른다.

그러나 이러한 전략을 수립할 때 중요한 것은 어떤 전략적인 마인드로 전략을 수립하는냐에 따라 결과가 달라질 수 있다는 것이다. 아직도 과거 성장기의 전략적인 마인드로 전략을 꾸민다면 그것은 단순히 시장과 경쟁에서 코너에 몰려 전략을 한번 만들어 본 수준에 불과한 것이 되고 만다. 이것은 마치 역성장을 하고 시장점유율에서 밀리니까 뭐라도 해야 하는 식의 영혼 없는 전략 수립이 되고 만다. 특히 시장과 고객 중심이 되는 현장 중심 전략이 아닌 회장님과 CEO의 생각과 의도에 맞춘 전략인 경우 전략의 효과는 크게 기대할 수 없다.

모든 전략과 대책 수립을 위해서는 반드시 돈과 자원이 필요하다. 예를 들어 자동차 산업의 경우에도 무상 서비스 기간을 연장한다든가, 아니면 무이자 할부 기간을 늘리든가, 마일리지를 높여주는 정책 등을 쓰기도 한다. 혹은 유통망을 더 크게, 더 많이 늘린다든지, 점포를 새롭게 리뉴얼하든가 아니면 백화점인 경우 AI를 이용한 맞춤형 쇼핑정보를 제공하는 등의 홍보 중심의 정책을 펴기도 한다. 그러나 이런 활동은 필자의 관점에서 보면 진정으로 고객과 시장과 경쟁사를 분석하여 전략을 수립한 것인가 하는 의구심을 갖게 한다.

영업조직이 지금 가장 우선으로 해야 할 것은 많은 돈을 들여 외형 중심의 더 큰 유통이나 더 화려한 점포, 더 많은 점포 출점 등의 하드웨어(hardware) 전략이 아닌 기존 영업 운영 체제에서 문제점이 무엇인가를 먼저 밝혀내는 것이 중요하다. 그러나 적지 않은 기업에서는 현재의 문제점과 프로세스는 점검하지 않고 전략의 상당 부분을 외형적이면서 질보다는 양 중심의 보여주기식 전략을 펴는 경우가 많다.

필자는 가끔 만나는 유통의 임원들에게 매출 외형의 크고 작음을 따지지 말고 편의점 유통을 한번 자세히 벤치마킹해보라고 귀띔해준다. 영업의 외형적인 매출액 규모 측면에서 편의점 유통은 가전 유통이나 자동차나 대형마트에 비하면 고객당 구매 단가나 외형의 규모는 작다. 그러나 끊임없이 고객과 소통하면서 고객의 요구사항을 바로 비즈니스 모델에 반영하는 민첩성은 타의 추종을 불허한다. 편의점 유통의 이런 고객 중시의 민첩성이 결국 매출의 성장과 매장을 지속적으로 확대할 수 있는 원동력 중의 하나라고 생각한다. 이런 관점에서 보면 경쟁사와 고객으로부터 수세에 몰린 상태에서 응급처치 차원의 돌파(Breakthrough) 전략이나 비상(Contingency) 전략으로는 매출 성장과 시장점유율을 만회하기가 쉽지 않다. 매출의 추세, 시장, 고객과 경쟁사를 주시하면서 상시전략으로 영업정책과 조직을 어떻게 선행적으로 강화시켜 나갈 것인가를 항상 고민해야 한다.

둘째, 현재 대부분의 기업이 하고 있는 잘못된 영업 전략의 사례로 '고객 만족 경영'이 있다.

이는 비용의 원천이지 매출 성과와는 무관하다. 아무리 고객 만족을 열심히 해도 매출 성장과 직결되는 해답 차원의 전략은 될 수가 없다는 것이다. 아마 지금 많은 기업에서는 저성장기를 돌파하기 위한 전략으로 고객 만족밖에 다른 길이 없다고 생각하고 열심히 '고객 만족 경영'을 하는 기업도 많을 것으로 안다. 이런 기업들에게는 '고객 만족 경영'이 매출과는 무관하다는 말이 매우 강한 거부감이 들 수도 있다. 그렇다. 필자의 이야기가 다 맞는다는 이야기는 아니다. 정말 제대로 '고객 만족 경영'을 하고 있고 매출 성과를 톡톡히 보는 아주 괜찮은 기업들도 분명히 있을 것이다. 그런 기업들은 정말 다행이다 하는 생각이 든다.

하지만 이 글을 읽는 독자들도 매스컴에서 '고객 만족 경영'을 잘 했더니 기업의 매출과 시장경쟁률이 향상되고 성장을 했다는 것을 들은 적이 있는가. 아마 이런 사례는 접하기 힘들었을 것이라고 생각한다. 바로 이것이 문제다.

삼성그룹도 1994년 6월 회장 비서실 직속으로 삼성소비자문화원을 설립하면서 국내에서 고객 만족 활동을 시작하였다. 그러나 실제 고객과의 접점에 있는 국내 영업조직에서 제대로 된 '고객 만족 경영'을 시작한 것은 2005년 초 삼성전자 국내 영업총괄을 담당한 장창덕 사업부장 부임 이후라고 봐야 한다. 필자는 이러한 삼성전자의 '고객 만족 경영'의 출발 이후에 사실상 많은 국내 기업들이 '고객 만족 경영'을 하기 시작했다고 보고 있다.

그러나 최근 '고객 만족 경영'을 하는 기업들의 실태를 보면 그야말로 겉핥기식의 '고객 만족 경영'을 하고 있다. 경쟁사와는 다른 탁월한 '고객 만족 경영'이 아닌 고만고만한 도토리 키 재기식의 고객 만족 활동을 하고 있다. '고객 만족 경영'에서 중요한 것은 기업 간의 고객 만족 활동이 아주 탁월하게 차이가 나지 않으면 고객은 어느 기업이 더 우수한지를 인식하지 못한다는 사실이다. 그러나 많은 기업의 경영진들은 자사의 고객 만족 활동이 경쟁사보다 더 우수하고 이런 우수한 활동들이 얼마 지나지 않아 경영 성과로 분명히 나타나리라고 굳게 믿고 있는 것 같다. 결론은 다소 실망스럽겠지만 전혀 아니다가 정답이다.

사실상 고객 만족의 성공과 실패의 결정적인 역할을 하는 것은 '진실의 순간(the Moment of Truth)'이다. 즉 고객 접촉의 순간에서 고객은 영업사원을 통하여 그 기업에 대하여 좋은 감정, 나쁜 감정, 혹은 예전과 비슷한 감정 중의 하나를 느끼게 된다. 그러나 아쉽게도 기업에서는 이 결정적인 순간인 '진실의 순간' 관리를 제대로 하지 못하는 경우가 많다. 진정한 '매우 만족' 활동으로 판매에 성공함과 동시에 향후 재구매로 판매가 연결돼야 함에도 불구하고 그저 '매우 만족'을 받기 위한 수단으로 구걸형의 '고객 만족 활동'을 하고 있는 것이다.

내가 만난 어떤 기업의 경영자들은 고객 만족조사에서 '매우 만족'을 받은 고객의 비중이 무려 85%에서 심지어 90%를 넘는다고 자랑을 한다. 정말 고객들이 이렇게 높은 감동 수준의 '매우 만족'(5점)을 주었을까? 경영자들은 흐뭇한 표정으로 책상에서 이렇게 높은 '매우 만족'에 대한 비중을 보고 한 번도 의심 없이 보고만 받고 있었다는 것인가! 얼마 전에 만난 또 다른 기업의 경영자는 '매우 만족'(5점)과 '만족'(4점)사이는 겨우 1점 차이인데 왜 이렇게 '매우 만족'(5점)을 강요하고 피곤하게 하는지 모르겠다고 푸념을 하였다. 또한 '매우 만족'(5점)과 '만족'(4점)사이의 1점 차이는 영업에 과연 어떤 영향을 주는지 모르겠다고도 하였다.

사실 1점 차이의 '매우 만족'과 '만족' 사이에는 엄청나게 큰 차이가 있다. 연구조사에 따르면 이 둘 사이 1점의 차이는 그 기업의 제품을 다시 구매하는 '재구매율'에서 무려 6배나 차이가 난다고 한다. 그래서 우리가 매우 만족에 이렇게 목을 메고 있는 것이다. 다시 말하면 '매우 만족'을 제외한 '만족' 이하의 고객은 기업에서 서비스 하는 과정에서 고객의 마음을 움직일 수 없었다는 것이다. 더 심하게 표현한다면 서비스 실패(failure), '그냥 밋밋한 서비스'라고 봐도 될 것이다.

그래서 영업조직의 경영진들은 하나같이 '매우 만족' 활동으로 충성 고객, 즉 애호도(loyalty, 충성도)고객을 확보해야 한다고 강조한다. 실제 이론상으로도 고객 만족과 고객 애호도(loyalty)사이에는 중요한 관계가 있다. 단순히 고객을 '만족'(4점)시키는 정도로는 고객애호도, 충성 고객을 얻을 수가 없고, '매우 만족'(5점)을 받아야 고객애호도, 충성 고객을 얻을 수 있다는 것이 학계의 이론이다. 따라서 영업리더와 영업관리자들은 고객으로부터 진정한 '매우 만족'을 받기위한 고민과 방법을 새롭게 모색해야만 한다.

이럼에도 영업 현장에서는 지금도 일명 구걸식, 부탁식, 청유형의

'매우 만족'(5점) 활동을 열심히 하고 있는 것이 사실이다. '매우 만족'을 받은 고객의 비중이 무려 85%에서 심지어 90%를 넘는 기업들이 허다한데도 불구하고 왜 매출은 늘어나지 않고 역성장을 하고 있을까? 이렇게 받은 '매우 만족'(5점)으로는 충성 고객 확보도 될 수 없고, 재구매로 매출이 이어지는 것도 역시 기대할 수 없다. 이런 고객 만족 활동은 성과 창출을 위한 부가가치 활동이 아니라 돈만 날려버리는 보여주기식의 고객 만족 활동이다.

또한 학계의 연구에서는 고객 만족도는 올라가도 매출은 일정 수준에서 늘어나지 않을 가능성이 높다고 했다. 즉 기업에서 '매우 만족'을 올리기 위해 올바른 고객 만족 활동을 한다고 해도 고객 만족도가 늘어나는 것에 비해 매출은 늘어나지 않는다는 것이다. 결국 고객 만족 활동 전반에 대한 개념과 성과로 연결할 수 있는 구체적이고 과학적인 활동 없이는 매출 성과에 아무런 보탬도 되지 않는 구호성의 고객 만족 활동에 지나지 않는다.

매출 성과를 높이기 위한 불황기의 돌파구로 올바른 고객 만족 활동을 다시 시작하던지 아니면 고객 만족 활동에 소요되는 비용이라도 절약하는 차원에서 고객 만족 활동을 그만두든지 해야 할 것이다. 이제는 정말 냉철하게 결정을 해야 할 중대한 시점이라고 본다.

두 가지의 예를 통하여 성장기의 디테일 하지 못하고 형식에 치우친 마인드로 수립한 전략으로는 더 이상 저성장기에서는 생존할 수 없다. 고객과 경쟁사와 자사의 역량을 충분히 고려치 않은 전략으로는 더 이상 시장과 고객을 리드 할 수 없다. 시장에서의 매출 추세와 고객과 경쟁사를 예의 주시하여 선행적인 상시전략 체제의 운영이 무엇보다도 시급하다. 또한 기존에 운영 중이던 전략에 대한 세부적인 효과분석과 검증으로 실질적인 성과를 창출할 수 있는 저성장기의 디테일 한 현장 영업 전략이 무엇보다도 필요하다.

이 책에서는 오랫동안 직접 전략을 수립하고 때로는 운영 부서에서 실행을 통하여 얻은 생생한 필자의 경험들을 방법으로 제시하고 있다.

매출 성과를 못내는
CRM은 더 이상
고객 관계 관리가 아니다

앞에서도 설명했듯이 불황기의 영업 특성은 크게 두 가지로 나누어진다. 우선 매장을 방문하는 고객의 수가 눈에 띌 정도로 줄어들고 있다는 것과 광고와 판촉을 활용한 온갖 판매 수단을 강구해도 판촉의 성과가 과거와 다르게 썩 좋지 않다는 것이다. 이 이야기를 들으면서 정말 영업조직에서는 고민이 크겠다는 생각이 들었다. 많은 판촉비와 노력을 들여 판촉을 해봐도 매장을 찾는 고객이 과거에 비해 현저히 줄어들고, 그나마 판촉 행사에 참여하더라도 물건을 구매하는 고객이 적다는 것은 그만큼 매출 목표를 달성하기가 쉽지 않다는 말과 일맥상통한다.

영업을 하고 있는 후배 임원의 이야기로는 같은 지역에 있는 두 개의 점포라도 불황을 모르고 여전히 주어진 매출 목표 달성은 물론 전년 동기 대비하여 성장을 잘 하고 있는 점포도 있는 반면에 그렇지 않은 점포도 있다고 한다. 그러면 이 두 점포의 차이는 무엇 때문일까? 어떻게 한 점포는 불황을 모르고 성장을 하면서 목표 달성을 꾸준히 이어갈 수 있는 것일까? 후배 임원과 한참을 대화하고 나서야 두 점포의 차이를 확연히 밝혀낼 수 있었다.

필자는 이와 같이 유사한 영업 환경하에서도 매출이 높고 낮은 상반된 두 개의 점포를 통하여 '영업을 잘 하려면 어떻게 해야 하는가' 하는 차원에서 다음과 같이 그 해답을 정리해 보았다.

첫째, 영업의 경영자와 영업관리자들은 영업에 대한 기본 개념을 잘 이해해야만 한다.

둘째, 진정으로 '매우 만족'한 고객일수록 재구매로 연결되는 확률이 높다.

셋째, 내가 직접 접객하고 상담한 '매우 만족'한 고객(애호도 고객, 충성 고객)중심으로 '나만의 영업 파이프라인'을 구축해야 한다.

앞에서 이야기했듯이 판매가 부진하고 성장을 잘 하지 못하는 매장인 경우 그 원인이 여러 가지가 있겠지만 첫째, 영업의 경영자와 영업관리자들이 영업에 대한 기본 개념을 잘 이해해야 하지만 그렇지 못하는 경우가 많다고 본다.

영업이라는 것이 복잡하면 한없이 복잡하지만 가장 기본적인 것 몇 가지만 알아도 충분할 수 있다. 그런데 이를 지나치는 경우가 의

외로 많다. 영업에서 가장 중요한 것은 사실 '고객 만족'이다. 이렇게 말하면 영업을 하는 모든 사람들은 한결같이 우리는 '고객 만족 활동'을 잘한다고, 지금도 잘 하고 있다고 외칠지도 모르겠다. 그러나 중요한 것은 '고객 만족은 고객이 만족해야 한다'는 것이 기본적으로 전제가 돼야 한다. 영업은 사실 고객 만족부터 그 다음이 진행이 된다.

고객 만족을 전공한 학자들은 고객 만족으로부터 기업의 이익 실현까지의 흐름이 '고객 만족→고객 충성도→수익'으로 연결된다는 '수익사슬모델'을 이론으로 발표하였다. 제품이나 서비스를 판매하는 영업 과정에서 고객 만족도가 높아지면 고객의 충성도가 함께 높아지고, 그 결과로 기업의 매출과 수익이 증가할 수 있다고 주장한 것이다.

매장을 방문한 신규 고객에게 고객 만족 활동을 바탕으로 판매를 하고, 이 고객이 다시 기존 고객이 되어 재방문과 재구매로 계속 이어질 수 있다는 아주 평범하기 짝이 없는 이 논리를 전 영업사원들에게 어떻게 하면 기본 사상으로 완전히 무장을 시킬 수 있을까. 이점이 영업경영자와 관리자의 숙제다.

마이클 르뵈프 교수의 저서 『절대 실패하지 않는 비즈니스의 비밀』에서 영업사원이 알아야 할 세 가지 핵심 원칙을 다음과 같이 강조했다.

첫째, '영업사원의 가장 중요한 목표는 판매가 아니라 고객을 확보하고 유지하는 일이다'라고 하였다.

대부분의 사람들은 영업사원의 주요 임무는 판매라고 생각한다.

그러나 판매는 단기적인 판매와 장기적인 판매로 두 종류가 있다. 지금 상담하고 있는 고객에게 판매를 성공하고 일간 판매 목표만 채우는 식의 단기적인 영업보다는 '매우 만족 활동'의 강화로 이 고객을 충성 고객으로 확보하여 앞으로 지속적인 거래를 통해 장기적인 매출을 확보하는 것이 더 중요하다는 인식이다. 즉, 단기적인 관점에서 오늘 판매를 성공시켜야지 하고 생각하는 하루살이 영업이 아니라 고객을 만족시키기 위한 일에 온 힘을 집중하면 판매는 자연스럽게 따라온다고 생각하는 미래 관점의 영업 마인드가 중요하다.

둘째, '**판매하는 일과 고객이 구매할 수 있게 도움을 주는 일은 완전히 다르다**'고 했다.

이 개념은 판매에 대한 관점의 차이를 말하는 것이다. 기존에 우리가 늘 해오던 영업 방식은 우리가 보유하고 있는 제품을 고객에게 설득하여 판매하는 방식이다. 기업 입장에서 행해지는 이 방식에서 벗어나 고객이 필요로 하고, 원하는 제품을 파악하여 우리의 제품을 제안하는 방식을 취하라는 것이다. 이럴 경우 접객과 상담에서의 판매 방식이 완전히 달라질 수 있다.

셋째, '**사람들은 사는 것은 좋아 하지만, 판매 당하는 것은 싫어한다**'고 하였다.

필자 역시 재직시 '판매성공률'을 올리기 위해 영업사원들의 제품지식과 상담기법들을 강하게 강조하면서 교육을 시키고 독려한 적이 있다. 돌이켜보면 고객 관점이 아닌 회사 관점의 제품지식 중심이었던 것 같다. 필자가 영업을 하던 시절에는 파는 사람이 주체가 된 '판매성공률'의 관점이었다. 그러나 사실 마케팅에서는 고객이 주체가 되며 판매자는 고객이 구매를 결정지을 수 있도록 도와주는 역할이 중요하다고 강조한다.

따라서 학계에서는 '판매성공률' 대신에 '구매전환율'이라는 용어를 많이 사용한다. 고객이 영업사원과 상담을 통해 구매를 할까, 말까 하는 과정에서 구매를 하기로 결심하는 것이 '구매전환율'이라고 보면 된다. 영업사원의 역할은 고객이 '살까', '말까'에서 '살까'로 구매 결심을 하도록 도와주는 역할이 돼야 한다는 것이다.

판매가 부진하고 성장을 하지 못하는 영업조직이나 매장에서는 마이클 르뵈프 교수의 영업사원이 알아야 할 세 가지 핵심 원칙을 다시 한 번 되새겨볼 필요가 있다.

'영업을 잘 하려면 어떻게 해야 하는가' 하는 차원에서의 둘째는 진정으로 '매우 만족'한 고객일수록 재구매로 연결되는 확률이 높다 라는 것이다. 대부분의 기업들이 경쟁적이고 유행처럼 판매나 서비스 후에 '매우 만족'(5점)을 받기 위한 노력을 하고 있다. 다음 그림에서 세로축인 '애호도'에 대해서 올리버(Oliver)교수는 '애호도란 선호하는 제품이나 서비스를 지속적으로 재구매하는 호의적인 태도를 말한다'고 하였다. 그래프에서 보듯이 고객을 단지 '만족'(4점)시키는 수준으로는 '고객 애호도'를 얻기 어렵다. 고객 애호도, 즉 재구매를 하려고 하는 호의적인 태도는 '만족'(4점)에서 올라가는 것이 아니라 '매우 만족'(5점)에서 급격하게 올라가는 것을 볼 수 있다.

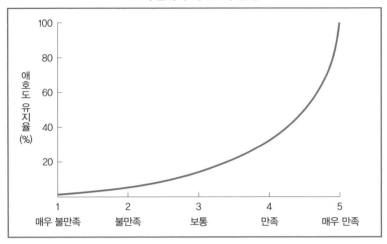

고객 만족과 애호도의 관계

애호도 유지율 (%)

1	2	3	4	5
매우 불만족	불만족	보통	만족	매우 만족

출처: 『서비스마케팅』 자이다믈 외 2인, 전인수 외 1인 역, 청람

　제록스사는 '고객 만족'과 '애호도'의 관계를 확인한 최초의 기업 중의 하나다. 제록스사는 거래하고 있는 고객사를 통하여 '매우 만족'(5점)을 준 고객은 '만족'(4점)을 준 고객에 비해 제록스 장비를 재구매할 확률이 6배나 높다는 것을 발견했다. 또 다른 조사에서도 '매우 만족'(5점)을 준 고객은 96%가 동일한 기업으로부터 '반드시 재구매'를 할 것이라고 했다. 반면에 '만족'(4점)을 한 고객은 재구매할 의향이 52%로 거의 절반 수준으로 떨어졌다. 그리고 '보통'(3점) 또는 '매우 불만족'(1점)한 고객의 경우에는 단지 7%만이 재구매를 한다고 했다.

　여기서 영업조직은 고객 만족에 대하여 심각하게 생각을 하고 넘어가야 한다. 고객 만족 활동에서 진정한 의미의 '매우 만족'을 왜 반아야 하는지 그리고 '매우 만족'의 중요성을 제대로 인식해야 한다. 만일 오늘 어떤 영업사원이 20명의 고객에게 제품을 판매했다고 가정을 하자. 그 중에서 재구매할 의도가 7%에 불과한 '보통'(3점) 이하의 고객 숫자가 많았다면 미래에 발생할 재구매는 크게 기대할 수가 없다. 단순히 오늘 20명에게 그냥 제품을 판매한 것에 불과하다. 미래에 발생할 장기적인 잠재 매출은 하지 못한 채 반쪽짜리 영업을 하고 만 것이다.

영업에 있어서 '매우 만족'은 이만큼 중요한 것이다. 매일 아침 영업관리자 주도의 목표 관련한 회의를 할 때 반드시 짚고 넘어가야 할 것은 어제 판매한 매출과 누적 목표 대비 달성률 외에도 진정으로 고객으로부터 받은 '매우 만족'한 고객의 숫자가 어느 정도인지 파악하고 '만족'(4점) 이하의 고객을 '매우 만족' 고객으로 높이는 방법을 서로 공유하는 것이 장기적인 관점의 품격 있는 영업이라고 볼 수 있다.

'매우 만족'과 재구매의 연관 관계가 이렇게 크고 중요함에도 불구하고 우리는 아직 '매우 만족'을 단순히 평가를 위한 수단으로만 인식하고 있다. 그래서 미래의 매출과 '매우 만족'이 연결이 안 되고 있는 것이다. 이런 고객 만족 활동은 결국 낭비적이고 껍데기에 불과한 고객 만족 활동에 지나지 않는다.

'영업을 잘 하려면 어떻게 해야 하는가' 하는 차원에서의 마지막 셋째는 내가 직접 접객하고 상담하여 '매우 만족'한 고객(애호도 고객, 충성 고객)중심으로 '나만의 영업 파이프라인'을 구축하는 것이다. 위에서 언급했듯이 영업사원 본인이 접객하여 고객으로부터 '매우 만족'(5점)을 받는다는 것은 결코 회사를 위해서 하는 것은 아니다. 바로 영업사원 자신을 위한 것이다. 이렇게 '매우 만족'(5점)을 받은 고객으로부터 미래에 지속적으로 매출을 발생하여 수혜를 보는 것은 결국 영업사원 자신이다. 따라서 영업사원 개인의 'CRM데이터베이스'에 어떤 종류의 고객으로 구성이 되느냐에 따라 미래에 일어날 영업사원의 잠재적인 매출이 결정된다고 볼 수 있다.

같은 지역에 있는 두 개의 점포 중에서 전년 동기 대비하여 성장을 잘 하지 못하면서 목표 달성도 하지 못하는 점포인 경우 원점에서 고객 만족 활동부터 다시 챙겨 보자. 영업을 잘 하지 못하는 영업사원의 'CRM데이터베이스'에는 아마도 재구매로 이어지지 않는 '만족'(4점) 이하의 고객으로 가득 차 있을 것이 분명하다. 아니면 '매우 만족'(5점) 이상의 고객은 많이 갖고 있더라도 매출로 연결하는 활동의 미흡으로 '영업 파이프라인'에서 깊은 잠을 자고 있을 수도 있다. 만약 'CRM데이터베이스'에서 깊은 잠을 자고 있다면 '매우 만족'(5점) 이상의 고객을 흔들어 깨워 재구매로 연결하는 활동을 활발하게 할 필요가 있다.

여기서 고객을 흔들어 깨운다는 의미는 지금까지 고객이 구매한 구매 이력을 보고 아직 구매한 적이 없는 제품이나, 고객이 꼭 필요로 할 것 같은 제품을 고객에게 제안하여 판매로 유도한다는 의미이다. 아무리 개인별 보유하고 있는 '개인별 영업 파이프라인' 즉 'CRM데이터베이스'에 '매우 만족'한 충성 고객이 많다고 하여도 판촉으로 연결되지 않고 그냥 데이터베이스에 남아 있다면 아무 의미 없는 고객이 되고 만다.

영업조직의 특성상 영업이 잘 안 되는 이유를 습관적으로 외부로 돌리려고 하는 경향이 다소 강하다. 영업이 안 되는 원인을 내부적으로 찾으려고 하지 않고, 치열한 경쟁이나 경제 상황, 날씨 등의 외부적인 요소로 쉽게 돌리려고 한다. 영업의 경영자와 관리자들은 영업에 대한 기본 개념을 간과하지 말아야 한다. 매출성과를 못내는 주요 원인을 고객 만족 활동과 고객 관계 관리에서 먼저 찾아보고 출발해보자. 또한 진정으로 '매우 만족'한 고객이 고객 관계 관리를 통하여 재구매로 쉽게 연결이 된다는 개념을 분명히 알아야 한다.

기업의 전사적인 매출 달성은 결국 영업사원 개개인의 매출 달성으로부터 모아진다. 이런 차원에서 영업사원 개인별 주도의 'CRM데이터베이스'인 '영업 파이프라인'을 철저하게 관리해야만 저성장기에서도 성장은 물론 경쟁사와의 초격차를 낼 수 있는 고품격 영업조직이 될 수 있는 것이다.

진정성 없는 영업으로는
절대 불황을
돌파할 수 없다

2017년 대한민국 기업에서는 '매우 만족'이 대유행이다. 유통과 병원, 금융을 포함한 모든 서비스업종에서 영업사원들은 영업 상담이 종료된 후에 반드시 고객에게 '매우 만족'을 넌지시 이야기하며 '매우 만족'을 부탁한다. 며칠 후에 고객들은 또 다시 영업사원들로부터 메시지나 전화로 고객 만족도 평가 시 '매우 만족'(5점)을 부탁한다는 연락을 받게 된다.

필자를 포함한 대부분의 독자들도 아마 한두 번쯤은 경험을 했으리라 본다. 고객들은 그저 형제 같고, 친구 같고, 자식 같고, 조카 같은 생각이 들어 '매우 만족'에 맞장구를 쳐주곤 한다. 이렇게 '매우 만족'을 받기 위한 영업사원들의 갖가지 노력 끝에 나온 고객 만족도 조사 결과를 가지고 기업에서는 영업사원과 영업조직을 평가한다. 최종적으로 CEO는 자기 기업의 고객 만족도 지표를 보고 받고 전년대비 추세와 금년도 목표 고객 만족도와 비교하여 실적을 점검하게 된다. 경영자들은 이런 고객 만족도 지표를 철석같이 믿고 흐뭇해 하기도 하고 으쓱해 하기도 한다. 더 나아가 신문과 잡지를 포함한 매스컴을 동원하여 '고객 만족 기업'이라는 타이틀로 대대적으로 홍보를 하기도 한다.

이렇게 만들어진 고객 만족도 지표에 자신감을 얻은 경영자들은 혁신적인 영업계획을 강구하여 매출 확대를 위한 전략을 펼치기도 한다. 예를 들면 축구장 몇 배 크기의 유통을 만들어 보기도 하고, 여의도에 국내 최대의 백화점을 만들어야겠다는 계획과 함께 전체 매장을 새롭게 리뉴얼을 해보기도 하고, 옴니 채널을 주장하면서 인공지능을 이용하여 제안영업과 맞춤영업을 한다고 매체를 활용해 홍보를 하기도 한다. 또 어떤 자동차 회사는 경제 전반에서 모바일 매출이 늘어나는 것에 착안하여 온라인으로 자동차를 홍보하고, 견적도 받고, 자동차를 팔겠다는 계획도 가져 볼 것이다. 물론 홈쇼핑으로 자동차를 팔아 보기도 한다.

필자는 국내외에 새롭게 만들어진 유통은 가급적이면 가보려고 노력을 하고 직접 방문을 해본다. 그런데 대부분 방문 이후에 느끼는 것은 뭔가 2%가 부족하다는 것이다. 그 부족한 느낌들 가운데는 항상 고객이 있는 것 같다.

예를 들어 국내 최대의 유통을 오픈했다면 이 유통을 경험한 고객은 과연 여기서 어떤 감정을 느꼈는지 궁금하다. 다시 오고 싶은 마음을 가졌을까? 방문해서 무엇을 보고, 무엇에 특히 감동을 하였을까? 평균 몇 군데 정도나 방문했을까? 얼마나 오랫동안 체류 했을까? 방문 중에는 무엇이 아쉬웠을까? 혹은 무엇이 불편했을까?

개업한 이후 누적 방문한 고객의 숫자를 매체에 홍보하는 것도 중요하지만 신규 방문 고객과 재방문 고객 숫자의 비중 추세는 어떻게 변하고, 매장에 입점하여 영업을 하고 있는 개인사업자들의 매출 추세는 어떠한지 등등에 대하여 몹시 궁금하다.

지금은 불황이고 앞으로도 불황이고 이런 불황이 계속 길어 질 것이라는 것이 전체적인 의견이다. 이런 경제적인 여건에서 과거 성장기의 보여주기식의 영업, 외형 중심의 영업으로는 절대 이 장기 불황을 이길 수 없다는 것이 필자의 생각이다. 고객과 시장을 중심으로 한 철저한 디테일 영업이 정말 필요한 시기라고 생각한다.

결국 영업조직은 고객에게 제품이나 서비스를 팔게 된다. 문제는 고객이다. 앞에서도 설명했듯이 '매우 만족'(5점)을 준 고객은 96%가 동일한 기업으로부터 '반드시 재구매'를 그 기업에서 할 것이라고 했고, '만족'(4점)을 준 고객은 52%만이 그 기업에서 재구매를 할 의향이 있다고 하였다. '매우 만족'(5점)에 비해 '만족'(4점)을 준 고객의 구매 의향은 거의 절반 수준으로 떨어진다. 그 아래 '보통'(3점)이나 '매우 불만족'(1점)을 준 고객은 단지 7%만이 재구매를 하겠다고 하였다. '보통'(3점) 이하를 준 고객은 재구매율이 7%로 거의 다시는 그 기업에서 구매를 안 한다고 봐야 한다.

유통업계에 있는 임원들을 만나보면 서로 자랑스럽게 이야기를 한다. 우리 회사의 고객 만족도는 '매우 만족'(5점)이 85%이고, '만족'(4점)이 10%이고, '보통'(3점)이나 '매우 불만족'(1점)이하가 5% 이내라고 한다. 이렇게 자랑을 하다가도 끝에는 진솔하게 고민을 털어놓고 만다. 고객 만족 지수가 이렇게 좋고 해마다 개선되고 있는데도 불구하고 재구매율은 왜 이렇게 낮고, 주변 지인에게 추천효과는 왜 잘 이어지지 않는지 모르겠다고 고개를 갸우뚱거린다. 여기서 깊이 생각해 봐야 할 것은 크게 세 가지이다.

1) '매우 만족'(5점)을 준 고객(재구매 의향 96%)은 정말 진심으로 '매우 만족'을 줬을까?
2) '만족'(4점)을 준 고객(재구매 의향 52%)의 진짜 속내는 무엇일까?
3) '보통(3점)과 매우 불만족(1점)'을 준 고객(재구매 의향 7%)은 어떻게 관리되고 있나?

우선 1)재구매 의향이 96%라고 하는 '매우 만족'(5점)을 준 고객은 정말 진심으로 '매우 만족'을 줬을까? 현재 어떤 기업이 고객으로부터 받고 있는 '매우 만족'(5점)의 진짜 수준은 어느 정도일까? 앞서 제록스사에서도 검증했듯이 '매우 만족'(5점)을 준 고객은 '만족'(4점)을 준 고객에 비해 제록스 장비를 재구매할 확률이 6배나 높다는 사실을 영업사원들은 공감하고 있을까? 영업사원들은 미래에 일어날 고객의 재구매를 위해서 진정한 '매우 만족'(5점) 받기 활동을 하는 것일까? 아니면 단순히 평가를 잘 받기 위해서 노력을 하고 있는 것일까? 거품을 완전히 걷어낸 채 고객으로 받고 있는 우리 기업의 진짜 바닥의 평가는 어느 수준일까? 다시 한 번 깊이 있게 생각해 봐야 한다.

다음은 2)재구매 의향이 52%라고 하는 '만족'(4점)을 준 고객은 정말 진심으로 '만족'을 줬을까? '만족'(4점)을 준 고객의 진짜 속내는 무엇일까? 필자는 평가에 대해서는 좀 엄격하게 생각하고 싶다. 상담이 종료된 이후에 영업사원들로부터 부탁을 받은 고객들은 '매우 만족'은 도저히 주기가 어렵고, 대신에 '만족'으로 평가를 낮춰서 줬다고 생각할 수도 있다.

이렇게 한 단계 낮춰서 준 '만족'은 필자는 '만족'이 아니라 그 보다 한 단계 낮은 '보통' 수준이었을 것이라고 생각한다. 한국인의 정서상 제대로 '불만'을 이야기하지 못하고 그냥 '매우 만족'보다 낮은 '만족'으로 표현했다고 보인다. 그러나 물론 필자의 이야기가 전부 맞다는 것은 아니다. 고객 만족 활동에 대해 앞으로의 혁신과 개선을 염두에 두고 이렇게 가정을 해보자는 것이다. '보통' 이하인 경우 고객의 재구매 의향은 사실 7%에 불과하다는 것을 생각하면 향후에 재구매를 거의 하지 않겠다는 것이다. 이런 고객들은 쉽게 다른 브랜드로 이탈이 되기 쉽다.

그럼 위에서 한 영업조직의 임원이 이야기한 현재의 고객 만족도의 비중을 현실적으로 재평가해보면 어떻게 될까? 진정한 '매우 만족'(5점)의 비중이 과연 85%나 될까? '만족'(4점)의 비중 10%을 보통 이하라고 본다면 '보통' 이하의 비중은 현재 5%가 아니라 실제로는 15% 수준으로 늘어나게 된다. 굉장히 심각한 고객 만족 지표가 된다. 이럴 경우 앞으로 영업은 어떻게 될까? 85%의 '매우 만족'(5점)한 고객의 비중을 그대로 믿으면서 미래의 영업을 낙관적으로 보아도 정말 좋을까?

　　마지막으로 재구매 의향이 7%에 불과한 3) '보통(3점)이나, 매우 불만족(1점)'을 준 고객을 기업에서 어떻게 관리하고 있느냐 역시 관건이다. 기업에서 특별히 관리를 하고 있는 범주는 '매우 불만'이나 '불만'의 비중을 관리하고 있으나 사실 '만족'을 하지 못한 '보통'이하의 고객이 모두 문제가 되는 것이다. 기업에서는 '매우 만족'에는 매우 관심을 두고 '매우 만족' 비중을 올리려고 많은 노력을 하지만, 만족을 하지 못한 '보통'이하의 '불만' 고객에 대해서는 상대적으로 덜 중요하게 생각을 하고 있다.

　　한 연구조사에 따르면 소매유통점에서 만족을 하지 못한 고객들은 단 6%만이 해당 기업에 불만을 이야기하고, 31%는 주변에 부정적인 구전을 퍼뜨리고, 33%는 '해당 기업에 결코 다시 가지 않겠다'고 했다. 또한 불만족한 고객은 8~20명에게 자신이 겪은 부정적인 이야기를 퍼뜨린다고 했다.

여기서 중요한 사실은 다른 사람으로부터 이런 부정적인 이야기를 들으면 약 48%의 고객은 그 소매 유통점을 찾지 않을 것이라고 하였다. 기업에서는 큰 착각을 하고 있는 것이 있다.

만족을 하지 못한 고객들 중에서 단 6%만이 기업에 항의를 하면서 불만을 이야기하는 관계로 불만을 이야기하지 않는 94%의 고객은 모두 만족하고 있다고 착각할 수도 있다.

만약 어떤 기업이 한 달 동안에 받은 고객 불만의 수가 100명(불만 고객 중 6%에 해당)이라고 가정을 한다면 진짜 불만을 가진 고객 수는 1,667명 (100명/0.06)이라고 보아야 한다. 진짜 불만을 가진 고객의 수 1,667명 중에서 31%인 517명은 평균 10명(8~20명)에게 부정적인 구전을 퍼뜨린다면 5,170명(517명×10명)이 된다. 그리고 이 부정적인 이야기를 들은 5,170명 중의 48%인 2,482명은 그 소매 유통점을 찾지 않는다고 하였다. 100명의 불만 고객이 우리가 느끼지 못하는 가운데 2,482명의 부정적인 역효과를 만들어 내고 기업에게는 2,482명만큼의 매출을 놓치는 결과를 안겨준다. 이 얼마나 뼈저리게 안타깝고 심각한 일인가.

또 다른 연구에서는 가전제품, 의류, 식당 등 3개 업종 중에서 불만을 경험한 한국과 미국의 소비자를 설문조사하여 연구한 결과 한국의 소비자들은 미국 소비자들에 비해 기업에 '직접 불만을 제기하는 비율'은 낮은 반면에, '부정적인 구전활동'은 더욱 적극적으로 하겠다고 나타났다.

이러한 특성으로 볼 때 특히 국내 영업인 경우 불만 고객에 대해 고객을 관리하는 방법을 더욱 전략적으로 할 필요가 있다. 매우 만족을 통해 '재구매'와 '충성 고객'을 늘리려는 활동을 분명히 해야 한다. 그러나 만족하지 못한 고객의 부정적인 입소문으로 잃는 고객이 더 많다면 고객 만족 활동의 방향을 어떻게 하는 것이 바람직할까? 이것이 바로 '고객 만족 경영'을 하고 있는 기업이 풀어야 할 큰 숙제이다.

부정적인 구전은 인터넷과 소셜미디어의 확산으로 파급효과는 과거보다 훨씬 커지고 빠르다. 미국의 한 조사기관인 TARP에서는 인터넷을 통해 불만을 올리는 고객의 수가 칭찬을 하는 고객의 수에 비해 4배 정도로 더 많다고 하였다. 제품이나 서비스에 대해 만족을 느낀 우호적인 고객들이 기업에 미치는 좋은 영향력보다 불만을 느낀 고객들이 기업에 미치는 안 좋은 영향이 훨씬 더 크다는 것이다.

위에서 말했듯이 특히 한국 소비자들은 기업에 불만을 제기하는 비율보다 부정적인 구전활동을 더욱 적극적으로 하는 성향이 있다. 이와 함께 인터넷과 소셜미디어의 활성화로 부정적인 메시지는 더욱 크고 빠르게 확산된다. 따라서 국내 영업인 경우 더욱 불만 고객에 대한 관리가 세심하게 이루어져야 한다. '불만' 고객을 통해서 기업은 ① 기업이 개선해야 할 부분을 알게되며 ②고객의 '불만'을 만회하여 회복시켜줬을 때 오히려 부정적인 구전을 만들어내는 대신에 우호적인 고객이 되어 재구매 고객으로 완전히 바뀔 수 있는 좋은 점도 있다.

그러므로 진정성 없는 영업, 보여주기식의 영업으로는 절대 고객의 마음을 얻을 수는 없다. 불황기에는 '매우 만족'비중을 올리려는 노력과 함께 오히려 '불만' 고객을 위한 혁신적인 프로그램으로 경쟁사와 확연히 다른 영업을 추진하는 것이 저성장기를 돌파하는 강력한 수단이 될 수 있다.

현재의 영업생산성으로는
경쟁 기업을
이길 수 없다

영업조직은 단지 매출 달성을 하고, 시장점유율을 높이고, 이익만 잘 내면 그만인가? 아니다. 문제는 어떤 자원을 얼마나 가지고 어떤 결과를 만들어 냈느냐가 더 중요하다. 이것을 영업조직에서는 한마디로 영업생산성이라고 말한다. 영업에서는 영업생산성을 높이기 위한 그 자체가 영업 전략이라 해도 과언이 아니다. 결국 생산성이 높은 조직이 시장에서 경쟁력이 높을 수밖에 없다. 그럼 현재의 영업생산성으로 과연 미래에도 경쟁 기업을 이기고 경쟁사보다 더 많은 고객을 확보할 수 있을까?

지난 1997년의 IMF 환란이나 2008년의 금융 위기와 같은 외부의 요인으로 영업이 어려워질 때면 기업에서는 어김없이 생산성을 더욱 따지게 된다. 오늘날과 같이 영업이 어려워지고 장기적인 침체가 예상될 때 역시 영업조직이 갖고 있는 제품과 서비스를 바탕으로 영업 인력과 영업 인프라(유통, 물류, 서비스)의 효율을 극대화시킬 수 있는 생산성은 조직의 큰 이슈가 된다.

B2C의 생산성은 주로 총매출액을 인원수로 나눈 인당 매출액, 이익률을 기본으로 하고, 유통 조직인 경우 전체 매장 평수를 매출액으로 나눈 평당 매출액, 상담한 고객 대비 판매성공률, 고객 만족도 등을 관리한다. 그리고 B2B의 경우에도 역시 총매출액을 인원수로 나눈 인당 매출액이나 인당 수익률, 그리고 총매출액 대비한 판매비에 대한 판매 비율 등을 관리한다. 이러한 영업생산성의 지표를 높이기 위하여 필자 역시 갖가지 전략들을 수립하여 시행한 적이 있다.

이러한 생산성을 높이기 위한 고민은 영업을 하는 다른 조직에서도 마찬가지로 큰 화두이다. 2016년 6월 'SFE(Sales Forces Effectiveness)로 제약 시장 미래 설계'라는 제목으로 전 세계 100여 국에서 1만여 명의 전문가들이 서울에 모여 세미나를 진행했다. 이런 세미나를 개최한 배경에는 제약업계를 둘러싼 많은 규제와 변화하고 있는 제약 영업 환경이 과거의 영업 방식이 아닌 새로운 영업 방식을 요구하고 있기 때문이다.

세미나 제목에서 언급한 'SFE(Sales Forces Effectiveness)' 는 바로 고객에 대한 체계적인 정보화를 바탕으로 현장과 고객 중심의 섬세한(Detail) 영업 방식을 의미한다. 'SFE'는 '영업팀의 유효성'이라고 해석되지만 실제는 '영업생산성 향상'이라고 보면 된다.

생산성이란 투입된 생산 요소의 양에 대한 산출량의 비율을 말하며 공식은 '**산출량(output)/투입량(input)**'으로 나타낸다. 이런 맥락에서 보면 영업은 결국 주어진 자원을 이용하여 얼마나 많은 매출과 수익을 경쟁사보다 더 효율적이고 장기적으로 만들어내느냐 하는 것이다.

위에서 말한 'SFE'의 기본적인 개념 역시 영업사원 한 명 한 명이 기업의 영업 정책을 잘 이해하고 실행하여 영업조직 간, 영업사원 간의 매출 성과의 큰 편차 없이 조직 전체가 영업에 대한 눈높이를 끌어올려야 한다는 것이 요점이다. 그러기 위해서는 일부 영업을 잘 하는 조직과 스타 영업인들만이 갖고 있는 암묵지 성격의 영업 스킬을 모든 영업인들이 공감하고 실행할 수 있는 형식지로 바꾸어야만 한다는 것이다.

B2C에 대해 좀 더 자세히 살펴보면 B2C의 영업생산성을 높이기 위한 '인당 매출액'이나 '점포 평당 매출액' 그리고 상담한 고객 대비 '판매성공률' 등의 요소는 결국 고객 만족으로부터 결정된다. 고객에게 어떻게 하면 좋은 '서비스 품질', '영업 품질'을 제공할 수 있을까? 고객이 상담 과정에서 느끼고 판단하는 '서비스 품질', '영업 품질'에 대해 이론적인 지식을 접목하여 제대로 실천할 때 '영업생산성'은 더욱 크게 높일 수 있다. 즉, 불황기의 저성장 시기에는 현장에서의 경험과 사례들을 중심으로 학술적으로 검증을 하고 일반화된 이론을

현장에 접목하여 운영할 필요가 있다.

고객에게 좋은 서비스 품질, 영업 품질에 대한 연구의 선구자는 파라슈라만(A. Parasuraman), 자이타믈(Valarie Zeithaml), 베리(Leonard Berry)가 대표적이다. 이들은 은행, 보험, 가전제품 수리 및 보수, 증권업, 장거리 전화 서비스, 자동차 수리 서비스 등을 통하여 성공한 기업들이 실천한 다섯 가지 이론적인 원칙들을 확인하였다. 다시 말하면 이런 다섯 가지 요소들이 제대로 고객에게 전달되지 않으면 서비스 품질과 고객 만족도가 상대적으로 떨어질 수 밖에 없고 그것은 생산성 저하로 이어지게 된다.

첫째는 신뢰성(Reliability)으로 다섯 가지 중에서 가장 중요한 요소로 약속한 서비스를 정확하게 제공하는 능력을 말한다.

회사가 고객에게 약속한 사항으로 배달이나 서비스 제공, 문제 해결 등에 대해 수행하는 능력을 말한다. 가전제품을 팔고 있는 매장에서는 고객이 구매하고 배달을 요청한 날짜에 배달을 하려고 노력한다. 특히 요즘처럼 약속과 시간을 중요하게 생각하는 소비자들은 약속한 시간보다 늦어진 부분에 대해 금전으로 보상을 요구하기도 한다. 실제 사례로 냉장고를 두 시간 늦게 배달을 받은 한 소비자는 이 두 시간으로 인해 개인이 피해를 본 부분에 대해 기업에 경제적인 보상을 요구한 경우도 있다.

만약 고객이 배달을 요청한 날짜와 시간에 맞춰 정시에 배달을 하는 '배송 성공률'을 97%라고 가정해 보자. 학교 때 성적을 생각을 하면 97%는 매우 우수한 성적이다. 그러나 기업 측면에서 보면 얘기는 달라진다. 배달을 해야 하는 제품의 수가 월간 10만 개라고 하면 월 3,000(3%)개가 고객이 요구한 날짜되지 않은 것이며, 이는 연간으로 환산하면 3만6,000개나 된다.

앞에서 말했듯이 제품이나 서비스에 불만을 갖고 있는 고객은 평균 약 10여 명에게 좋지 않은 입소문을 낸다. 그렇다면 배달 약속을 지키지 못한 3%의 고객은 결국 36만 명(3만6,000건×10명)에게 나쁜 이미지를 전달하게 된다. 이 부정적인 이야기를 들은 36만 명 중의 48%인 17만2,800명은 그 소매 유통점을 찾지 않을 수도 있다. 배달 약속을 지키지 못한 3% 중에는 사전에 고객에게 양해를 구해서 해결을 원만하게 한 경우도 분명히 있을 것이다. 어쨌든 3%의 불만 고객이 '영업생산성'에 큰 영향을 미치는 것 만큼은 사실이다.

둘째는 응답성(Responsiveness)인데 이것은 고객을 돕고 고객의 요구가 있을 때는 즉각적으로 서비스를 제공하려는 의지를 말한다.

얼마 전 한 지인이 가전제품을 구매한 이야기를 필자에게 들려주었다. 그의 집 주변에는 네 개의 큰 전자 매장이 있었지만 그는 늘 가던 그 매장을 단골이라고 생각하고 있었다. 그런데 제품을 구매하러 간 매장에서 한참 동안 구경을 하고 있었는데도 영업사원 누구도 아는 체를 하지 않았다는 것이다. 그 지인은 불쾌한 마음을 갖고 다른 매장으로 옮겨서 큰 TV를 샀고 앞으로는 그 매장을 안 가겠다고 다짐했다. 그 매장의 영업사원들은 상품 설명 듣기를 바라는 고객의 행동과 신호를 그렇게도 느끼지 못했을까?

고객의 요구에 즉각적으로 반응하는 것이 이렇게도 중요한 것이다. 이 한 명의 단골 고객 이탈로 앞으로 그 고객이 평생 구매하게 될 매출을 놓치는 것은 물론 주변 지인들에게 그 매장과 그 브랜드를 이용하지 말라는 부정적인 구전을 주위에 알리게 되어, 이중으로 잠재적인 매출을 놓치게 되는 결과를 낳고 만 것이다.

셋째는 확신성(Assurance)으로 직원의 제품이나 서비스에 대한 지식이나 정중함, 그리고 고객에게 믿음과 확신을 심어주는 능력을 말한다.

특히 B2B의 영업생산성은 기업에서 관리하기가 B2C에 비해 상대적으로 어려움이 크다. B2C의 유통영업인 경우 영업조직별 지점장이나 영업관리자가 시각적으로나 공간적으로 함께 생활하는 관계로 통제를 하기 쉬운 반면에 B2B는 그렇지가 못하다. B2B영업인 경우 주로 영업사원 혼자서 활동하는 경우가 많다.

과거 필자의 회사에서도 B2B영업팀이라는 용어와 함께 고객의 요구를 이해하고 해결책을 주는 영업이라 하여 IT제품을 중심으로 한 '솔루션(Solution)영업'이라고도 하였다. '솔루션 영업'에서 중요한 것은 고객에게 영업사원이 제품이나 서비스에 대한 지식이나 정중함, 그리고 고객에게 믿음과 확신을 심어주는 능력인데, 이러한 능력을 '기업별 담당 영업사원(Key Account Manager)'이 모두 갖기란 매우 어려운 것이 사실이다.

고객사인 기업 입장에서 볼 때 영업사원이 보유하고 있는 제품이나 서비스에 대한 지식의 요소가 확신성을 결정하는데 결정적인 역할을 하게 된다. 따라서 이제는 B2B의 영업 프로세스인 '가망 고객→니즈 분석→제안/PT→수주→판매'에서 영업의 확신성은 '니즈 분석→제안/PT' 단계에서 기업에게 니즈에 대한 확신을 심어 주는 것이 무엇보다 중요하다. 특히 요즘과 같이 기업의 요구 조건이 복잡해지고 까다로워 질 경우에는 더욱 더 확신성이 중요하다.

B2B영업사원의 능력인 '세일즈 스킬+산업별 지식이나 동향+제품 지식이나 응용력'에 비해 기업이 요구하는 솔루션 수준은 더욱 높아 가는 관계로 이 둘 사이의 차이(Gap)를 줄이는 것이 결국 고객을 만족시켜 판매로 이어지게 되는 것이다. 이렇게 점점 복잡해 가는 영업의 문제를 과거의 방식으로 한 명의 개인기, '기업별 담당 영업사원'이 문제를 풀어가는 데는 분명히 한계가 있다.

따라서 크고 중요한 대형 수주 건인 경우 확실한 판매 수주를 위해 영업 초기 단계부터 전문가를 중심으로 팀을 구성하여 조직적으로 영업으로 대응할 필요가 있다. 결론적으로 B2B영업사원의 능력은 '세일즈 스킬+업계 지식+제품 지식이나 응용력'을 포함한 영업조직의 역량과 고객사에서 요구하는 솔루션 수준 사이의 차이(Gap)를 줄이는 것이 바로 고객 맞춤형 영업(Customized Sales)이다.

넷째는 고객 개개인에게 제공되는 공감성(Empathy)으로 고객의 욕구를 이해하는 것이 중요하다.

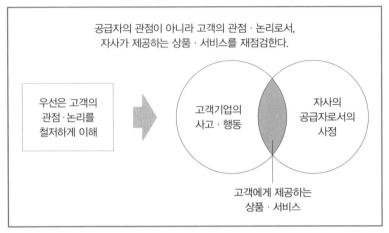

고객 심층 조사(Deep customer discovery)

공급자의 관점이 아니라 고객의 관점·논리로서,
자사가 제공하는 상품·서비스를 재점검한다.

우선은 고객의
관점·논리를
철저하게 이해

고객기업의
사고·행동

자사의
공급자로서의
사정

고객에게 제공하는
상품·서비스

출처: 『B2B 마케팅』 이마무라 히데아키, 정진우 역, 비즈니스맵

　모든 고객은 서비스를 제공하는 회사가 자신을 특별하게 대해 주기를 원하고 중요하게 생각해주기를 바란다. 이마무라 히데아키의 저서 『B2B 마케팅』에서도 위의 그림과 같이 고객의 욕구를 이해하고 공급 업체의 관점이 아니라, 고객사의 관점에서 영업을 해야 한다고 주장한다.

　마지막 다섯째는 유형성(Tangibles)으로 물리적 시설의 외양, 장비 등으로 주로 식당이나 호텔, 소매업체, 병원, 금융기관 등과 같이 고객이 서비스를 받기 위해 시설을 방문하는 서비스 업종에서 강조되는 요소이다. 주로 고객의 눈에 비쳐지는 것으로 외형적인 것과 관련이 많다.

　앞에서 설명한 다섯 가지 서비스 품질요소를 생각할 때 B2C의 경

우 특히 불황기의 저성장 시기에 영업생산성을 높이기 위해서는 인당 매출액이나 점포 평당 매출액, 판매성공률 등을 결정짓는 핵심 요소는 결국 고객 만족으로 귀결될 수 있다.

B2B의 경우에도 역시 총매출액을 인원수로 나눈 인당 매출액이나 인당 수익률, 그리고 총매출액 대비한 판매비에 대한 판매 비율 등을 관리하면서 이러한 영업생산성의 지표를 높이기 위한 방법 등을 고객관점에서 새롭게 시행할 필요가 있다.

현재 하고 있는 영업 방식으로는 현재 수준의 영업생산성밖에 기대할 수 없다. 앞으로 시황이 어려워지면 어려워질수록 영업생산성은 더욱 떨어 질 것이 분명하다. 경쟁기업과 완전히 차별화된 생산성은 현장에서 경험한 사례들과 연구자들의 이론을 바탕으로 새롭게 만들어져야 한다. 현재의 영업생산성으로는 경쟁기업을 지속적으로 이길 수 없다.

영업생산성의 차별화는 결국 현재의 매출과 이익과 시장점유율의 차이를 가져오는 것은 물론 미래에도 지속적인 성장을 할 수 있는 원동력이 된다는 것도 명심해야 한다.

비과학적인
영업 방식으로는
목표를 달성할 수 없다

자주 만나는 지인 중에 '제주 한라수'라는 생수 브랜드로 제주도에서 왕성하게 생수 사업을 하고 있는 김동준 사장이 있다. 그는 초기 자본금 5,000만 원으로 글로벌하게 사업을 잘 키우고 있는 우수한 경영자이다. 또 한 명은 프로야구 넥센 히어로즈 팀의 단장에서 지난해 3월 강원FC로 자리를 옮긴 조태룡 대표이다. 조 대표 역시 자리를 옮긴지 8개월 만에 강원FC를 1부 리그로 복귀시키는데 큰 기여를 한 출중한 능력을 갖춘 사람이다. 그들에게 업종은 완전히 다르지만 각자 맡은 사업이 성공적으로 잘 되어 가는 이유를 물었다. 두 사람은 한결 같이 사람을 1순위로 꼽았다. 어떤 사람들이 모여서 어떻게 의사결정을 하고 어떻게 실행을 하는가에 따라 사업의 성과는 크게 차이가 난다고 하였다. 정말 맞는 말이라고 생각한다.

이 두 경영자들이 사람의 중요성을 강조하듯이, 기업에서는 '사람이 답이다', '사람이 경쟁력이다' 등과 같은 이야기를 참 많이도 한다. 특히 영업에서는 '영업력은 사람력'이라고도 표현한다. 영업에서 사람의 중요성을 더욱 강조하는 이유는 영업의 성과 창출은 결국 사람에 의해서 결정된다고 보기 때문일 것이다. 실제 영업조직에서는 사람을 어떻게 운영하느냐에 따라 개개인의 무한한 잠재력을 이끌어내어 성과에 큰 차이를 가져오곤 한다.

영업조직에게 주어지는 매월 목표로는 대표적으로 매출과 이익 목표가 있다. 매출 목표는 다시 일간, 주간으로 나누어 목표 관리를 하게 된다. 조직 목표는 다시 영업사원별로 세분화하여 할당이 되고 최종으로는 영업사원별로 목표관리를 하도록 되어 있다. 이렇게 세분화되게 목표를 관리하고 있지만 목표 대비하여 달성을 하기는커녕 이미 전년 대비하여 역성장의 실적을 보이고 있는 업종들도 다수 생겨 나고 있다. 앞으로 경기가 더욱 어려워지면 매월 달성해야 할 매출 목표는 더욱 부담스러울 수밖에 없다. 과거와 같은 영업 방법으로 과연 앞으로 전체적인 수요가 줄어드는 상황에서 매출 목표를 달성하면서 성장을 지속적으로 잘 해나갈 수 있을까?

영업이 어려울수록 영업관리자를 포함한 경영자들은 기존에 흔히 하는 방법대로 더욱 현장의 조직원들을 몰아붙일 것이다. 세부적인 영업 방법은 모르겠고, 무조건 목표를 달성하고, 숫자를 만들어 내라고 하고, 더욱 세밀하고 타이트하게 목표 관리를 해보기도 하고, 잘 하고 있는 고성과 지점과 점포를 벤치마킹시켜 상향 평준화를 시도해 보기도 할 것이다. 또 저성과자를 불러 모아서 영업 교육도 시키고, 만회 대책도 발표시켜보고, 극기 훈련 차원에서 산악 등반이나 해병대에 입소도 시켜 본다. 그리고 성과와 연동한 인센티브제도를 수정하여 성과에 따른 보상의 격차를 크게 나도록 해 볼 수도 있다. 마지막에는 성과의 부진을 영업을 책임지고 있는 영업관리자의 자질 문제로 결론을 짓고 인사 조치를 해보기도 한다.

이렇게 기존에 해오던 영업 방식대로 하면 앞으로도 목표 달성을 잘 할 수 있을까? 어떻게 하면 저성장기에서 역성장의 불황으로 점점 빠져들어가는 이 상황을 돌파할 수 있을까?

필자는 과거의 경험과 학술적인 이론을 바탕으로 과학적이고 체계적인 목표 달성 방법을 제안하고 싶다. 기존에 늘 해오던 방법에서 벗어나 '과학적인 매출방법'으로 어려움을 돌파해 보자. 영업을 잘 할 수 있는 방법에 대해 알고 있는 것은 그리 중요한 것은 아니다. 이제는 알고 있는 것을 조직화하여 현장에서 실행으로 옮겨야 한다. 기업 간의 격차는 전략의 차이를 바탕으로 그 전략을 실행으로 옮기는 실행력의 차이가 더 큰 격차를 만들어 내는 시기가 온 것이다.

필자는 과거의 영업 경험과 이론적인 내용을 종합하여 정리한 '체계적이고 과학적인 매출 방법을 다음과 같이 제안한다. 첫째 '가시형

(Visible) 영업', 둘째 '파이프라인(Pipeline) 영업'이다.

첫째, 유동형(floating) 영업에서 '가시형(Visible) 영업'으로 변해야 한다.

앞에서 설명했듯이 영업조직에는 매월 매출과 이익 목표를 갖고 간다. 단위 영업조직에서는 다시 영업사원별로 목표관리를 하도록 되어 있다. 요즘과 같은 시황에서는 매출 목표를 달성하기가 매우 어렵다. 매달 매달 영업 목표를 어떻게 맞추어 갈까 하는 것이 현장에서 고민하고 있는 가장 큰 이슈이다.

그러나 대부분 본인의 영업 감에 의해 지난달에 얼마를 팔았으니 이달에는 이 정도는 되겠지 하고 예측을 한다. 이런 판매 예측으로는 항상 목표 대비 달성 정확도는 빗나가기 일쑤다. 어떤 달은 매출 목표 대비 90%를 달성하는 경우도 있고 또 어떤 달은 생각지도 않게 100%를 넘기는 초과 실적을 보이기도 한다. 그러나 전체를 놓고 보면 초과한 적보다는 미달한 경우가 훨씬 많게 된다. 필자는 이런 형태의 영업을 유동성이 크다고 보고 유동형(floating) 영업이라고 하였다.

지금과 같이 전체적인 수요가 줄어드는 시황에서 과거와 같은 방법으로 매출을 예측하고 영업을 했을 때 과연 성장을 하면서 매출 목표도 달성할 수 있을까? 지금 이 책을 읽고 있는 독자들 역시 안 될 것이라고 생각할 것이다. 그렇다. 필자 역시 더 이상 이런 식의 영업 방식으로는 안 된다고 생각한다.

영업에서는 주어지는 월간 판매 목표를 그냥 시황에 따라 열심히 노력하다가 목표를 달성하기도 하고, 목표를 달성하지 못하면 못하는 데로 그냥 넘어가는 그런 방식으로는 장기간 이어질 불황기에서의 영업 방식은 아니라고 본다. 적어도 다음 달에 판매할 매출을 영업사원별, 조직별 자원을 동원하여 예측하고 부족한 부분, 즉 차질(Gap)이 예상되는 매출액에 대한 달성 대책을 반드시 사전에 영업관리자와 함께 수립해야만 한다. 아래의 도표에서 좌측의 비계획적인 '유동형 영업'을 현재 영업조직에서 하고 있는 방법이라면 오른편의 '가시형 영업'은 필자가 제안하는 방법이다. '가시형 영업'은 전체적인 매출 목표를 영업사원이 보유하고 있는 기존 고객과 신규로 방문할 고객에 대한 매출로 나누어 예측하는 체계적이고 좀 더 과학적인 방법이다.

만약 A영업사원의 월간 영업 목표가 1억 원이라면 최근 3개월에 발생한 기존 고객에 대한 월 평균 매출 트렌드에 이 달에 기존 고

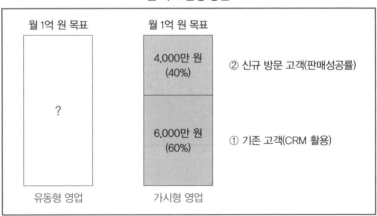

월 목표 달성 방법

객을 통해서 특별히 계획하고 있는 판촉 등의 추가 매출을 고려하여 예측해 본다. 최근 3개월 이내 발생한 ①기존 고객의 월 평균 매출이 4,000만 원이고 여기에 전월에 비해 특별히 이 달에 영업사원이 갖고 있는 특별한 판촉 프로그램으로 2,000만 원을 추가로 더 팔 수 있다면 기존 고객으로 팔 수 있는 총매출액은 6,000만 원이 된다.

이때 반드시 필요한 것은 영업사원별 갖고 있는 개인별 CRM이 큰 관건이다. 영업사원이 갖고 있는 개인별 고객 데이터베이스 중에서 어떤 고객에게 어떤 상품이 필요한지를 파악하여 역으로 제안을 할 수 있어야 한다. 이렇게 하려면 개인별 고객 데이터베이스에 대한 철저한 공부가 필요하다. '팔면 그만이다'가 아니고 팔고 난 이후에 고객관리를 어떻게 하느냐가 무척이나 중요해진다. 여기서도 고객화가 중요하다. 판매를 위한 고객과의 상담과정에서도 '고객화'도 중요하지만 판매 이후에도 지속적으로 고객별로 관리하는 '고객화'가 더욱 중요하다. 이런 관리를 통해 장기적으로는 단골 고객을 넘어 평생 고객으로 남게 되는 것이다.

또한 ①기존 고객 매출에서 중요한 것은 **영업사원별 고객 데이터베이스에 어떤 고객으로 채워져 있는가**가 중요하다. 영업사원 개인별로 보유하고 있는 양적인 총 고객의 숫자가 중요한 것이 아니라 진정으로 고객으로부터 받은 '매우 만족'(5점)의 고객이 몇 퍼센트의 비중으로 채워져 있는냐가 중요하다. 그 이유는 바로 '매우 만족'(5점)한 고객의 재구매 비율이 '만족'(4점)한 고객보다 재구매할 확률이 6배나 높기 때문이다.

다음은 ②신규 방문 고객에 대한 매출이다. 신규 방문 고객에 대한 매출 역시 최근 3개월에 발생한 신규 방문 고객에 대한 월 평균 매출 트렌드에 이 달에 본인의 접객력 향상 등으로 인한 매출 증가분을 고려하여 예측해 본다.

최근 3개월 이내 발생한 ②신규 방문 고객에 대한 월 평균 매출이 3,000만 원이고 여기에 전월에 비해 특별히 이 달에 영업사원이 계획하고 있는 접객력 향상으로 인한 판매성공률의 상승(60%→80%)으로 1,000만 원을 추가로 더 팔 수 있다면 신규 방문 고객으로 인한 총매출액은 4,000만 원이 된다.

이렇게 해서 다음 달 판매목표 1억 원에 대한 가시화 영업은 기존 고객 6,000만 원과 신규 고객 4,000만 원으로 더욱 목표 달성에 가까이 접근하게 된다. 여기서 가시형 영업의 장점을 세 가지 차원에서 설명하면 다음과 같다.

1)기존의 유동형 영업으로 했을 때는 기업의 매출실적은 어김없이 차질이 나고 만다. 만일 유동형 영업으로 그냥 한 달을 보냈다면 추가 매출이 빠진 ①기존 고객의 월 평균 매출이 4,000만 원과 ②신규방문고객에 대한 월 평균 매출이 3,000만 원으로 총매출액은 7,000만 원으로, 월간 목표 1억 원 대비 3,000만 원의 매출 차질이 나고 만다.

2)가시형 영업을 통해 ①기존 고객과 ②신규 방문 고객으로부터 추가 매출을 하기 위한 영업사원의 노력으로 영업사원의 역량이 강화될 수 있는 기회가 된다. 개인별 고객 데이터베이스의

중요성과 미래의 장기적인 매출을 창출하는 수단으로의 고객 만족 활동을 진정성 있게 하게 된다.

3) 영업사원별, 영업조직별 목표에 대한 가시형 영업으로 목표에 대한 달성 의지와 구체적인 달성 방안을 찾아낸다. 그리고 목표에 대한 강한 도전 정신으로 목표는 반드시 달성한다는 강한 목표 마인드를 갖게 되는 기회가 된다.

둘째, 영업사원별 '파이프라인(Pipeline) 영업'으로 안정적인 매출을 확보하자.

영업 '파이프라인'이란 영업사원에게 지속적으로 매출을 공급해주는 생명선과 같은 것이다. B2C에서 영업사원의 '파이프라인'은 개인별 고객 데이터베이스라고 볼 수 있고, B2B에서는 영업기회, 가망 고객에서부터 수주, 판매로 이어지는 영업 경로를 말하기도 한다. 또한 생긴 모양이 깔대기와 같은 모양을 하고 있다고 해서 '영업 깔대기'라고도 한다.

우리가 영업 파이프라인을 통해서 알 수 있는 것은 ①기존 고객으로부터 안정적으로 매출을 확보할 수 있는 영업사원별 '파이프라인'이 누가 더 좋은가 하는 문제와 ②기존 고객으로부터 안정적으로 매출을 6,000만 원을 할 수 있느냐 그 이상의 매출을 할 수 있느냐 하는 것은 바로 영업사원의 역량에 달려 있는 것이다. 기존 고객으로부터 안정적인 매출을 할 수 있다는 것은 그만큼 매출을 예측하는데 있어 변동성이 줄어들게 된다는 것이다.

만일 A와 B영업사원이 똑같이 1억 원의 매출 목표를 받았다면 A 영업사원은 ①기존 고객으로부터의 매출을 6,000만 원 할 수 있는 것에 비해, B영업사원은 ①기존 고객으로부터의 매출을 8,000만 원 할 수 있다면 A영업사원은 추가로 4,000만 원을 해야 하는 반면에 B영업사원은 2,000만 원만 추가로 하면 된다. 두 사람의 영업 역량을 동일하게 보았을 때 아마 전체적인 영업 실적으로 보면 B영업사원이 훨씬 더 많은 매출을 할 수 있을 것으로 보인다.

따라서 영업사원은 매출을 만들어 내는 파이프라인을 포함한 영업의 개인별 밸류체인(Value Chain)을 항상 생각하고 실행해야 한다.

아래의 도표에서 보듯이 영업사원별 매출을 만들어 주는 개인별 '고객 만족 밸류체인(Value Chain)'을 통해서 매출을 만들어 내는 구성 요소를 확실하게 인지하고 각 요소들에 대한 활동들을 제대로 해야 한다. '고객 만족 밸류체인(Value Chain)'에서 첫 출발은 고객 만족 활동, 즉 고품질의 CS 영업을 해야 한다. 그 다음은 고품질의 CS 영업을 통해서 진정한 '매우 만족'(5점)을 고객으로부터 받을 수 있어야 한다.

그래서 영업사원별 보유하고 있는 개인별 고객 데이터베이스에는 진정한 '매우 만족'(5점)의 고객으로 채워져 있어야 한다. 영업사원

고객 만족 밸류체인(Value Chain)

| 고품질의 CS 영업 | → | 진정한 '매우 만족'(5점) | → | 충성 고객 (Loyalty) | → | ① 본인 재구매 ② 지인 추천 |

별 매출을 결정 짓는 중요한 요소는 고객 데이터베이스 내에 들어 있는 양적인 고객의 숫자보다 진정한 '매우 만족'(5점)의 고객 숫자가 더욱 중요하다.

이렇게 '매우 만족'(5점)한 고객이 '충성 고객'이 되고 미래에 '본인의 재구매'는 물론이고 '지인 추천'까지 가져오게 되는 흐름을 개인별 '고객 만족 밸류체인'(Value Chain)으로 볼 수 있다.

영업조직의 진짜 실력은 경기가 어렵고 모두가 역성장을 하고 매출목표 달성을 못할 때 여전히 꾸준한 성장과 시장점유율을 확대해 나갈 수 있는 영업조직이 내공이 깊은 회사라고 생각한다. 경기가 어렵다. 조금만 참고 이 시기를 견디면 경기도 나아지고 매출도 풀릴 꺼야 하면서 직원들을 격려하고 다독거리는 리더는 좀 더 냉정할 필요가 있다. 경기가 좋아지면 모두가 좋아지고 오히려 영업력이 강한 회사가 더 많은 파이를 먹게 되어 있다. 물론 직원들을 격려하고 위로하는 것도 중요하지만 이 시기에 진정으로 필요한 영업 리더십은 목표 달성을 위한 정확한 시장분석과 전략수립으로 대안을 만들어 치고 나가는 것이다.

이런 차원에서 기존에 늘 해오던 영업방식이 아닌 불황을 돌파할 새로운 영업 전략이 이 시점에서 크게 요구된다.

PART 2

불황을 돌파할
새로운 영업 전략

Chapter 3

불황기 영업 돌파 전략, 초격차 영업 4P모델

글로벌 스탠다드에
기초한 과학적인
'영업 프레임워크'

앞에서도 말했듯이 지금은 불황을 돌파할 혁신 전략이 필요하다. 삼성전자는 세계 법인장 글로벌전략회의에서 '초격차'를 강조하면서 2위가 도저히 따라올 수 없을 정도의 격차를 만들자고 하였다. 이런 초격차를 위해서는 제품과 서비스의 차별화와 함께 이를 뒷받침할 수 있는 영업 전략이 반드시 필요하다고 했다.

전반적으로 경영이나 마케팅을 잘하기 위한 전문 서적으로는 '경영 전략', '마케팅 전략', '마케팅 원론'처럼 이론적인 서적이 넘치고 넘쳐나지만, 영업을 잘하기 위한 영업 전략 측면의 '영업 원론'과 같은 책은 딱히 없는 것 같다. 다시 말하면 영업에 대한 이론적인 교과서나 기본적인 영업 프레임워크(Framework)는 딱히 정해진 것이 없다는 것이다.

기존에 나와 있는 영업 관련 서적들은 산업별, 영업 현장에서의 특성을 이야기한 책이든가 아니면 성공했던 케이스를 영업의 프레임으로 만들어서 설명하는 경우가 대부분이다. 따라서 국내에서 영업에 대한 성공이나 실패 사례들이 체계적으로 정리되어 영업의 프레임으로 설명된 서적은 찾아보기 힘들다. 그래서 영업에 대한 운영 체계나 방법 등은 대부분 비체계적이고 과학적이지 못하다. 그러나 다행이도 최근 국내외적으로 과학적인 영업으로 고품질 영업을 해야한다는 목소리들은 조금씩 나오고 있다.

필자 역시 영업을 오랫동안 해 오면서 항상 해왔던 고민은 어떻게 하면 영업을 체계적이고 시스템적으로 할 수 있을까, 영업의 성과를 어떻게 하면 안정적으로 만들어 낼 수 있을까 하는 것이다. 아마 이런 고민은 영업을 하는 사람이라면 누구든지 갖고 있는 공통적인 이슈일 것이다. 필자는 다행이도 이런 고민에 대한 해답을 서강대 박사학위 과정을 통해 조금이나마 풀 수 있는 기회가 있었다. 박사학위 논문을 통하여 '영업 프레임워크'를 좀 더 현실적이고 과학적으로 검증된 '경영 품질 모델' 관점에서 접근할 수 있게 되었다.

'영업 프레임워크'의 기본 모델인 '경영품질 모델'은 바로 글로벌 스탠다드로 인정받은 '말콤 볼드리지 모델(MB모델)'이다. 'MB모델'이란 기업 전반의 경영시스템 혁신도구로 기업 전반의 경영을 평가하기 위한 경영시스템이다. 'MB의 경영품질'은 미국의 '말콤 볼드리지 품질상(MBNQA: Malcolm Baldrige National Quality Award)'이란 이름으로 1987년에 도입된 것이다. 제품 품질을 향상시키는 품질 중심의 전사적 품질관리가 'TQM(total quality management)'이라면 'MB모델'은 기업 경영의 프레임워크를 전사적으로 혁신하는 개념이다. 따라서 현재와 미래를 시스템으로 연결하여 계획과 실행 그리고 성과가 통합적으로 운영하도록 하자는 것이다.

국내에서도 여러 조직에서 이 'MB모델'을 전파하고 있다. 한국표준협회의 국가품질상을 중심으로 한국생산성본부와 한국능률협회에서도 기업을 포함한 공공기관의 경영평가의 모델로 'MB모델'을 활용하고 있다. 이것은 경영 평가가 국내 관점에서 글로벌 관점으로 발전하고 있다는 것을 의미한다. 또한 국내 기업인 경우 이 'MB모델'을 통해 글로벌 초우량 기업 대비 국내 기업의 경영품질 수준을 정확히 파악할 수 있는 기회도 될 수 있다. 따라서 'MB모델'은 글로벌 기업 대비 강, 약점을 보완하는 중요한 수단으로도 활용할 수 있다.

실제 말콤 볼드리지 품질상을 수상한 글로벌 기업들의 경우 매출 성장률과 영업 수입이 타 기업에 비해 두 배 이상의 성과를 보인다고 한다. 그리고 수상을 못한 기업들도 기업의 프로세스를 체계적으로 평가하고 개선할 수 있는 기회가 되기 때문에 많은 기업들이 'MB상'에 도전을 한다.

'MB모델'은 다음 그림과 같이 기업 전반의 경영을 평가하기 위해서 총 7가지 요소 ①리더십, ②전략기획, ③고객중시, ④측정과 분석, ⑤인적자원, ⑥프로세스, ⑦경영성과가 중요하다고 하였다. 총 7가

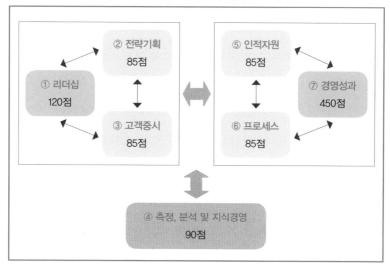

말콤 볼드리지 모형의 구조

② 전략기획
85점

① 리더십
120점

③ 고객중시
85점

⑤ 인적자원
85점

⑦ 경영성과
450점

⑥ 프로세스
85점

④ 측정, 분석 및 지식경영
90점

출처: 『말콤 볼드리지 MB모델 워크북』 신완선 외 8명, 고즈원

지 중 ①~⑥까지는 성과를 만들어 내는 과정 요소라고 하고, 마지막 ⑦은 성과 혹은 결과 요소라고 하였다. 여섯 가지 과정 요소를 성공적으로 운영하면 ⑦의 경영성과는 저절로 나타난다고 하였다.

필자의 경험과 그동안 학술적으로 발표된 많은 자료를 검토한 결과 영업을 잘하기 위한 요소 역시 기업 경영의 7가지 필수 요소로 구성된 'MB모델'과 크게 다르지 않다는 것을 발견하였다. 'MB모델'은 특히 과정을 중요시한다. 아인슈타인 역시 "결과를 바꾸기 위해서는 과정을 바꿔야 한다"고 주장하였다. 특히 단기 성과인 매출 중심의 평가 기준으로 운영되고 있는 영업의 경우 과정을 중요시하는 'MB모델'이 더욱 더 '영업 프레임워크'로 적합하다.

영업과 'MB모델'은 두 가지 큰 공통점을 갖고 있다. 그것은 '과정에 대한 중요성'과 '성과'에 대한 부분이다. 앞에서 언급한 'MB모델'은 여섯 가지 '과정요소'를 성공적으로 운영하면 '경영성과'는 저절로 탁월하게 나타난다고 하였다. 영업은 기업에서 최종적으로 '성과'를 만들어 내야 한다는 중요한 미션을 갖고 있음에도 체계적인 '과정관리'가 특히 취약하였다. 영업이 체계적으로 발전하지 못하는 것도 이와 같은 과정관리의 취약성이 큰 몫을 차지한다. 이러한 비체계적이고 비과학적인 '과정관리'로 '경영성과' 역시 미흡했던 것이 사실이었다. 여기에 대한 해답으로 기업전반의 경영품질의 글로벌 스탠더드인 'MB모델'이 '영업 프레임워크'를 바로 잡기에 가장 최적의 모델이라고 생각하였다.

그리고 'MB모델'이 추구하는 '과정에 대한 중요성'과 '성과'에 대한 부분은 이미 많은 글로벌 기업을 통해 사전 검증이 되었다. 따라서 필자는 사전 검증이 완료된 'MB모델'을 차입하여 좀 더 과학적이고 탄탄한 '영업 프레임워크'를 제시하고 싶다.

이로써 기존에 영업조직에서 성공했던 일부 스타 영업인의 개인기 중심의 영업이론이나 전략에서 체계적이고 과학적으로 검증된 'MB모델'의 '영업 프레임워크'로 전환을 제안한다. 필자는 서강대 박사학위 논문 주제인 "전자제품소매점포의 효율성 향상을 위한 성과측정지표 개발의 건"에서 'MB모델'을 활용한 바 있다.

영업을 잘하기 위한 '프레임워크'로는 첫째, 전략이 무엇보다 중요하다. 따라서 전략 영업이 필요하고, 둘째는 전략을 실행으로 옮기는 힘, 실행 영업이다. 셋째는 효율과 생산성을 만들어 낼 수 있는 프로세스 영업이며, 마지막 넷째는 성과 영업으로 단기적인 성과를 포함한 장기적인 고품질의 성과를 말한다(전략 영업→실행 영업→프로세스 영업→성과 영업).

따라서 '영업 프레임워크'는 'MB모델의 총 7가지 요소를 관련성이 있는 항목으로 아래와 같이 묶어서 크게 네 가지로 재구성하고 이것을 '초격차 영업 4P모델'이라고 이름 지었다.

1)초격차 전략 영업-전략기획, 고객중시(P: Planning & Strategy)

2)초격차 실행 영업-리더십, 인적자원(P: Practice & Execution)

3)초격차 프로세스영업-측정과 분석, 프로세스(P: Process)

4)초격차 성과 영업-경영성과(P: Performance)

불황 돌파
영업 전략,
'초격차 영업 4P모델'

필자는 저성장시대에 불황을 타파할 영업의 돌파구로 글로벌기업을 중심으로 이미 검증된 '말콤 볼드리지 모델(MB모델)'을 이용한 '초격차 영업 4P모델'이라는 과학적인 '영업 프레임워크'를 제안하였다. '초격차 영업 4P모델'에서 '영업 4P'라는 용어는 사실 독자들은 처음으로 접하는 개념일 것이다.

우리가 흔히 알고 있는 '마케팅의 4P'는 1960년대 정립되어 변하지 않는 정석으로 자리잡고 있다. '영업의 4P'는 앞에서도 설명했듯이 영업을 잘 하기 위한 요소로 기업에 오랫동안 몸담았던 필자의 경험과 'MB모델'의 구성 요소들을 이용하여 정리한 것이다. 필자는 서강대 경영학과 학생들 강의에서도 '마케팅의 4P'와 함께 '영업의 4P'를 강조하고 있다. 이에 경영학과 교수들 또한 영업에 대한 이야기들을 굉장히 재미있게 듣고 궁금한 사항을 서로 공유하기도 한다. 그럼 도대체 영업과 마케팅은 어떻게 연결이 되고, 같은 점은 무엇이고 또 다른 점은 무엇인가?

그 해답으로 필립 코틀러와 다른 두 명의 학자가 2006년도에 발표한 「영업과 마케팅 간 싸움의 종말(Ending the War Between Sales and Marketing)」이란 논문에서 영업은 단순히 마케팅의 종속된 개념이 아니라고 하였다. 그리고 마케팅은 소비자가 구매 결정 이전에 브랜드 인지도나 선호도를 높이기 위해 노력을 집중하는 반면에, 영업은 소비자가 구매하기로 한 이후에 구매 시점과 구매 이후의 고객 충성도, 고객 애호도 등에 집중하고 있다고 구분하였다. 즉 마케팅은 본사 중심의 활동으로 제품과 서비스를 소비자에게 알리고 소비자로 하여금 구매 선택을 이끌어 내는 활동을 말한다면, 영업은 접점에서 직접 소비자와 대면하여 구매 체결로 매출을 확정짓는 활동과 그 이후에 고객관리를 하는 활동으로 설명하고 있다.

그러나 지금은 경영환경의 변화와 소비자들의 욕구의 증대로 기존의 공급자 중심의 '마케팅의 4P'로 시장과 소비자를 대응하기에는 역부족이라는 것을 모두가 실감하고 있다. 특히 그동안 기업의 정보에 의존하던 고객들도 스스로 문제를 해결하는 능동적인 소비자들로 바뀌고 있다. 따라서 마케팅 믹스의 '4P'가 다음의 표와 같이 '4C'로 변화되고 있다.

4P의 개념은 시장을 구매자의 관점으로 보는 것이 아니라 판매

마케팅의 패러다임 변화: 관리직 마케팅 Vs. 전략적 마케팅

관리직 마케팅	구분	전략적 마케팅
공급 결핍	경제	공급 과잉
생산자	관점	소비자/고객
마케터 공간(Marketer space)	영역	소비자 공간(Consumer space)
이윤 추구	목표	브랜드 가치 향상
단기	기간	중장기
제품	대상	브랜드
4P: 제품(Product), 가격(Price), 유통(Place), 촉진(Promotion)	믹스	4C: 고객(Customer), 비용(Cost), 편리성(Convenience), 커뮤니케이션(Communication)
시장점유율(M/S:Market Share)	지표	마인드점유율(M/S: Mind Share)

출처: 『지금 당장 마케팅 공부하라』 구자룡, 한빛비즈

자의 관점에서 보는 시각이 강하다. 그러나 경영 환경의 변화와 함께 지금과 같은 고객관계 시대에서는 판매자의 관점에서 구매자의 관점인 '4C'로 전환할 필요가 있다. 4P의 개념보다 4C의 개념은 훨씬 고객에게 다가가 있는 느낌이 든다. 그리고 국내 많은 회사들은 기존에 관리적 마인드에서 사용하고 있던 '마케팅팀'이란 조직 명칭 대신에 '영업기획팀'이나 '판매기획팀'과 같이 고객과의 접점에서 매출을 만들어내는 직접적이고 확실한 미션을 가지고 있는 조직 명칭으로 전환된 경우를 흔히 볼 수 있다.

이런 차원에서 본사 조직에서는 마케팅의 4P의 '제품(Product), 가

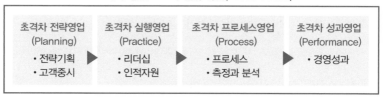

'초격차 영업 4P'의 밸류체인(Value Chain)

초격차 전략영업 (Planning)	초격차 실행영업 (Practice)	초격차 프로세스영업 (Process)	초격차 성과영업 (Performance)
• 전략기획 • 고객중시	• 리더십 • 인적자원	• 프로세스 • 측정과 분석	• 경영성과

격(Price), 유통(Place), 판촉(Promotion)'을 어떻게 하면 4C로 잘 믹스하여 가장 효율적인 마케팅 전략을 수립할까 하는 것이 과제라면, 영업조직에서는 '초격차 영업 4P'를 바탕으로 고객과의 접점에서 고객에게 제안하고 구매로 연결하여 매출을 만들어 낼 수 있는 방안을 만드는 것이 또한 주요한 관건이 된다.

'MB모델'의 모형을 기본으로 한 영업 프레임워크, '초격차 영업 4P'의 밸류체인(Value Chain)의 흐름을 보면 ①고객과 시장 중심의 전략기획에 대한 부분과 ②다음은 전략을 현장에서 어떻게 민첩하게 실행으로 옮길까? ③그리고 실행의 결과 고객에게 하는 제품과 서비스의 인도 및 지원 프로세스에 대한 운영 부분과 ④마지막으로 목표에 대한 성과관리 부분으로 나누었다.

마케팅 4P에서는 제품, 가격, 유통, 판촉 중 어느 한 부분에서 문제가 발생해도 마케팅 전략에 차질을 가져온다. '초격차 영업 4P모델' 역시 밸류체인(Value Chain)의 흐름 차원에서 어느 한 부분이 문제가 있으면 제대로 된 영업 성과를 기대하기는 어렵다. '초격차 영업 4P모델'의 각 요소가 서로 끊어짐이 없이 연결이 잘되고, 기업내부와 외부에서 각각의 부가가치를 잘 만들어 낼 때 경쟁사와 더욱 큰 격차, 절대적인 격차, 따라올 수 없는 격차, 고객이 체감하는 격차를 만들어 단기적인 성과는 물론 장기적으로 더욱 격차를 크게 벌리게 하는 초격차(超格差)영업을 실현할 수 있게 된다.

영업을 잘할 수 있는 영업 프레임워크로 '초격차 영업 4P모델'의 핵심요소를 미션으로 정리하면 아래와 같다

1)고객과 시장에 초점을 맞춘 '초격차 전략 영업을 하라'

(P:Planning & Strategy)

2)목표 달성을 위해 스스로 뛰는 '초격차 실행 영업을 하라'

(P:Practice & Execution)

3)고객가치 중심의 '초격차 프로세스 영업을 하라'

(P:Process)

4)과학적인 성과관리로 '초격차 성과 영업을 하라'

(P:Performance)

'초격차 영업 4P모델'의 핵심요소 중에서 먼저 1)고객과 시장에 초점을 맞춘 '초격차 전략 영업을 하라'(P:Planning & Strategy)고 제시한다. 전략 영업의 개념은 전략을 '전략'과 '기획'으로, 영문 표기는 'Planning & Strategy'에서 대표 단어로 전략의 개념을 'Planning'이라고 하였다.

'초격차 전략 영업을 하라'에서 초격차 전략 영업은 어떻게 하는

것일까? 또 전략 영업이 정말 중요한 것인가? 하는 이런 의문을 『브랜드 론칭 불변의 법칙』의 저자인 알 리스와 로라 리스는 마케팅은 전략이 90%를 차지하고 실행은 10%를 차지한다고 주장하였다. 여기서 전략이 90%라고 이야기하는 것은 마케팅과 영업활동의 성과에 영향을 미치는 것이 전략이 90%로 중요하다는 것이다. 이것은 마케팅 학자로서 실행보다는 전략이 더 중요하다고 강조하기 위하여 지나칠 정도로 주장했으리라 생각한다.

그러나 실제 기업에서 영업조직의 인력 구성은 정 반대로 되어 있다. 필자가 마케팅 팀장으로 있을 때 마케팅 전체 인력은 150여 명 정도이나 현장의 영업 인력은 마케팅 인력에 10배가 훌쩍 넘는다. 사람의 숫자와 일하는 양에 대한 개념은 오히려 실행을 맡고 있는 영업 현장이 90%로 우위에 있다. 그러나 사실 기업에서 마케팅 전략이나 영업 전략을 올바른 방향으로 제대로 수립하지 못하면 실행을 아무리 잘하여도 성과는 크게 기대할 수가 없는 것이다. 또한 잘못된 전략은 마케팅 인력의 10배가 넘는 현장의 영업 인력들에게 수많은 시행착오를 안겨 줄 수도 있다.

전략의 의미는 경쟁자보다 더욱 우위를 확보할 수 있도록 계획과 방향을 수립하고 구체화를 하는 것이다. 전략 수립을 하는 과정에서 가장 중요한 것은 스텝의 전략적인 업무 역량이다. 그 역량 중에 가장 기본이 고객과 시장에 대한 마인드이다. 시장에 대한 개념 안에는 경쟁자도 포함되어 있다. 그러나 전략을 수립하는 과정에서 늘 하는 실수는 고객과 시장을 무시한 전략이 많다는 것이다. 영업조직에서 영업 전략을 수립할 때도 역시 기업 환경 분석을 충실히 하지 않는 실수를 자주 범한다. 기업의 환경 분석에는 '3C 분석'이 있다.

일본의 유명한 경제 평론가인 오마에 겐이치는 "나(자사/Company)를 알고, 적(경쟁사/Competitor)을 알고 우리 물건을 구매하는 소비자(고객/Customer)을 잘 분석해야만 제대로 된 전략을 세울수 있다"고 처음으로 제안하였다. 그러나 실제 기업에서는 이렇게 중요한 '3C 분석'보다는 바로 '마케팅 4P 믹스'에 집중하는 것을 흔하게볼 수 있다. 마케팅 4P 믹스는 '3C 분석'을 충분히 한 이후에 하는 작업들이다.

'3C 분석'에서 우선 자사(Company)분석은 자기 회사의 경쟁력을평가하는 것으로 주로 매출액과 이익(률), 시장점유율을 포함하여 제품과 서비스에 대한 것을 구체적으로 분석한다.

다음은 경쟁사(Competitor)분석으로 당사와 비교하여 경쟁사의강점과 약점을 포함하여 경쟁사의 매출액과 이익(률), 시장점유율 등에 대한 종합적인 경쟁력 분석을 한다. 그러나 현장에서의 문제는 경쟁사를 좀 가볍게 보면서 인정을 하지 않을려고 한다는 것이다. 또한자사의 경쟁력을 실제 역량 이상으로 과대하게 부풀려 보려고 하는경향이 강하다.

마지막으로 우리 물건을 구매해 주는 고객(Customer)분석이다. 우리가 공략해야 할 타깃 소비자를 확실히 정하는 것이다.

비즈니스에 따라서는 '3C 분석'에 채널(Channel) 분석을 포함하여 '4C 분석'을 이야기하기도 한다. 채널(Channel) 분석은 대부분의 영업조직이 갖고 있는 것으로 제품이나 서비스가 고객에게 전달되는 유통 경로를 말한다.

마케팅 전략과 영업 전략에서 가장 중요한 부분이 바로 '3C 분석'이다. 서강대 경영학과의 전성률 교수는 마케팅전략에서 '3C 분석'이 전체 마케팅 전략의 50% 이상을 차지한다고 할 정도로 '3C 분석'의 중요성을 강조하였다. 이렇게 중요한 '3C 분석'을 깊이 있게 하지 않고서는 더이상 불황기에서 경쟁사를 압도할 수가 없다. 그리고 깊이가 없는 겉핥기식의 이런 전략은 현장의 영업조직에서 실행하기도 어렵고 전략의 성과를 얻기도 어려운 것이 사실이다.

필자가 주장하는 초격차 전략 영업의 의미는 "전략은 본사 스텝에서 수립하고 실행은 영업 현장에서 알아서 한다"는 개념이 아니라 "시장과 경쟁사와 고객을 충분히 고려하여 실행 가능한 전략을 짜야 한다"는 의미이다. 또한 "영업 현장에서는 본사 스텝의 전략을 수동적으로 받아서 실행만 하는 것이 아니라 전략적인 마인드를 갖고 실행전략을 수립하여 전략적인 영업을 해야 한다"는 의미가 동시에 담겨져 있다. 영업의 첫 출발은 전략 수립에 있다. 이 전략에 따라서 영업 현장의 많은 조직과 영업 인력이 움직이게 되는 것이다.

'초격차 영업 4P모델'의 핵심 요소 가운데 전략이 가장 먼저 있는 이유 역시 여기에 있다. 자사와 고객과 경쟁사를 정확히 모르고 수립한 전략은 그 다음 단계인 실행 부분에서 큰 힘을 받을 수가 없다. 따라서 영업의 프레임워크에서의 전략은 경쟁사와는 완전히 다른 실행을 전제로 한 현장중심의 초격차 전략을 수립할 수 있어야 한다고 생각한다. 이런 전략은 역시 영업 현장에서도 고객이 느끼는 가치를 정확하게 인식하고 그 가치를 고객에게 잘 전달할 수 있게 하는 것이다.

2)목표 달성을 위해 스스로 뛰는 "초격차 실행 영업을 하라"(P: Practice & Execution)고 제시했다. '초격차 영업 4P모델'에서는 편의상 실행의 대표 단어로는' Practice'로 표기한다. '실행 영업'의 범주에는 '리더십'과 '인적자원'을 주요 요소로 포함시켰다. 초격차 실행 영업은 전략을 현장에서 어떻게 실행으로 옮길까 하는 부분이다. 대학 교과목인 마케팅 원론에서는 실행에 대한 부분을 마케팅 전략 수립 이후에 약 한 페이지 정도로 실행(Implementation)의 개념을 짧게 언급하고 있다.

이 부분이 바로 영업과 마케팅의 시각 차이를 극명하게 보여주는 대목이다. 우리는 실행이라는 개념으로 대학에서 학과목으로 배운 적은 없다. 그리고 마케팅 관리나 원론에서도 겨우 한 페이지의 비중으로 실행을 다루고 있지만 필자는 영업을 잘하기 위한 '초격차 영업 4P모델'에서 4P 중에서 하나의 파트로 크게 강조하고 있다. 실제 기업에서도 실행력의 중요성을 큰 비중으로 인식하고 있으며, 실행을 'Execution'이나 ' Operation'으로 표현하기도 한다. 아무리 훌륭한 제품과 전략을 갖고 있더라도 최종 고객과의 접점에서 실행이 제대로 안되거나 혹은 실행력이 약하거나, 지속성이 없는 경우 그 기업의 성과는 크게 기대할 수가 없다. 그러나 대체로 영업에서는 매출 성과 부진의 이유를 경쟁사 대비 제품력과 가격에 대한 문제 혹은 본사 전략의 문제로 돌리는 경우가 많다. 영업 현장의 실행력에는 큰 문제가 없고 실행력에 대한 분석조차도 시도하지 않는다. 그 이유는 본부에서는 영업 전략을 수립하여 영업 현장에 보내지만 영업 현장에서는 정작 그 전략을 바탕으로 성과로 만들어 내기 위한 구체적인 실행 전략을 수립하지 않는 경우가 많다. 일부 실행 전략을 짜긴 짜더라도 구체적이지 않고 형식에 그친 실행 전략이 대부분이다.

사실 대학에서 가르치는 마케팅 원론에서도 마케팅 전략을 수립한 이후 실행, 통제, 개선의 단계로 이어지면서 실행을 그렇게 구체적으로 가르치고 있지 않다. 대학과 마찬가지로 기업에서도 항상 미흡한 것이 실행 부분이고 그렇게 구체적이지 않다. 필자의 경험으로 영업 성과는 전략과 제품력의 차이보다 실제 성과를 만들어 내는 영업 현장의 실행력 차이가 기업들 간의 격차를 만들어 내는 주요한 원인 중의 하나라고 생각한다.

'MB모델'에서는 실행력을 리더십에 포함시켜 부분적으로 소개했다. 하지만 사람이 중심이 되어 이루어지는 영업에서 실행을 빼고는 영업을 이야기할 수가 없다. 실행에 대해 말로는 누구나 다 할 수 있다. 하지만 기업의 영업 성과는 말뿐이 아니라 반드시 실행을 통해서만 이루어진다. 그 실행의 책임은 영업관리자에게 있고 영업관리자는 인적자원을 바탕으로 전략의 방향성과 함께 전략을 실행계획으로 구체화시켜 성과로 연결시켜야만 한다. 영업관리자의 실행력 차이가 결국 성과의 차이로 나타난다.

하버드대 비즈니스스쿨의 프랭크 세스페데스(Frank V. Cespedes) 교수는 실행의 중요성을 그의 저서인『영업 혁신(Aligning Strategy and Sales)』에서 다음과 같이 강조하고 있다.

"훌륭한 전략에 빈약한 실행보다는 차라리 평균적인 전략에 훌륭한 실행이 오히려 더 큰 성과를 가져온다". 그러나 아직 많은 영업조직에서는 훌륭한 전략을 만들기 위해 많은 공을 들이고 있는 것이 사실이다. 그리고 상당수의 영업조직에서는 현장과 동 떨어진 영업 전략, 아니면 소위 기업 측면의 '훌륭한 전략'으로 현장에 강한 실행과 큰 성과를 요구하고 있다.

결론적으로 영업 현장과 고객의 관점에서 잘 짜여진 영업 전략과 영업 현장의 강한 실행력이 어우러질 때 좋은 성과를 낼 수 있는 것만은 틀림없다. 당신이 맡고 있는 영업조직의 구성원이나 당신은 전략을 이해하고 제대로 실행하고 있습니까?

실행의 중요성

| 훌륭한 전략 | **+** | 빈약한 실행 | **=** | 실패 |
| 평균적인 전략 | **+** | 훌륭한 실행 | **=** | 성공 |

당신은 세상에서 가장 훌륭한 전략을 제시할 수 있다.
이것이 10%라면 나머지 90%는 전략의 실행이다.

출처: 『영업 혁신』, 프랭크 세스페데스, 최용주 역, 올림

3)고객가치 중심의 "초격차 프로세스 영업을 하라"(P:Process)

고 했다. '초격차 프로세스 영업'의 범주에는 '프로세스' 외에 '측정'과 '분석'을 담고 있다. 삼성전자에서는 경영의 핵심 구성 요소를 3P라고 부른다. 경영 구성 요소 3P는 바로 '제품(Product), 프로세스(Process), 사람과 조직(Personnel)'으로 정의하였다. 이 중에서 '프로세스'는 기업을 경영하면서 가장 기본적이면서 중요한 요소로 관리하고 있다. 어떻게 하면 프로세스를 최적화하여 스피드를 올리고 고객의 주문에서 배달까지의 리드타임을 줄일까 하는 것이 항상 경영의 혁신과제로 되어 있다. 특히 고객 중심의 영업 프로세스는 영업활동에 대한 올바른 분석과 측정으로 프로세스를 지속적으로 개선해야만 한다. 개선의 목표는 반드시 영업 현장과 고객가치 중심의 프로세스가 전제가 되어야 한다.

과거에 K유통회사는 특히 프로세스가 문제가 많았던 것으로 기억하고 있다. 영업직원들은 근무가 끝나면 프로세스의 미흡으로 인한 수작업 체크 업무로 항상 퇴근이 늦어졌다. 앞에서 설명한 영업의 효율성에 문제가 많은 것이다. 즉, 총 업무시간 중에서 실제 영업활동에 사용하는 시간을 깎아 먹고 있는 것이다. 이 얼마나 문제가 많은가. 이런 영업 인프라와 프로세스로는 경쟁사와 도저히 경쟁을 할 수 없는 조건들이다. 영업성과와 경쟁력 역시 항상 열세를 면치 못하였다. 프로세스의 미흡이나 불편함은 결국 고객을 불편하게 하고 고객을 내쫓는 역할을 하게 된다.

필자가 '초격차 프로세스 영업'이라고 부르는 이유가 바로 여기에 있다. 이젠 영업도 프로세스의 경쟁이다. 아무리 내부적인 프로세스가 뛰어나서 신제품을 잘 만들고 신제품 도입의 리드타임이 짧다고 하여도 접점에서 고객과의 프로세스가 불편하면 좋은 제품을 갖고도 결국 경쟁에서는 지고 만다.

그러나 과학적이고 시스템적인 프로세스를 운영한다는 것이 단순히 말이나 생각만으로 되는 것은 아니다. 지속적인 혁신활동을 통하여 프로세스를 개선할 필요가 있다. 영업에서 프로세스가 잘못되어 있을 경우 가장 큰 불편을 느끼는 것은 우선 고객이다. 그 다음은 접점에 있는 영업직원들이다. 고객과의 약속을 지킬 수 없음은 물론 그로 인하여 많은 클레임을 현장에서 막아내야 한다.

영업활동을 공격적인 업무와 수비적인 업무로 나눈다면 프로세스의 미흡으로 인하여 일어나는 일들은 모두 수비적인 업무에 속한다. 프로세스가 미흡한 영업조직은 고객을 만족시키고 매출과 이익을 더 확대할 수 있는 공격적인 업무에 투여할 시간이 상대적으로 부족해지는 것이다.

4)과학적인 성과관리로 "초격차 성과 영업을 하라"(P:Performance)이다. 말콤 볼드리지 '경영품질'에서 가장 평가 점수를 많이 갖고 있는 부분이 바로 성과 부분이다. 기업이 채택하고 있는 모든 프로세스는 결국 성과 향상에 목적이 있는 것이다. 말콤 볼드리지의 '경영품질'에서 성과 평가는 단기적인 재무성과에 그치지 않고 장기적인 관점에서도 성과를 만들어 낼 수 있느냐 하는 것을 중요시 하고

있다. 그 다음은 재무적인 관점과 비재무적인 관점으로 균형되게 평가를 하는 시스템이다. 그러나 대부분의 영업조직에서는 매출(이익) 중심의 재무적인 관점으로 평가가 집중이 되어 있다. 말콤 볼드리지의 '경영품질'에서 비재무적인 관점의 평가를 중요시 하는 이유는 재무적인 성과(매출과 이익 등)를 만들어 내는 원동력으로 과정 요소를 중요하게 여긴다는 것이다. 결국 기존의 재무적(매출과 이익)인 결과만을 평가하는 것이 아니라 장기적인 관점에서 기업의 경쟁력을 높일 수 있도록 과정 요소가 포함된 평가 방법으로 바꿔야 한다.

기업의 장기적인 경쟁력 차원에는 고객 만족 성과와 지속적인 성과를 창출할 수 있는 직원의 만족도도 포함해야 한다. 또한 직원의 만족도와 함께 장기적으로 성과를 창출할 수 있는 직원들의 능력도 향상시켜야 한다.

이렇듯 '초격차 성과 영업'의 의미는 영업의 결과로 나오는 단기 중심의 매출과 이익, 시장점유율 등의 재무적인 성과 이외에도 비재무적인 고객 관련한 고객 만족도와 직원 역량 강화 등을 포함한 다양한 비재무적인 평가가 필요하다.

조직은 성과 평가에 대한 방법과 평가 항목에 따라 움직이게 되어 있다. 따라서 이 성과 평가 방법을 과학적으로 수립하여 단기적인 재무적 성과의 달성은 물론 조직의 미래 관점에서도 지속적으로 좋은 성과를 창출할 수 있는 역량을 동시에 만들어 낼 수 있는 것이 매우 중요하다.

'초격차 성과 영업'을 한마디로 표현하면 단기적인 재무성과의 달성과 장기적인 차원에서 성과를 창출할 수 있는 역량을 만들어 낼 수 있는 평가 방법을 말한다.

아무리 뛰어난 제품과 서비스로 훌륭한 영업 전략이나 마케팅 전략을 수립하였다 하더라도 성과 평가 방법에 따라 영업조직의 성과는 크게 달라질 수 있다. 또한 성과 평가의 항목을 결정하는 리더의 특성과 스텝부서에 따라 평가 항목은 크게 왜곡이 될 수 있다. 만일 단기적인 재무성과만을 강조하는 CEO나 혹은 고객 만족이나 직원 역량이나 교육, 고객 관계 관리 등의 요소 보다는 매출과 이익만을 강조하는 CFO가 성과 평가 수립의 주체라면 조직의 성과 역시 달라질 수 있다.

위와 같이 너무 근시안적이고 재무 성과 중심으로 평가하는 CEO나 CFO인 경우 그 당시의 영업성과는 좋을지 몰라도 장기적인 관점에서의 미래 경쟁력 확보는 크게 놓칠 수 있다. 특히 지금과 같은 불황기에서는 기업은 재무적인 결과 중심의 평가에 치중하려고 하는 유혹을 받기 쉽다. 만일 이때 단기적인 평가에 몰입이 되어 미래의 역량을 준비할 수 있는 기회를 놓친다면 기업에게는 큰 치명타가 될 것임에 분명하다.

'영업 프레임워크'는 'MB모델'에서 서로 관련이 있는 요소들을 묶어 크게 4가지 범주로 '초격차 영업 4P모델'을 정리하였다. 먼저 기업의 제품과 서비스를 고객과 시장 중심으로 전략을 수립한다. 그리고 영업 현장에서는 이 전략을 바탕으로 인적자원을 기반으로 영업리더십을 발휘하여 실행력을 높인다. 그리고 성과에 대한 현황 및 추세를 시스템적으로 파악하고, 효율적인 프로세스로 차별화된 성과를 창출해 내는 불황 돌파형 '초격차 영업 4P모델'을 제안한다.

'초격차 영업
4P모델'로부터
핵심 역량을 도출하라

2016년 11월 8일자 「매일경제」에서 "위기의 현대, 기아차 국내 점 유율 60% 붕괴, 그룹 출범 후 최대위기", "수입 대형 트럭 국내 시장 점유율 40%" 그리고 2017년 2월 18일자에서는 "편의점 점령한 수입 맥주"라는 타이틀로 수입 맥주의 국내 시장점유율이 50%를 초과했 다는 기사가 실렸다.

이런 기사를 볼 때 마다 영업에 몸 담았던 필자로서는 '지금쯤이 면 자동차회사와 맥주회사의 국내영업을 총괄하는 마케팅과 영업에 서는 문제점을 분석하고 대책을 만드느라 기업 내에서 완전히 비상 이 걸리겠구나' 하는 생각이 먼저 든다.

필자 역시 같은 길을 걸어 왔다. 시장점유율이 나빠진다든지 매 출 달성율의 추세가 좋지 못할 때 어김없이 하는 것이 비상 대책 수립이다. 관련부서의 실무 직원들로 구성하여 우리의 문제점과 대책을 수립하여 흔히 말하는 '경쟁력 만회 전략', '영업 혁신 방안' 혹은 '영업 선진화 전략'이란 이름으로 전략을 수립한다. 그러나 이런 전략을 수립할 때 대부분 근본적인 문제점의 분석과 대책이 아닌 즉흥적이고 윗사람의 생각과 의중이 담긴 전략을 짜는 경우가 많다.

그러나 이제 더 이상 이런 전략으로는 장기 저성장과 불황을 뚫고 앞으로 나아갈 수 없다. 근본적인 문제를 파악하고 여기에 맞는 대책을 수립하여 실행을 해야만 한다.

서강대 박사 과정에서 공부하는 학생 중에는 글로벌 컨설팅 회사에 다니는 임원이 여럿 있다. 우리는 기업과 영업 성과에 대하여 자주 대화를 나눈다. 필자는 컨설팅을 받고 난 이후에 컨설팅에서 만들어준 전략으로 실행을 했을 때 성과가 나는 기업과 그렇지 않은 기업의 차이에 대하여 물었다. 컨설팅 기업에 다니는 여러 학생들의 대답은 거의 동일하였다. 성과의 차이는 실행력의 차이라는 것이다. 특히 기업의 임원들이 실행력이 떨어진다고 하였다. 그러나 이와 반대로 앞에서 설명한 『브랜드 론칭 불변의 법칙』의 저자인 알 리스와 로라 리스는 마케팅은 전략이 90%를 차지하고 실행은 10%를 차지한다고 하면서 마케팅과 전략의 중요성을 강조하였으나 컨설팅 기업의 임원들은 기업 성과의 차이는 그 반대로 실행력의 차이가 기업의 성과에 큰 영향을 미친다고 하였다.

하버드대 비즈니스스쿨의 프랭크 세스페데스(Frank V. Cespedes)

교수 역시 "훌륭한 전략에 빈약한 실행보다는 차라리 평균적인 전략에 훌륭한 실행이 오히려 더 큰 성과를 가져온다"고 하면서 오히려 실행의 중요성을 강조하였다. 관점의 차이라 보고 모두 맞는 말이라고 생각한다. 그러나 중요한 것은 자사의 강점과 약점을 분명히 아는 것이 중요하다. 이런 자사의 강점과 약점을 분명히 알고 전략을 세우는 것이 무엇보다도 중요하다. 전략이 문제인지, 실행이 문제인지, 프로세스가 문제인지, 성과 관리가 문제인지를….

영업조직에서는 성장과 시장점유율이 항상 이슈이다. 전년도보다 얼마나 성장할 것인가, 또 경쟁사의 성장률보다 자사가 얼마나 더 성장할 것인가. 시장의 업계 평균 성장률보다 더 성장해야 경쟁사에게 시장점유율을 뺏기지 않는다. 때에 따라서는 시장의 총 성장률이 전년 대비 완전히 역성장이라면 경쟁사보다 얼마나 덜 역성장을 할 것인가가 또한 주요한 이슈가 된다. 그러나 보편적으로 기업의 영속성 측면에서 보면 기업은 성장을 통해서 발전하기 때문에 무조건 성장을 해야만 한다는 과제가 있다.

마케팅에서 성장 전략을 수립할 때 반드시 고려해야 할 두 가지 축이 있다. 그 두 가지 축은 핵심역량과 사업 영역이다. 먼저 기존 제품(사업)의 핵심역량을 파악하고 경쟁력을 확보하는 것이고, 다음은 핵심역량을 바탕으로 새로운 사업 영역을 개척하는 것이라고 하였다. 과거의 경험으로 보면 영업에서는 항상 목표 미달성이나 경쟁력이 떨어진 문제를 영업 자체의 문제보다는 제조 측면으로 많이 돌리는 경향이 있다. 제품력이나 가격 경쟁력, 경쟁사의 판촉과 할인 공세 혹은 납기 불이행 등을 판매 부진의 이유로 많이 든다. 물론 원천적으로 제품이나 서비스의 본원적인 경쟁력 문제가 없을 수는 없다. 그러나 영업에서 그렇게 판매 부진의 문제를 외부 요인으로 돌려서 풀어가면 영업조직의 혁신과 성과는 크게 개선시킬 수가 없다.

제조 부분에서는 기존 제품(사업)을 중심으로 핵심역량을 파악하고 경쟁력을 확보하는 것이 우선이고 영업조직에서는 영업과 관련된 핵심역량을 파악하고 경쟁력을 확보해야만 한다.

앞에서 언급한 자동차나 맥주 산업인 경우에도 영업 측면에 집중하여 판매부진이나 경쟁력 개악에 대한 원인 분석과 대책 수립을 반드시 제대로 해야만 한다.

이런 원인 분석과 대책은 반드시 자동차와 맥주 비즈니스의 영업 프로세스, 영업 프레임워크에서 출발해야만 한다. 우리가 몸담고 있는 비즈니스의 영업 프레임워크를 세부적으로 그려보는 것이 가장 우선이다. 이 영업 프레임워크의 각각의 프로세스에서 문제점과 핵심역량을 파악해야 한다. 그리고 이 핵심역량은 추상적으로 모호하게 표현해서는 안 된다.

우리의 핵심역량은 경쟁사 대비 과연 어떤 차별적 우위가 있고, 경쟁사가 쉽게 따라오지 못하는 것인지, 그리고 이 핵심역량은 고객을 유인하거나 비용을 더 절감하면서 가치창조에 기여를 하고 있는지 등을 체크해 보아야 한다.

핵심역량을 분석하는 대표적인 분석 방법으로는 '업무시스템', '가치사슬', '벤치마킹' 등의 세 가지 방법이 있다.

그럼 앞에서 설명한 영업의 프레임워크인 '초격차 영업 4P모델'을 '업무시스템' 방법으로 가치사슬(Value Chain)의 개념을 살펴보자.

우선 영업을 구성하고 있는 여러 프로세스 중에서 어느 부분이 우리의 핵심 역량인지를 우선 파악해야만 한다. 동시에 어느 부분이 우리가 개선해야 할 부분인지도 분석을 통해 알아내야만 한다.

①고객과 시장 중심의 전략 기획과 ②전략을 현장에서 실행으로 옮기는 부분, ③그리고 실행의 결과 제품과 서비스의 인도 및 지원 프로세스에 대한 운영 부분과 ④마지막으로 목표에 대한 성과관리 부분을 두고 어느 부분을 우리가 강화시키고, 어느 부분을 시급히 개선해야 하는지를 심도 있게 분석해야만 한다.

그러나 실제 영업 현장에서는 핵심 역량의 분석을 형식에 그치면서 깊이 있는 실제 문제까지 접근을 못하는 경우가 흔히 있다. 영업의 가치사슬에서 기업의 제품과 서비스를 고객과 시장 중심으로 전략을 수립하는 초격차 영업(Planning) 전략의 기본적인 성공 요소로

'초격차 영업 4P'의 밸류체인(Value Chain)

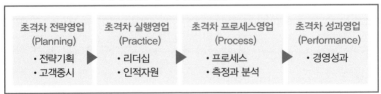

는 우선 '영업 전략 개발', '전략목표 타당성', '영업 전략 전개(실행)', '고객과 시장 지식', '고객 관계 관리', '고객 만족도', '고객 만족 활동' 등의 요소로 구성이 되어 있다.

전략은 전사 전략, 사업 전략, 기능 전략 중에서 영업 전략은 마케팅 전략과 함께 기능 전략으로 구분이 된다. 영업 전략은 보통 3년 정도의 중장기 전략과 연간 단위의 경영 전략과 그리고 매월 실행목표 달성을 목적으로 하는 월간 전략(월간 정책이라고도 함)으로 나누어진다.

성공적으로 전략을 수립하고 성과를 얻기 위해서는 무엇보다 철저한 사전 분석이 중요하다. 그러나 많은 기업에서는 사전 분석을 소홀히 하는 경향이 적지 않다. 분석은 외부환경 분석을 포함하여 경쟁사와 고객, 그리고 자사의 강, 약점을 철저히 분석하는 것이 중요하다. 특히 앞에서 설명했듯이 '3C 분석'이 성공적인 전략의 50%를 차지한다고 할 정도로 사전분석이 무엇보다도 중요하다.

그러나 실제 전략을 수립할 때는 경쟁사를 너무 과소평가하는 경향이 크다. 경쟁사의 제품력과 영업력은 꽁꽁 묶어 두고 터무니없이 축소된 경쟁사의 매출과 성장률로 전략을 수립한다. 객관성과 타당성이 결여된 채 자사 대비 형편없는 수준으로 경쟁사를 평가하여 전략을 수립하는 경우가 많다. 이렇게 자사 중심으로 수립된 전략으로는 영업 현장의 공감을 얻을 수도 없을뿐더러 영업의 성과를 기대할 수도 없다.

아울러 전략에는 반드시 실행에 대한 구체적인 계획과 함께 실천 프로세스를 함께 수립해야 한다. 대부분의 전략에는 실행에 대한 세부 계획이 없는 관계로 '전략 따로 실행 따로'인 경우가 많이 생긴다.

따라서 초격차 전략영업의 기본적인 성공 요소로는 환경 분석과 함께 자사를 포함한 경쟁사와 고객의 정확한 분석을 바탕으로 한 전략에 실행 계획이 반드시 있어야 한다.

이러한 전략을 바탕으로 영업 현장에서는 인적 자원의 관리와 영업리더십으로 초격차 실행 영업(Practice)을 추진해야 한다. 초격차 실행 영업의 기본적인 성공 요소는, '영업시스템 활용도', '영업 관련 교육 및 훈련', '사기진작', '영업사원 만족도', '영업관리자의 방향설정', '변화 관리', '영업성과 검토', '현장중심의 솔선수범' 등으로 구성되어 있다.

다음은 초격차 프로세스(Process)영업으로 영업 성과에 대한 현황 및 추세의 파악과 효율적이고 고객중심의 차별화된 프로세스 운영이 필요하다. 기본적인 성공 요소로는 '성과 측정', '성과 분석', '영업주문, 결제, 배달시스템', '영업지원 프로세스'로 구성되어 있다.

마지막으로 초격차 성과 영업(Performance)에서는 영업을 이루고 있는 모든 차별화된 프로세스를 통하여 탁월한 성과를 만들어야 한다. 초격차 성과 영업(Performance)의 기본적인 성공 요소로는 '재무성과', '고객성과', '인적자원성과' 등의 비재무적 성과들로 구성되어 있다.

영업은 기업에서 최종적으로 기업의 성과를 만들어 내는 조직이다. 제조측면에서 제품이 아무리 뛰어나더라도 영업조직의 역량이 경쟁사 보다 뒤지면 성과에는 치명적이다. 따라서 '초격차 영업 4P모델'의 전략(Planning) 영업, 실행(Practice) 영업, 프로세스(Process) 영업, 성과(Performance) 영업에서 철저하게 자사와 경쟁자 분석이 필요하다.

또한 각 프로세스의 성공 요소들 중에 자사의 핵심역량 혹은 동종업계로부터 경쟁 우위를 확보하기 위한 특화된 역량이 무엇인지 파악해야 한다. 동시에 영업성과에 결정적인 역할을 하는 중요한 요소들 중에서 경쟁사보다 취약한 부분인 경우 이를 밝혀내고 강화를 시켜야 한다. 우리조직의 핵심역량의 수준을 경쟁사와 비교하는 것은 물론 선진업체와 비교하여 역량 차이를 분석하여 보완해야만 장기적인 불황을 돌파할 수 있다.

PART 3

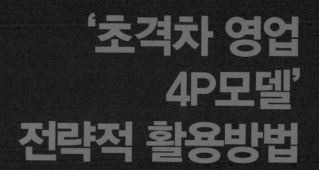

'초격차 영업
4P모델'
전략적 활용방법

Chapter 4

고객과 시장에 초점을 맞춘
'초격차 전략 영업'을 하라

전략과 영업 간의
정렬을
강화시키자

요즘 사석에서 기업의 CEO들을 만나보면 이구동성으로 본부 전략팀과 현장 영업팀 두 조직 간의 불만과 우려를 표시한다. 경쟁에서 이기고 매출을 확대하기 위해 많은 자원과 노력으로 만든 본부의 전략을 영업 현장에서는 제대로 활용을 하지 못한다고 불평을 한다. 또한 영업 현장에서 일하는 임원들의 생각은 그 반대이다. 시장과 경쟁 환경은 날로 치열해지는데 성과를 낼 수 있는 영업에 맞는 맞춤 전략은 드물다고 한다. 그래서 영업 목표 달성은 더욱 더 어려워지고 있다고 한다. 물론 특별한 전략 없이도 제품을 잘 팔수있는 독보적인 제품이 있다면 그것이 가장 이상적이다. 그러한 독보적인 제품은 초경쟁사회에서는 이제 더 이상 찾아보기 힘들다.

기업의 CEO들은 시장 상황이 어렵고 경쟁이 치열해질 수록 더욱 전략에 의존한다. 따라서 전략만 잘 짜면 매출 성장은 물론 경쟁에서도 쉽게 이길 수 있다고 생각한다. 하물며 B2C 현장에서 경쟁사보다 판매가 떨어진다든가, B2B 영업에서 수주를 못하고 낙주를 하더라도 이 또한 전략의 실패라고 단정하는 CEO들을 종종 볼 수 있다.

그러나 많은 영업 전문가나 경영학 교수들의 생각은 이러한 영업 목표 달성의 어려움을 단순히 전략의 문제라고만 생각하지는 않는다. 문제의 핵심은 기업의 전략과 영업 현장이 일치가 안 되는 것을 더 큰 문제라고 인식한다. 왜냐면 제품과 서비스가 기업의 성과로 연결되는 최종 결정의 순간은 바로 영업 현장에 있기 때문이다.

그럼 본부의 전략과 영업 현장 간의 일치가 왜 중요한지 제대로 알아보자. 이제 경영의 상식처럼 되어 버린 마이클 포터(Michael E. Porter)의 가치사슬(Value Chain)을 살펴보자. 마이클 포터는 사업을 제대로 운영하기 위해서는 R&D, 구매, 생산 등의 후방 조직이 고객과의 접점에 있는 전방 조직, 즉 마케팅, 영업조직을 적극 지원해야 된다고 했다. 이 가치사슬에서 각 기능별 조직들이 어떻게 하면 가치를 잘 만들고 조직에 끊어짐이 없이 최종 고객에게 가치를 잘 전달하느냐가 기업의 경쟁력이라고 했다.

그럼 여기서 대부분의 기업이 안고 있는 문제로 기업의 전략과 영업 현장이 일치가 안 되고 있다는 것은 어느 단계에 있는 전략을 말하는 것일까? 그것은 바로 기능별 전략에 해당하는 마케팅과 영업을 말하는 것이다(물론 작은 규모의 조직인 경우 마케팅과 영업을 함께 운영하는 경우도 있다). 다시 말하면 제품 전략을 바탕으로 짜여진 마케팅 전략과 이를 바탕으로 판매로 연결시키는 영업 전략은 가치사슬 중에서 가장 중요하다. 이 두 조직의 가치사슬이 튼튼하면 매출로 연결이 되어 성과를 잘 낼 수 있는 반면에 서로 고리가 느슨하거나 끊어지면 바로 성과에 차질을 가져온다. 그래서 기업에서는 전략과 영업 현장의 방향성, 일치성을 크게 강조하는 것이다.

『영업 혁신(Aligning Strategy and Sales)』의 저자인 하버드대 비즈니스스쿨의 프랭크 세스페데스 교수는 전략과 영업을 한 방향으로 일치시키지 못함으로써 오는 재무적인 성과의 목표 달성 수준은 50~60%에 그친다고 지적하였다. 다시 말하면 재무 성과의 기회 손실이 40~50%라고 말하는 것이다. 여기서 이야기하는 40~50%의 기회 손실은 사실 엄청난 것이다. 필자 역시 과거 재직 시 맡은 직무에 따라 작게는 1조 원에서 많게는 10조 원까지 수많은 전략을 직접 만들고 실행에도 참여한 적이 있다.

여기서 프랭크 세스페데스 교수가 지적한 전략과 영업을 한 방향으로 일치시키지 못함으로써 오는 재무적인 성과의 기회 손실 수준을 50%이라고 가정하면 당시의 전략 수립과 영업의 실행에 대한 막중함이 새삼 느껴진다.

과거 필자가 근무했던 조직에서도 전략과 영업을 한 방향으로 정렬시키는데 상당히 애를 먹었던 적이 있었다. 본부 마케팅팀에서 전략과 정책을 발표한 이후에 영업 단위 조직에서는 이 전략을 이해하고 실행으로 옮겨 성과로 연결시키는 수준은 항상 미흡했던 것 같다. 그래서 나온 대책이 전략을 발표한 이후 영업의 단위 조직까지 얼마나 전략을 이해하고 숙지하고 있는지 전략 이해 정도를 모니터링하고 조직별로 점수화시켜 발표하기도 하고 채근했던 일도 있었다.

이렇게 전략과 영업이 일치가 안 되는 이유를 프랭크 세스페데스 교수는 한마디로 전략과 영업의 단절로 보았다. 결론은 전략과 영업, 두 개의 조직이 모두 문제를 갖고 있다는 것이다.

본부 마케팅팀에서의 만든 전략의 문제점은 전반적인 현장 경험의 부족에서 만든 전략의 내용이 문제라고 했고, 영업조직의 문제점은 시장 여건을 너무 이해하지 못하고 만든 전략으로 구체적인 실행방안이 없다는 이유로 아예 행동으로 움직이지 않는 것이 문제라고 하였다. 결국 같은 조직 내에서 전략 따로, 영업 따로가 되고 만 것이다.

실제로 필자가 수년간 전략과 현장 영업조직을 경험한 차원에서 전략과 영업을 일치시키고 성과를 높이기 위한 세 가지 성공 조건은 아래와 같다.

첫째, 영업의 출발점은 마케팅이다. 마케팅에서 전략수립을 제대로 해야 한다.

먼저 마케팅에서 연간 전략을 만들어 조직 내 B2B와 B2C를 중심으로 달성해야 할 목표를 수립하여 각 영업부서로 보낸다. 영업부서에서는 이 마케팅 전략을 바탕으로 목표 달성을 위한 구체적인 영업 전략을 수립하게 된다. 문제는 여기서부터 발생한다. 마케팅은 매출(이익) 목표와 시장점유율 등의 목표 설정을 기업의 시각(Inside-Out)에서 하게 된다. 현장 영업조직에서 이 정도는 할 수 있고 또 해야 한다고 생각하고 목표를 임의로 정하는 경우가 많다. 이 목표를 두고 영업 부서는 반대로 치열한 시장 여건과 영업 역량에서 볼 때 도저히 달성할 수 없는 터무니없는 목표라고 생각한다. 우선 목표에서부터 상반된 생각을 갖고 서로 공감을 하려고 하지 않는다. 이제 마케팅은 성장기의 기업입장의 시각에서 벗어나야 한다. 저성장기, 장기 불황에 대응하여 시장과 고객 중심의 전략을 수립해야만 한다.

경쟁사와 고객과 자기 기업의 역량을 면밀히 분석하고 전략을 짜야 한다. 이 분석에 따라 영업에 무조건 목표를 던져 주는 것이 아니라 대응책도 함께 만들어 줘야 한다. 전략은 영업과 마케팅이 만나는 접점이 돼야 한다고 본다. 효율적인 전략은 영업과 마케팅이 협력하여 현실적인 시장의 상황을 정확히 전략에 포함시키고 상호 협력을 해야 한다. 고객의 요구와 필요에 대해 서로 상충되는 생각이 클수록 현장에서의 전략 실행력은 그만큼 떨어진다. 즉 기업의 시각(Inside-Out)에서 고객의 시각(Outside-In)으로 완전히 전환해야 한다.

둘째, 과거 성장기 영업방식은 더 이상 안 통한다. 전략을 통한 전술 영업을 해야 한다.

이제 영업은 마케팅 전략을 바탕으로 고객과 경쟁사와 자사의 영업역량을 면밀히 분석하고 성과를 만들어낼 수 있는 전술을 세워야 한다. 고객과 경쟁사와 자사의 영업역량을 분석하는 '3C 분석'을 통하여 시장의 판이 어떻게 돌아 가는지를 분명히 파악해야 한다. 이런 '3C 분석'을 미시적인 환경분석이라 하는데 이를 제대로 분석을 해야 시장 상황을 정확히 알 수 있다. 그러나 기업에서의 전략은 이런 환경 분석을 가볍게(보고서 1페이지 정도 분량) 처리하거나 또는 거의 하지 않고 자사의 제품을 중심으로 한 마케팅 4P 믹스로 물건을 팔려고만 하는 전략을 꾸민다. 이 얼마나 웃긴 이야기인가. 시장의 판세도 모르면서 무조건 덤비는 꼴이다.

이 '3C 분석' 이후에 꼭 해야 할 것이 바로 시장을 효과적으로 공략하기 위한 'SWOT분석'이다. 그러나 기업에 재직 당시에도 이 SWOT분석은 연간 경영 전략을 수립할 때 의례적으로 한 페이지 정도로 기술한 것이 전부였던 것 같다. 그러나 실제 이 SWOT분석은 본부에서의 전략 수립뿐만 아니라 영업조직에서도 반드시 세밀하게 분석을 할 필요가 있는 강력한 도구이다.

이 SWOT분석으로 우선 영업조직의 내부역량인 강점과 약점을 파악하고 시장에서의 거시적인 환경 변화와 소비자 니즈를 분석하여 영업을 둘러싼 외부적인 기회요인과 위협요인을 찾아내는 것이 중요하다. 시장에는 영업을 둘러싼 기회와 위협 요소가 항상 있게 마련이다. '마케팅 4P'로 무조건 팔 수 있다고 덤비는 용감한 영업으로는 이제 더 이상 시장에서 통하지도 않고 제대로 된 성과를 거둘 수 없다.

다음 표에서 보듯이 네 개의 전략 대안 중에서 우선 자사의 강점을 중심으로 한 전략 대안을 살펴보면 자사의 강점을 최대화하고 기

SWOT 분석 매트릭스와 전략대안의 도출

내부역량 외부여건	강점(Strength) • • • •	약점(Weakness) • • • •
기회(Opportunity) • • • •	SO(Maxi-Maxi) 전략 대안	WO(Mini-Maxi) 전략 대안
위협(Threat) • • • •	ST(Maxi-Mini) 전략 대안	WT(Mini-Mini) 전략 대안

출처: 『지금 당장 마케팅 공부하라』 구자룡, 한빛비즈

회를 최대한 활용하는 SO(Maxi- Maxi)전략과, 자사의 강점을 최대화
하고 위협을 최소화하는 ST(Maxi-Mini)전략이 있다.

그리고 자사의 약점을 중심으로 한 전략 대안으로는 자사의 약점
을 최소화하고 기회를 최대한 살리는 WO(Mini-Maxi)전략과 약점과
위협을 모두 최소화하는 WT(Mini-Mini)전략으로 나눌 수 있다. 영업
에서는 이 SWOT분석으로 기업과 시장에 맞는 전략 대안으로 구체
화시킬 필요가 있다.

영업을 둘러싼 시장은 엄청나게 변화무쌍하다. 그곳에는 항상 기
회요소와 위험요소가 상존하고 있다. 자사의 영업 역량 중에서 강점
과 약점은 기업 스스로 통제할 수 있는 요인이다.

이런 기업 내부적으로 통제 가능한 강점과 약점으로 기업의 외부

적인 요인인 기회요인을 어떻게 잡을까 하는 것이 관건이다. 시장과 환경에 어떤 변화가 있고 이 변화 요소를 어떻게 영업 기회로 연결하여 경쟁사보다 먼저 선점할 것인지를 분석하고 기획해야만 한다.

그리고 본부 마케팅에서 현장 영업의 단위 조직까지 '3C 분석'이나 'SWOT분석'까지 포함된 세부적인 실천 전략을 모두 수립해 줄 수는 없다. 또 영업조직 단위 별로 구체적인 영업 환경을 이해할 수도 없다. 그러나 영업의 현재 역량에서 볼 때 도저히 달성할 수 없는 목표에 대해서는 구체적인 차이 분석을 하여 달성 방안을 수립하고 마케팅과 협업을 통해 목표를 달성할 수 있는 전술을 짜야 한다. 영업부서는 시장과 고객으로부터 항상 열려 있어야 하고 또한 영업에서 부가가치(역할)를 반드시 창출해야 한다는 미션을 갖고 있어야 한다. 영업은 불황이라고 절대 이야기하지 않는다.

셋째, 일 목표, 월 목표 달성으로 연간 목표를 달성한다.

영업의 연간 경영 매출 목표는 연간과 월간으로 나누어져 있다. 기업에 따라서는 대체로 매월 시황과 경쟁을 고려하여 조직별로 월 실행 목표를 별도로 운영하는 조직도 있다.

월 실행 목표를 달성하기 위하여 만든 월간 전략(정책)은 시장 환경과 경쟁 상황을 최우선으로 고려한다. 마케팅에서는 이 월간 전략을 영업의 의견을 수렴하여 고객, 경쟁사, 자사의 역량을 고려하여 민첩하게 만들어야 한다. 또한 영업은 마케팅의 월간 전략을 고객과의 접점에서 성과로 연결될 수 있도록 전술로 잘 변환해야 한다. 분명한 것은 월 목표가 달성이 되지 않으면 연간 목표도 달성할 수 없다는 사실이다.

기업의 최종 성과,
접점 영업력을
강화하라

　세끼 이와오와 이경욱의 공저인 『경영 전략으로서의 영업』이란 책에서 일본능률협회가 실시한 '기업 경영의 당면 과제에 관한 조사'에 의하면 상장, 비상장을 포함한 일본 기업 대부분이 경영상의 고민거리로 안고 있는 경영 문제 1위는 '매출과 시장 확대'로 55%를 차지하고 그 뒤가 '수익성 향상에 어려움'이 48%였다. 이와 같이 매출 확대와 수익성 그리고 시장 경쟁률은 경영자의 관심대상에서 항상 1위를 차지한다.

　그럼 기업에서 가장 중요하게 생각하고 있고 항상 고민거리로 생각하는 매출 확대와 수익성 그리고 시장점유율 등은 기업조직에서 실제 어디에서 일어날까? 마이클 포터(Michael E. Porter)의 가치사

마이클 포터의 가치사슬

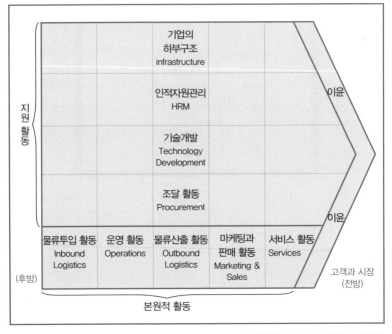

출차: 『전략 수립의 신』 박경수, 더난출판

슬을 보면 쉽게 알 수 있다. 가치사슬은 기업의 내부역량을 분석하는 중요한 도구이다. 특히 기업 내부에서 부가가치를 만들어 내는 핵심 활동이 무엇인지, 각 활동단계의 강점과 약점이 무엇인지 파악할 수 있다. 여기서 매출 확대와 수익성 그리고 시장경쟁률은 고객과의 최종 접점 조직인 오른편의 전방에 위치하고 있는 마케팅과 판매 활동에서 나온다는 것을 알 수 있다.

가치사슬에서 통상 좌측의 본원적 활동 부분을 후방, 고객과 시장이 있는 우측을 전방이라고 한다. 기업에서는 통상 후방 조직을 제품을 개발하면서 돈을 쓴다고 하여 비용(cost) 조직이라 하고, 전방에 있는 영업(마케팅과 판매 활동) 조직은 매출을 통해 기업에 이익을 가져다준다 하여 이익(Profit) 조직이라고도 부른다.

결국 영업조직이 고객과 기업을 연결하여 매출과 이익을 발생시키게 되는 것이다. 다시 말하면 지금과 같은 저성장기의 치열한 경쟁 여건에서 매출과 수익에 대한 책임을 지고 있는 기업 내의 조직은 결국 영업밖에 없다.

이렇게 기업에 매출을 통해 이익을 안겨 주는 영업조직의 영업력이 만일 경쟁사에 비해 현저히 떨어진다면 후방에서 만들어진 제품은 재고로 쌓이고, 그나마 팔리는 제품들도 시장에서 제대로 된 가격을 받을 수 없게 되는 것이다. 그 이후 기업의 실상은 더 이상 말할 필요가 없을 것이다. 이럼에도 불구하고 아직 많은 기업에서는 '영업은 누구나 할 수 있고 영업조직에게 압박(Push)을 가하면 매출과 실적은 나온다'고 생각하는 사람들이 적지 않다.

이제 고객과 시장은 바뀌었다. 장기 불황 속 저성장기에서 생존하려면 '누구나 할 수 있는 영업'에서 '누구밖에 할 수 없는 특화된 영업 조직'으로 변해야만 한다. 필립 코틀러 역시 『마켓 4.0』이란 저서에서 고객과의 접점에서 차별화된 경험 제공과 접점에서의 영업 중요성을 언급하였다. 또한 구매과정에서 고객들은 일방적인 마케팅 광고를 신뢰하지 않는 대신에 유통채널에서의 접점의 중요성을 더욱 강조하였다. 결론은 최첨단 시대에도 기업의 성과를 만들어 내는 '진실의 순간'은 결국 영업조직에서 나온다는 것이다.

산업화가 고도화되고 제품과 서비스에서의 차별화가 뚜렷하지 않을수록 기업의 성과는 결국 영업의 접점 조직에서 승패가 판가름 나게 된다. 어느 기업의 제품이 더 좋을까 하는 본원적인 경쟁에서 어느 기업이 더 고객에게 더 나은 서비스로, 더 편하고, 나에게 더 많은 가치를 제공해 줄까 하는 영업의 부가가치 경쟁으로 점점 바뀌어 가고 있다. 매출과 시장점유율이 크고 유명한 기업이 아닌 어느 기업이 정말 고객으로부터 인정받는 영업력을 갖고 있느냐 하는 것이 점점 더 중요해지고 있다.

진정으로 고객으로부터 인정받는 영업 강자가 되기 위한 전략적인 프레임워크로 비트너(M. J. Bitner) 교수가 발표한 서비스 삼각형(Service Triangle)이란 것이 있다. 다음 그림의 서비스 삼각형(Service Triangle)은 기업, 고객, 서비스 제공자(영업직원)로 구성되어 있다. 주요 내용은 기업이 고객에게 서비스를 성공적으로 제공하기 위해서는 '외부 마케팅', '내부 마케팅', '상호작용 마케팅'의 세가지를 잘 해야 한다고 강조한다. 삼각형의 세 축 모두가 고객을 위한 핵심적인 역할로 세 축의 균형을 잘 유지해야 만한다고 했다. 삼각형의 오른쪽 면은 '외부 마케팅'으로 고객이 구매를 결정하기 이전 단계로 고객의 기대를 높이기 위해 제품을 중심으로 광고를 포함한 커뮤니케이션 활동이 주요한 역할이다.

그러나 최근 필립 코틀러는 『마켓 4.0』의 저서에서 기업의 '외부

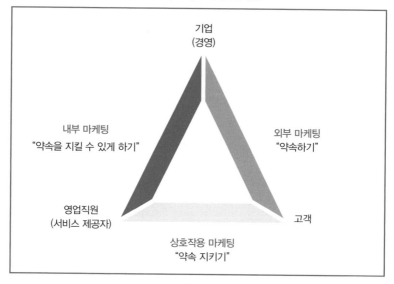

서비스(영업)마케팅 삼각형

기업
(경영)

내부 마케팅
"약속을 지킬 수 있게 하기"

외부 마케팅
"약속하기"

영업직원
(서비스 제공자)

고객

상호작용 마케팅
"약속 지키기"

출처: 『서비스마케팅』 자이다믈 외 2인, 전인수 외 1인 역, 청람

마케팅'에 대하여 다소 회의적으로 표현하였다. 그는 고객이 구매 결정을 내릴 때 TV 광고와 같은 전통적인 미디어의 영향보다는 다른 사람의 의견에 아주 많이 의존하고 있다고 했다. 이와 같이 기존 기업이 고객에게 일방적으로 해오던 '외부 마케팅'인 광고, 커뮤니케이션 활동의 한계를 말하는 것이다.

따라서 앞으로는 삼각형의 아래쪽에 있는 영업직원과 고객 간의 '상호작용 마케팅'의 중요성은 더욱 더 커지게 되었다. 영업조직의 영업사원이 고객에게 어떻게 하느냐에 따라서 성과는 달라질 수 있다. 따라서 이러한 고객과의 '상호작용마케팅'을 잘 수행하기 위해서는 삼각형의 왼쪽인 '내부 마케팅'으로 기업과 영업조직, 직원과의 상호

활동이 중요하다. 영업조직에 대한 인프라 조성과 영업조직의 역량을 강화하기 위한 교육과 보상을 포함한 동기 프로그램 등으로 내부적이 신뢰관계가 크게 요구된다.

앞에서 두 명의 학자들이 고객과의 접점의 중요성을 강조하였다. 마이클 포터(Michael E. Porter)는 '가치사슬'을 이용하여 기업의 부가가치를 만들어 내는 핵심활동에서 전방에 위치하고 있는 영업을 강조하였고, 비트너(M. J. Bitner) 교수는 '서비스 삼각형(Service Triangle)'을 통하여 영업직원과 고객 간의 '상호작용 마케팅'의 중요성을 강조하였다.

장기적인 저성장기에 돌입했다. 영업 현장의 접점 경쟁력이 불황기에 기업의 경쟁력이라는 차원에서 영업력을 강화해야 한다. 그리고 앞으로 기업전략의 한 축은 반드시 기업의 최종 성과를 창출하는 접점 영업력을 강화하는데 집중할 필요가 있다. 필자는 전방에 있는 **영업직원의 영업 역량을 강화**하여 성과를 높이는 전략 세 가지를 아래와 같이 제안한다.

첫째, 영업조직이 공정하게 대우받고 특별하다는 자긍심을 심어 주자.

영업은 사기를 먹고 산다. 그러나 영업은 항상 목표에 짓눌려 있다. 1월이면 첫달이니까 목표를 달성해야 한다. 3월이면 분기 마감이므로 1, 2월의 매출 차질 분까지 합쳐서 마감을 해야 한다. 6월이면 상반기 마감이 있다. 이처럼 영업 목표는 끝이 없다. 이렇게 하다 보면 어느 한 달이라도 손쉽게 목표 달성을 하기란 쉽지 않다. 이런 영업조직에게 서비스 삼각형의 왼쪽에 해당하는 '내부 마케팅'의 요소를 적극적으로 강화해야 한다. 시스템적인 지원과 교육, 동기부여 등을 통하여 기업(경영자)은 영업조직과 영업직원들을 인정하고 서로 신뢰하여야 한다. 학자들의 연구에서도 이렇게 조직에서 공정하게 대우 받고 만족을 느끼면 직원들이 고객에게 더 잘 대하게 되고, 결과적으로 더 큰 고객 만족과 성과를 기업에게 가져온다고 한다. 간단히 말하면, 외부 고객이 받는 서비스의 수준은 내부고객의 서비스 수준을 초과할 수 없다는 '내부 서비스 법칙'이란 것이 있다. 이는 '고객이 먼저'라는 철학보다 '직원이 먼저'라는 것을 강조하고 있는 것이다.

둘째, 전방의 영업 인력을 전문성을 갖춘 종합 컨설턴트로 육성하라.

필자가 근무했던 시절에도 이미 영업사원을 컨설턴트로 불렀다. 그러나 지금 생각하면 고객의 문제와 불편한 점을 파악하고 그 문제를 해결해 주는 진정한 의미의 컨설턴트는 아니었던 것 같다. 그 이유는 영업사원이 기업 입장에서 팔아야 한다는 생각이 더 강했기 때문이다.

필자의 기업에서도 고객과의 상담 결과 고객이 구매로 결정짓는 '구매전환율'을 평가 지표(KPI)로 관리한 것이 아니라 기업 입장에서 판매를 해야 한다는 차원의 '판매성공률'을 평가 지표로 관리하였다.

이렇게 영업사원 대신에 컨설턴트라는 호칭은 부여했으나 내부적으로 관리하는 평가지표는 변하지 않았기에 완전한 컨설턴트로의 인식과 행동 변화는 일어나지 않았다고 본다.

필자 역시 전문성을 갖춘 영업 인력을 만들어야 한다는 생각에서 '제품지식 중심의 설명력'과 '고객의 질문에 잘 답변하는 영업사원'을 만들기 위해 상황극 중심의 접객 롤플레잉 등의 교육을 주력했다. 심하게 표현하면 영업사원을 눈도 작고, 귀도 작고, 오로지 입만 큰 악어로 만들었던 것이다. 이 모든 것은 오직 상담 이후의 '판매성공률'을 높이기 위함이 주요한 목적이었다. 지금도 고객을 장기적인 관점과 평생 고객으로서의 파트너로 생각하지 않고 오로지 나의 매출 목표를 위한 악어의 먹잇감 정도로 고객을 바라보는 영업조직이나 영업사원은 없는지 궁금하다.

『세일즈 역할 훈련』의 공동 저자인 토마스 고든 박사는 우수한 영업사원은 '말을 잘 하는 사람'이 아니라 '고객의 말을 적극적으로 잘 경청하는 사람'이라고 정의하였다. 고객 경청을 통하여 고객의 욕구를 정확하게 파악하고 이를 잘 해결해주는 것이 불황기에 중요한 영업인의 자세이다.

셋째, 미래가치와 역량을 올릴 수 있는 과학적인 영업성과 평가를 하라.

대체로 영업조직은 매출과 이익 중심인 단기 재무적 성과 중심으로 평가하고 있다. 미래에도 지속적으로 매출과 경쟁력을 높이기 위한 과정 관리 즉 역량개발을 위한 비재무적인 요소를 평가에 반영하는 조직은 그렇게 많지는 않다. 대부분의 영업조직의 관심은 오직 단기적인 매출 달성에 집중되어 있는 것이 현실이다.

따라서 성과평가제도 역시 미래의 역량을 확대하기 위한 과정 요소보다는 단기 재무성과 중심으로 편성되어 있다. 영업관리자 역시 과정관리를 통하여 영업사원의 역량을 개발하고 미래를 준비해야 하지만 현실의 평가 제도로는 그렇게 하지 못하고 있다. 이제 시장에서의 승부는 단기전이 아니라 장기전이다. 미래 가치와 역량을 올릴 수 있는 비재무적 성과지표가 포함된 중장기적인 평가체제로 미래영업의 역량을 위한 준비를 함께 하는 기업이 결국 높은 성과와 시장점유율을 지킬 수 있다.

반드시, 가시적인
성과를 만들어 내는
고객 만족 활동을 하라

앞에서 본부의 전략과 현장 영업조직간에 전략을 서로 공유하고 한 방향으로 정렬을 강화하자고 했다. 또 기업의 최종 성과를 만들어 내는 현장의 접점 영업력을 강화해야 한다고도 했다. 이러한 것들은 결국 한마디로 영업 전략을 접점의 영업력을 통하여 매출 성과로 만드는데 목적이 있다. 여기서 고객을 통하여 매출 성과로 이어지는 결정적인 요소 중의 하나가 바로 고객 만족인 것이다. 따라서 기업의 고객 만족 활동을 현실적으로 이야기하면 가시적인 성과를 만들어 내기 위한 수단으로서 고객 만족 활동을 도입하여 운영하고 있는 것이다.

우리나라에서 고객 만족(Customer Satisfaction) 활동이 시작된 것은 1990년 2월 LG그룹이 '고객을 위한 가치창조'를 그룹의 경영이념으로, 1994년 6월 삼성그룹이 회장 비서실 직속으로 삼성소비자문화원을 설립하면서 시작되었다. 그 당시에 비해 비하면 지금의 국내 CS 수준은 엄청난 변화를 가져왔다.

그러나 아직 우리 주위에서 일어나고 있는 기업의 CS 활동을 보면 본질에 충실한 CS라기 보다는 외형적으로 돈을 들여 환경을 개선하는가 하면 조금 더 친절한 CS 수준에 그치고 있는 것을 볼 수 있다. 실질적인 서비스 프로세스의 개선이나 서비스 제공자의 역량을 높여 고품질의 CS를 제공하는 진정한 차원의 CS 활동은 아직 갈길이 멀다고 생각한다.

CS에 대한 필자의 경험담이다. 한 번은 국내 굴지의 보험회사에서 상담을 마치고 일어서려고 하는데 나에게 상담을 해준 그 여사원이 목캔디를 건네면서 '매우 만족' 평가를 부탁하였다. 이런 경우는 비단 이 곳만이 아니라 국내 대형 통신회사, 백화점, 가전제품 전문매장, 은행 창구, 물류 기사, 서비스 기사 등 어디든 마찬가지다. 그들은 CS를 온통 '매우 만족' 평가로 모두 마무리 짓고 있다. 필자가 체험한 다른 차원의 CS는 쿠팡이 유일한 것 같다. 그들은 확실히 차별화된 CS 활동으로 고객을 그야말로 만족을 넘어 감동을 주고 있다. 그렇다면 CS 활동이 왜 이렇게 변질이 되었을까? 기업에서는 왜 이렇게 많은 돈과 자원을 들여 CS를 하고 있는 것일까?

고객 만족의 대가인 리차드 올리버(Richard L. Oliver)는 고객 만족의 정의를 "실제로 구매한 후의 소비 경험과 고객의 사전 기대가 어느 정도 일치하느냐"에 따라 결정된다고 정의하였다. 이 말은 실제로 제품(서비스 포함)을 구매하여 사용해 본 결과 기대 이상의 가치가 있다고 판단이 되면 만족하고, 반대로 본인이 구매하기 이전에 기대한 것 보다 가치가 낮으면 불만을 제기하게 된다는 내용이다. 당초 기업이 하려고 했던 고객 만족 활동은 고객의 사전 기대보다 사용성과를 크게 함으로써 경쟁자들보다 우위를 더 가져 갈려고 했다. 그러나 실상은 고객에게 '매우 만족'의 평가를 부탁하는 '어색한 CS', '고객의 눈치를 보는 CS'가 오늘날 CS 활동의 현실이다.

오히려 짧은 역사를 가진 쿠팡 같은 신생 기업이 고객의 마음에 더 빨리 더 깊게 파고 들어갔다. 어떻게 가능했을까? 기업에서 CS를 하려면 사실 전담 인력에서부터 시스템, 교육, 보상 등 자원이 많이 들어간다. 과거 성장기에 해왔던 CS는 앞으로 경영 성과에 큰 도움은 줄 수 없다고 생각한다. 그리고 기업의 성과와 연동되지 않는 CS를 계속 이렇게 할 필요가 있을까?

영업조직을 포함하여 서비스 제공자의 평가나 급여나 인센티브에 반영하는 기존의 '매우 만족' 중심의 CS는 성과와는 크게 무관해 보인다.

고객 만족도 점수가 2016년 91점에서 2017년 92점으로 1점 개선됐다면 이 '1점'의 진정한 의미는 무엇일까. 불황을 돌파하고 저성

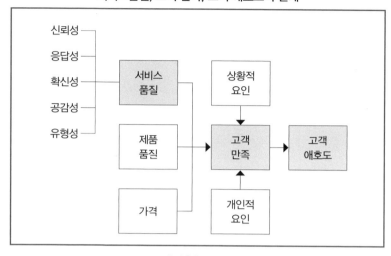

서비스품질, 고객 만족, 고객 애호도의 관계

신뢰성
응답성
확신성
공감성
유형성

서비스
품질

제품
품질

가격

상황적
요인

고객
만족

개인적
요인

고객
애호도

출처: 『서비스마케팅』 자이다믈 외 2인, 전인수 외 1인 역, 청람

장기에서도 질적인 성장을 하기위한 수단으로서 CS의 원리와 구조를 분명히 알아보자. CS를 단순한 '고객 만족 활동'이 아닌 생존 차원의 '전략 CS'로 전환해야만 한다. 위의 도표가 다소 복잡해 보이는 그림이지만 성과를 만들어 내는 '전략 CS'를 위해서는 이 정도의 도표는 이해를 하고 넘어가야 한다. 겉핥기식의 CS로는 더 이상 안 된다. 깊게 파고들어 가보자.

고객 만족은 사실 현장의 영업사원들에 의해 최종 결정된다. 영업사원들은 B2B 나 B2C의 고객들을 '매우 만족' 이상으로 감동시켜 '애호도 고객(충성 고객)'으로 만들 수도 있고 반면에 고객이 불만족하여 완전히 이탈 고객으로 돌아서게 만들 수도 있다. 고객의 관점에서 서비스에 대한 평가는 고객이 기업과 서로 상호작용을 하는 '서비스 접점(service encounter)' 또는 '진실의 순간(moments of truth)'에서 이루어진다. 기업의 성과가 결정되는 중요한 역할을 현장의 영업사원이 맡고 있는 것이다.

앞의 그림에서 보듯이 고객 만족을 만들어 내는 전 단계로는 '서비스 품질', '제품 품질', '가격'이라는 세 가지 요소가 있다. 그 중에서 '제품 품질'과 '가격'은 제품과 시장의 성숙화로 고객으로부터 만족을 얻어내기가 여간 어렵지 않다.

결국 기업은 영업사원을 통해서 고객 만족을 이끌어 내는 '서비스 품질(서브퀄: SERVQUAL)'에 집중해야 한다. 고객 만족이 '고객의 기대'를 '고객의 지각'으로 맞추는 것이라면 고객이 경험하고 느끼는 고객 지각은 서비스 품질을 통하여 높일 수 있는 것이다.

'서비스 품질'을 구성하는 다섯 가지 차원은 약속한 서비스를 정확하게 수행하는 '신뢰성', 고객을 도우려는 의지의 '응답성', 믿음과 확신을 심어주는 '확신성', 고객 개개인을 진심으로 대해 주는 '공감성'으로 나누어 진다.

이렇게 서비스 품질의 다섯 가지 차원(신뢰성, 응답성, 확신성, 공감성, 유형성)을 전략적으로 잘 실천할 때 고객 만족과 '고객 애호도(고객 충성도)'를 달성할 수 있다.

『마켓4.0』의 저자인 필립 코틀러 교수 역시 '재구매'와 '추천효과'를 위해 충성스러운 옹호자를 키워야 한다고 했다. CS의 목표는 결국 고객의 '재구매'와 '주위 추천'으로 성과를 창출하는 것이 목표이다.

이런 성과 창출을 위해 고객 만족을 높이기 위한 서비스 품질의 다섯 가지 차원의 활동 외에 고객 불만을 만들어 내는 요소를 제거할 근본적인 'CS 전략' 세 가지를 다음과 같이 제안한다.

첫째, 영업리더가 CS 방향에 대해 일방적으로 결정해서는 안 된다.

우리가 지금하고 있는 고객 만족 활동이 과연 효과가 있는 것인가? 우리의 고객 만족 활동의 수준은 어느 수준인가? 앞으로 어느 정도 고객 만족 수준을 더 올리면 가시적인 영업 성과로 이어질까? 영업리더들은 이렇게 오랫동안 '고객 만족 경영'을 외치면서 자원을 투입한 것에 대한 성과를 알고 있을까?

고객 만족 활동을 했음에도 불구하고 가시적인 영업성과가 그렇게 없다는 것에 대해 대부분 동의를 하리라 믿는다. 고객과의 접점에 있는 영업리더들은 사실 영업 현장을 정확히 알지 못하는 부분이 많이 있다. 특히 영업사원과 달리 영업리더는 접점에서 고객과의 상호작용이 없는 관계로 고객에 대한 기대를 정확히 알기는 어렵다. 이런 경우 경영자가 잘 모르는 상황에서 또한 고객에 대한 충분한 조사도 없이 CS에 대한 자원배분 등의 의사 결정을 일방적으로 내릴 경우 기업의 CS 방향은 모호해질 수도 있다. 특히 사전 검증 없이 일방적이고 즉흥적인 영업리더의 CS 방향 제시는 고객 만족 활동을 더욱 힘들게 만들 수 있다.

이제는 고객 만족 활동을 좀 더 과학적으로 할 필요가 있다. 고객과의 접점에서 어느 시점에, 어떻게, 하는 것이 고객으로부터 생산적인 성과를 얻을 수 있는 것인지를 분명히 밝혀내야 한다. 분명한 것은 지금의 고객 만족 활동은 아무 의미가 없다는 것이다. CS의 목표는 고객의 '재구매'와 '주위 추천'으로 성과를 창출하는 것이 목표이다. 앞으로도 계속 밑 빠진 독에 물 붓기를 할 것인가? 아니면 제대로 성과와 연동된 CS 활동으로 전환할 것인가?

둘째, 고객의 기대를 정확하게 서비스 프로세스와 시스템에 담아야 한다.

고객이 받는 서비스에 대한 지각이나 경험을 향상시키기 위해서는 고객이 기대하는 바를 정확히 서비스 프로세스에 반영하는 것이 매우 중요하다. 고객이 바라는 부분을 제대로 프로세스에 반영하지 못할 경우 어설픈 서비스 프로세스로 고객은 불만을 느끼게 된다. 아직도 많은 기업들은 고객 중심으로 서비스 프로세스와 표준을 만들었다고 하지만 여전히 기업 중심이나 고객과 상반된 생각이 담긴 프로세스들을 운영하고 있다. 이럴 경우 현장 접점 직원, 후방 접점 직원, 그리고 지원 스텝 모두 고객을 중심으로 효율적인 업무 수행을 하기가 힘들어 진다. 근본적으로 잘못된 프로세스를 고치지 않고 단순히 영업 접점 직원의 고객 만족도 만을 올리는 것으로는 고객을 감동시킬 수 없다.

셋째, 서비스 프로세스를 지속적으로 개선하라.

고객 중심의 프로세스와 실제 접점 직원이 제공한 서비스성과 간에는 항상 차이가 발생한다. 모든 시스템이나 프로세스에는 당초에 규정한 기준이 있다. 그러나 이러한 프로세스에는 항상 문제가 발생할 수 있다. 시스템의 문제, 절차의 문제, 사람의 문제가 일어날 수도 있다. 지속적인 서비스 프로세스를 개선하여 서비스 표준 이상의 성과를 고객에게 제공할 수 있어야 한다.

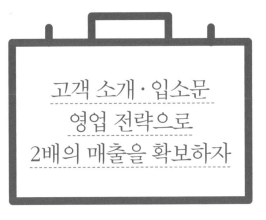

고객 소개·입소문
영업 전략으로
2배의 매출을 확보하자

앞에서도 설명했듯이 기업에서 가장 중요하게 생각하고 있고 항상 고민거리로 생각하는 것은 매출 확대와 수익성, 성장률 그리고 시장점유율 등이다. 그러나 많은 업계와 기업들은 전반적으로 제품의 성숙 단계 진입과 시장수요의 정체 등으로 어려움을 겪고 있다. 가전, 자동차, 화장품 등 소비재 시장은 말할 것도 없고 금융, 유통, 부동산 등 서비스 시장에서도 과거의 영업방식으로 매출을 높인다는 것은 매우 힘들어졌다.

또한 매출 확대를 위한 기존의 전통적인 홍보 수단(TV, 라디오, 신문, 잡지) 역시 이미 효과를 잃어 가고 있다. 그리고 정보 기술과 인터넷의 발달로 고객들은 제품과 가격에 대한 정보력이 점점 커지고 그 욕구가 다양해지면서 기존의 구태의연한 영업 방식으로 고객을 판매로 연결하기는 갈수록 어려워지고 있다. 따라서 지금 기업들은 판로를 위해서 다양한 방안을 강구를 하고 있다.

그 방안 중의 하나는 바로 기업이 기존에 보유하고 있던 기존 고객 중심의 CRM(고객 관계 관리: Customer Relationship Management) 판촉이다. 기존 고객을 대상으로 하는 판촉 역시 과거와는 많이 달라졌다. 전자매장인 경우 과거에는 보유하고 있던 고객정보(전화나 주소)로 일괄 판촉 내용을 고지하던 매스 마케팅 중심이었다. 그러나 최근에는 고객이 보유하고 있는 제품 정보를 중심으로 아직 구매하지 않은 제품을 대상으로 세분화하여 구매 가능성이 높은 제품 중심으로 맞춤 마케팅을 펼치고 있다.

그런데 전자제품(자주 구입하지 않는 저빈도 상품)의 판촉 행사에 대한 매출 구성을 보면 약 60~70%가 기존 고객으로부터 판매가 이루어지고 있는 것을 볼 수 있다. 매출을 위해서는 기존 고객이 중요하다는 것을 절실히 실감할 수 있는 부분이다. 그러면 만약 우리 점포의 기존 고객이 다른 회사, 다른 점포로 이탈해 버린다면 어떻게 될까. 또 이탈하는 고객의 숫자가 신규 고객의 숫자보다 많으면 결국 우리 영업조직의 고객수는 줄어들게 되고, 매출 또한 과거보다 줄어들게 되어 역성장을 피하기가 어렵게 된다.

이제 기존 고객을 등한시 해서는 매출과 시장점유율을 확대하기는 사실상 어렵다. 사실 고객 운영에 대한 기본적인 개념은 기존 고객을 잘 유지하고 신규 고객을 추가로 확보하는 것이다.

그럼 여기서 신규 고객을 확보하는 방법에 대해 살펴보자. 크게 보면 두 가지로 나뉜다. 먼저 적극적인 판촉이나 광고 등의 영업활동을 통해 신규 고객을 확보하는 방법이 있고, 기존 고객의 소개·입소문으로 신규 고객을 확보하는 방법이 있다. 이 두 부류의 고객 중에서 신규 확보 비용이 가장 저렴하고 충성 고객으로 연결이 될 가능성이 높은 고객은 역시 기존 고객의 소개·입소문으로 연결된 고객이다.

여기서 B2C와 B2B의 한 영업사원이 보유하고 있는 고객 한 명에 대한 가치를 짚고 넘어 가보자. 고객 한 명의 고객가치는 앞으로 우리 제품을 계속 구매할 경우를 가정하여 계산한 '고객 평생 가치(CLV: Customer Lifetime Value)'와 이 고객이 소개·입소문을 통하여 주변 지인들에게 우리제품을 소개하여 매출로 연결될 '고객 소개 가치(CRV: Customer Referral Value)'를 더하게 된다.

만일 55세인 A라는 사람이 아산병원에서 85세까지 매년 200만 원의 종합검진을 30년 받는다면 이 고객의 '고객 평생 가치'는 단순 계산으로 약 6,000만 원(매년 200만 원×30년)이라고 보면 된다. 이 사람이 만일 주변에 있는 지인 두 명에게 소개하여 아산병원을 새롭게 이용할 경우 발생하는 가치(매출)를 1억2,000만 원(6,000만 원×2명)이라고 한다면 이 금액이 바로 '고객 소개 가치'로 보면 된다.

결론적으로 이 병원은 CS 활동을 포함한 철저한 고객 관계 관리로 기존 고객 1명이 다른 병원으로 이탈이 되지 않고, '고객 평생 가치'로 남으면서 오히려 주위 지인들에게 병원을 대신하여 좋은 입소문 활동으로 추가 1억2,000만 원의 추가 매출을 일으켜 준 것이다.

이렇게 미래에 일어나게 될 상상 이상의 큰 추가 매출을 생각해 보자. 과연 우리가 지금 하고 있는 CS 활동이나 고객 관계 관리를 이대로 해도 좋을까? 반대로 CS 활동이나 고객 관계 관리를 제대로 하지 못하면 기존 고객의 이탈로 인해 기존 고객의 평생 가치 6,000만 원은 물론 고객 소개 가치 1억2,000만 원도 모두 잃게 된다는 사실을 우리 영업사원들은 과연 알고 있을까?

이런 중요성 때문에 필자가 근무했던 기업 이외에 국내 많은 기업들이 이미 오래전부터 고객 만족(CS)전략을 방어적 전략(기존 고객 유지)이 아닌 공격적 전략(소개·입소문을 통한 신규 고객 창출)으로 정하고 신규 고객을 추가로 확보하려고 노력을 하고 있다. 그러나 소개·입소문을 통한 신규 고객 확보는 이론으로 말하는 것 만큼 실행하는 영업 접점에서는 쉽게 이루어지지 않고 있다.

고객 만족 이론에서는 영업을 하는 과정에서 고객이 진정으로 '고객 만족'을 느끼고 이러한 '고객 만족'이 다시 '고객 충성도'로 바뀌고 최종적으로 기업에게 '수익(매출)창출'로 이어진다고 하였다. 여기서 중요한 사실은 '고객 충성도'는 '매우 만족'을 통하여 나온다고 하였다.

2003년 말 베인앤컴퍼니(Bain & Company)의 컨설턴트인 라이헬트(Frederick Reichheld)가 '매우 만족', 즉 '고객 충성도'를 주변 사람들에게 거래하는 회사 혹은 그 회사의 제품이나 서비스, 영업사원 등을 소개하는 것으로 '고객 충성도'를 정의하였다. 또 주위에 그 회사의 제품이나 서비스, 영업사원 등을 소개하는 추천 의도를 11점 척도로 제시하고 가장 적극적인 고객들을 '옹호자(promoter)'라고 하였다. 이런 '옹호자'는 회사를 대신하여 판촉, 홍보사원이 되어 회사를 적극적으로 홍보하여 신규 고객을 끌어 들이게 된다고 하였다.

그러나 현장의 수많은 영업 임원들과 영업관리자들은 '우리회사는 CS 활동 결과 매우 만족을 받는 비율도 높은데 왜 이렇게 소개·입소문 고객이 안 생기고 영업은 자꾸 더 어려워져만 갈까' 하고 고민을 하고 있다. 이제 이 문제를 정확히 인식하고 더 이상 직원들을 성과 없는 CS 활동이나 CRM 활동으로 내몰지 말아야 한다.

필자는 삼성전자의 고객 관계 관리 프로그램을 직접 참여하여 만들었고, 현장에서 수년간 CS 활동을 지휘한 경험을 바탕으로 매출성장의 전략적인 도구로 CS와 CRM을 활용할 것을 아래와 같이 제안한다.

첫째, 고객가치에 대한 개념과 CS와 CRM에 대한 조직의 방향성을 재점검하라.

고객 소개·입소문 영업 전략으로 2배의 매출을 확보하자는 개념으로 영업관리자(임원 포함)와 영업사원은 고객 가치('고객 평생 가치'와 '고객 소개 가치')에 대한 개념과 중요성을 분명히 인식해야 한다. CS를 하는 목적은 '매우 만족'을 이끌어 내는 활동이고 '매우 만족'을 통하여 '고객 평생 가치'와 주변지인에 대한 '고객 소개 가치'로 이어져 신규 고객을 추가로 확보하게 된다는 연결고리를 알아야 한다. 따라서 우리 조직의 CS의 현재 수준과 CRM의 위치와 방향성을 재점검해야 한다. 닐슨의 조사에 의하면 제품구매 시 신뢰할 수 있는 정보원 1위로 '주위 지인으로부터의 소개나 추천'이 90%로 가장 높게 나타났다. 그에 비해 큰 비용이 드는 'TV광고'는 62% 밖에 안된다는 조사가 있었다. 문제는 가장 신뢰하는 주위 지인의 소개·입소문 영업을 우리의 영업 방식 때문에 추가로 확보할 수 있는 매출을 잡지 못하고 있는 것이다.

많은 영업조직이 CS 활동과 CRM을 별개라고 생각하고 운영한다. 따라서 대부분의 영업사원들이 지인 소개·입소문 영업에 대한 구체적인 방법과 효과를 인식 못하고 있는 것이 가장 큰 이유이다. 또한 영업조직에서는 소개·입소문 영업의 타이밍 역시 고객이 구매한지 한참 이후에 전화로 고객 만족 조사와 함께 하는 조직이 대부분이다. 이런 소개·입소문 영업 프로세스로는 실제 매출과 연결하기가 거의 불가능하다.

둘째, 고객이 구매한 이후 바로 지인 소개·입소문 영업으로 마무리를 해야 한다.

영업조직에서는 고객 만족도가 올라가도 소개·입소문 영업 성과는 늘어나지 않는다. 상품을 구매한 고객에게 영업사원으로부터 주위에 살만한 고객을 소개해 달라는 부탁을 받은 적이 있느냐고 물었을 때 '그렇다'고 대답한 고객은 약 20% 수준이었다고 한다.

결국 나머지 80%의 영업사원은 야구로 말하면 단타를 치고 있는 것이다. 고객과의 구매시점에서 고객과의 좋은 관계와 상황을 이용하여 추가로 매출을 만들어 낼 수 있는 장타영업을 하지 않고 있는 것이다. 사실 현장의 영업사원들은 매일매일 매출 목표에 쫓기고 있다.

지금 내가 상담하고 있는 고객을 장기적인 차원에서 평생고객으로 생각할까? 아니면 오늘 당장 달성해야 할 목표 달성차원의 고객으로만 인식하고 있을까?

단타 차원의 고객으로 인식하는 순간 '고객 만족'을 통한 신규 고객 확보는 커녕 기존 고객의 유지도 어렵게 된다. 대부분의 영업 현장에서는 CS 활동과 지인 소개·입소문 영업의 CRM 개념을 분리해서 생각하고 있다. 만일 우리 점포의 소개 고객을 포함한 기존 고객의 매출 비중이 평균 이하가 된다든가 타점포나 다른 영업조직에 비해 턱없이 기존 고객의 매출이 일어나지 않고 있다면 그 점포는 CS 활동부터 원점에서 재점검해야 한다. 분명히 입소문으로 인한 신규 고객수의 증가보다 이탈 고객이 훨씬 많이 일어나고 있는 것이 분명하다.

셋째, 영업사원, 개인별 CS, CRM 전략으로 성과와 연결하라.

'매우 만족'으로 좋은 평가와 인센티브를 받기 위해 '매우 불만'을 사전에 차단하고 고객에게 '매우 만족'을 부탁하는 식의 CS 활동은 조직의 성과에 큰 도움을 못 준다. 고객에게 부탁을 하고 받은 '매우 만족'은 그 비중이 아무리 높아도 소개나 입소문으로 연결되기는 어렵다. 단순한 숫자에 지나지 않는다. 이런 식의 CS 활동은 성과 없는 조직의 업무 수행으로 사실상 낭비적인 요소에 불과하다. 이제 성과에 집중해야 한다. 고객 만족도와 '매우 만족' 비중만 보고 CS가 좋아지고 앞으로 소개·입소문으로 영업이 좋아질 것이라고 판단하는 영업 리더는 현장과 고객과 경쟁사를 다시 제대로 봐야 한다. 이제 성과를 위해서는 제대로 된 현장 영업활동으로 되돌아가야 한다. 그리고 성과를 만들어 내기 위한 개인별 CS 활동과 CRM 전략을 강력하게 제안한다.

내가 상담한 고객은 내가 '매우 만족'시키고 이렇게 매우 만족한 고객을 통하여 바로 지인 소개나 입소문 활동으로 신규 고객까지도 만들어 간다는 것이 전략의 주 내용이다.

CRM데이터베이스의 고객은 회사 고객인가? 아니면 영업사원의 고객인가? 자산으로 따지면 분명히 그 고객은 회사의 자산이다. 그러나 관리와 수혜 차원에서 보면 영업사원 본인의 고객이라고 생각하고 관리해야 한다. 영업사원은 영업사원 본인의 고객이라는 생각에서 매일매일의 관리 고객수와 휴면 고객수, 신규 고객수 등의 고객 현황을 알고 있어야 한다.

영업사원 본인과 영업관리자가 맡고 있는 조직의 고객현황을 제대로 모르고 있다면 더 이상 영업사원도 아니고 영업관리자의 자격도 없다고 본다. 만일 A라는 영업사원의 기존 고객의 매출 비중이 떨어지고 휴면 고객수가 늘어나고 신규 고객수가 줄어든다면 앞으로 이 영업사원의 매출 전망은 어떻게 될까?

그리고 이 영업사원은 과연 지금 어떤 방식으로 영업을 하고 있을까? 영업관리자는 영업 사원이 구매 상담을 마친 이후에 바로 지인소개 영업활동으로 마무리 하는가를 체크해 봐야한다.

매출은 결국 고객으로부터 나온다. 고객가치 중심의 'CS 활동(고객 만족→고객 충성도)'과 '고객과의 관계 관리'를 통해 장기적으로 매출성과와 수익을 확보할 수 있어야 한다.

영업 전략
차원의
'기업생존 부등식'

오늘날과 같은 장기 저성장시대에 기업의 최대 이슈는 크게 성
장과 이익 확보, 시장점유율 등으로 보인다. 결국 어떻게 하면 생존
의 차원을 넘어 압도적인 격차로 승자로 남을 것인가 하는 문제이다.
1982년에 전 세계적으로 600만 부 이상을 팔면서 베스트셀러가 된
톰 피터스(Tom Peters)의 『초우량 기업의 조건』이란 책이 있다. 초우
량 기업의 8가지 특징을 제시하면서 그 조건에 해당하는 탁월한 기
업들을 함께 소개하고 그 기업들의 좋은 점을 부각하였지만 30년이
조금 지난 지금 책에서 언급한 상당수의 회사들은 이미 사라져버렸
다. 그럼 세월이 흘러도 지속적으로 성장하고 발전하는 회사들은 어
떤 특징을 가지고 있을까?

이 질문에 대해 1994년에 짐 콜린스와 제리 포라스가 함께 출간

한 『성공하는 기업들의 8가지 습관』에 답이 있다. 이 책은 출판되어 5년 연속 미국 종합 베스트셀러가 되면서 100만 명 이상의 비즈니스 맨들이 애독하였다. 이 책의 '8가지 생존 법칙'을 크게 세 가지로 압축하여 분류하였다.

1)기업 그 자체를 궁극적으로 만들어야 할 작품으로 생각하라.
2)우리 회사는 특별한 회사라는 인식을 전 직원이 공유하게 하라.
3)혁신과 비약적인 발전을 계획하라.

전체적으로 보면 궁극적으로 만들어야 할 작품이란 '뛰어난 제품을 계속하여 만들어 낼 수 있는 기업'이라는 것과 직원 중심의 기업 문화로 회사에 강한 열성을 갖고 있는 직원들이 있어야 한다는 것과 마지막으로는 지속적으로 혁신과 과감한 목표를 갖는 것이 결국 성공하는 기업이 될 수 있다고 하였다.

이와 같이 『초우량 기업의 조건』이나 『성공하는 기업들의 8가지 습관』이나 결국은 기본적인 생존 수준을 뛰어넘어 어떻게 하면 좋은 기업으로 영속하는 기업이 될 것인가 하는 문제이다. 대표적인 두 권의 책에서는 모두 8가지 특징들을 제시하였다.

그러나 8가지 특징 중에서 영업이나 마케팅과 관련이 있는 항목은 없고 대부분 일반적인 경영학의 요소로 구성이 되어 있다. 필자는 서두에서부터 강조하고 있는 것이 기업의 성과를 결정짓는 부문은

기업의 생존 부등식

| 제품 가치 (Value) | > | 제품 가격 (Price) | > | 제품 원가 (Cost) |

결국 영업 현장이라는 것이다. 이런 차원에서 기업의 생존 여부를 결정짓는 진실의 순간인 영업의 차원에서 생존 부등식을 다음과 같이 제안하고 싶다.

첫째, '기업의 생존 부등식'을 영업의 전 조직원들이 공유해야 한다.

'기업의 생존 부등식'은 '한국의 피터 드러커'로 불리는 서울대학교 윤석철 명예교수가 위의 그림과 같이 제시하였다.

'기업의 생존 부등식'은 미국의 학자들이 발표한 8가지 특징처럼 복잡하지는 않지만 상식에 가까운 매우 간결한 공식이다. 기업의 생존 부등식의 기본 개념을 영업조직의 전 구성원이 반드시 숙지를 해야 한다. 그 이유는 기업의 생존은 제품과 서비스를 잘 만드는 것도 중요하지만 결국 고객에게 매출 성과로 연결하는 것은 영업조직에 의해서 결정되기 때문이다.

'기업의 생존 부등식'은 소비자가 제품에 대하여 느끼는 제품의 값어치가 실제로 돈을 지불한 가격보다는 높아야 한다는 것이 첫 번째 원칙이다. 다음은 소비자가 지불한 물건의 가격은 그 제품을 만드는 데 들어간 제품의 원가보다는 높아야 한다는 것이다. 소비자 입장에

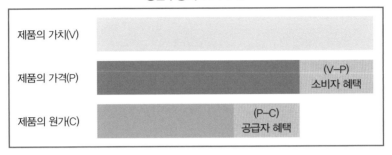

생존부등식 V>P>C

제품의 가치(V)	
제품의 가격(P)	(V-P) 소비자 혜택
제품의 원가(C)	(P-C) 공급자 혜택

서 보면 제품의 가치가 가격보다 커야 소비자에게 이익이 생기는 것이고, 기업 입장에서는 제품의 가격이 제품의 원가보다 커야 기업에게 이익이 생기게 된다는 것이 공식의 주된 내용이다.

그럼 기업이 생존하는 차원, 즉 '기업의 생존 부등식'에서 영업의 역할은 무엇일까? 소비자와의 접점에서 영업사원이 하는 역할 중에서 우선 '제품 가치' 부분이다. 영업조직에서 '제품 가치'는 제조 단계에서 소비자에게 가치를 줄 수 있는 부분을 개발 과정에서 많이 포함시켜야 한다고 생각할 수 있다. 그러나 산업화 사회에서 무조건 경쟁사보다 더 많은 돈을 들여 더 많은 기능을 제품에 넣는다고 해서 무조건 경쟁사를 압도하고 고객이 환호하여 더 높은 가격을 지불한다고 볼 수는 없다.

일단 영업에서는 제품을 소비자와 상담하면서 소비자 측면에서 가치를 높일 수 있는 가치 영업을 해야 한다. 똑같은 가격과 기능을 가진 제품이라 하더라도 영업 접점에서 경쟁사보다 더 좋은 상담으로 고객의 궁금증과 문제를 해결해 줄 때 고객의 실질적인 제품가치는 올라가게 된다. 즉, 소비자의 혜택(V-P)이 클수록 경쟁사보다 자사의 제품을 소비자가 더 선택하게 되고 따라서 시장점유율은 더 늘어나게 된다. 또한 제품을 구매한 소비자는 주위에 소개와 입소문을 높여 줄 수 있다. 여기서 영업사원이 하는 역할은 제품의 가치를 크게 만들어 주는 역할을 해줘야 고객이 만족하게 되고 자사 제품을 선택하게 되는 것이다.

반면에 영업조직에서 가격을 깎아주는 가격 중심의 영업을 해버리면 기업 측면의 가치, 공급자 혜택(P-C)은 떨어지게 되고 결국 기업은 생존할 수 없게 된다. 이렇듯 영업은 고객과 기업의 중간에서 고객에게는 '제품 가치'를 높여주는 역할을, 기업에게는 '제품 가격'을 제대로 받아서 기업의 수익을 확보해 주는 중요한 역할을 해야 한다.

둘째, 영업은 생존부등식의 개념과 함께 '고객 가치 방정식'을 인식해야 한다.

앞에서는 기업의 생존을 위해 기업의 입장에서 부등식을 설명하였다. 다음은 기업의 측면이 아닌 고객의 관점에서 기업이 제품이나 서비스를 고객에게 제공할 때는 반드시 고려해야 하는 '고객 가치 방정식'에 대하여 알아보자.

고객 가치 방정식=

고객에게 제공된 결과물(예, 텔레비전 구매)+프로세스 품질(친절 상담, 배달 설치, 서비스)

고객이 지불한 가격(100만 원)+서비스 획득 비용(온라인 접속 및 유통 방문 비용)

'고객 가치 방정식'에서 분모는 소비자가 텔레비전을 구매하기 위해 비용으로 들인 총 비용을 말한다. 그리고 분자는 고객이 텔레비전과 함께 느끼는 혜택과 가치를 말한다. 소비자는 항상 분모보다 분자가 커지를 원한다. 고객이 구매한 텔레비전의 가치가 실제로 고객이 부담한 돈의 가치보다 크기를 원하고 그 차이가 클수록 만족도 또한 올라가게 된다. 실제로 고객은 분자가 분모보다 더 큰 기업의 제품을 선택하게 된다.

따라서 '기업의 생존 부등식'에서도 설명 했듯이 고객에게 제공된 결과물 즉 고객이 체감하고 느끼는 텔레비전의 가치를 올릴 수 있는 역할을 역시 영업에서 해줘야 한다. 다음은 '서비스획득 비용'으로 텔레비전을 구매하기 위해 인터넷을 검색한다든지 전화로 유통점에 문의를 하다든지 또는 유통을 직접 방문하는 등의 비용을 최소화하는 노력을 해줘야 한다. 마지막으로 최근 들어 점점 더 중요하게 부각되고 있는 요소로 제품을 구매하는 과정상의 친절 상담, 배달 설치, 서비스 등의 '프로세스 품질' 부분이다. 영업조직에서는 기업 관점의 '생존 부등식'과 고객 관점의 '고객 가치 방정식'을 함께 고려하여 영업을 해야만 한다.

셋째는 고객에게는 '고객 가치를 극대화'하고 기업에게는 '이익 극대화'가 영업의 미션이다.

과거 매출 중심의 밀어내기식 영업 체제에서 일부 유통업체에서는 이익 중심의 질적인 개념보다는 양적인 매출 중심의 경쟁을 한 적이 있었다. 외형 중심의 시장점유율 차원에서 서로 국내 1등이라는 의미 없는 경쟁을 한 적도 있다. 이때에는 다소 이익보다는 외형의 크기인 매출에 무게를 많이 두었다. 그러나 지금의 유통들은 기업의 외형과 성장과 시장점유율의 의미도 있지만 결국 제품을 팔고 얼마나 남았느냐 하는 부분이 큰 관심사이다.

따라서 기업에서 매출과 손익을 책임지고 있는 영업조직에서는 전 구성원들이 더욱 손익에 대한 개념이 철저해야 한다. 기업의 가치 창출활동을 나타내는 가치사슬(Value Chain)에서 고객과 최종 접점에 있는 조직이 영업조직이다. 이 영업조직의 가치활동, 영업활동에 따라서 기업의 성과는 달라질 수 있다. '기업생존 부등식'의 상당한 부분을 책임지고 있는 것이 또한 영업조직이다.

영업조직의 전 구성원들은 손익이 만들어지는 프로세스와 손익 계산서에 대한 개념을 확실히 이해하고 영업을 해야만 한다. 필자가 현업에 있을 때에도 똑같은 매출을 달성했지만 지점장들 간의 손익

손익계산 과정

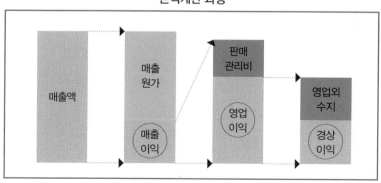

차이는 크게 나는 것을 보았다. 그것은 영업관리자가 손익에 대한 개념을 분명하게 인식하고 직원들과 손익에 대해 서로 공유한 결과라고 본다. 우수한 영업관리자는 손익에 대한 정보를 영업사원들에게 교육시키고 매일매일의 영업에 대한 매출과 손익에 대한 결과를 함께 리뷰하고 손익이 부진한 영업사원에 대한 중간 피드백을 하고 있다.

앞의 그래프에서 좌측의 매출액에서 매출 원가를 차감한 것이 매출 이익이 된다. 매출 원가는 고객에게 판매된 제품의 원가, 즉 매입가를 말한다. 매출 이익에서 판매 관리비를 제외한 것을 영업 이익이라고 한다. 영업의 역할은 우선 주어진 목표에 대한 매출 목표인 매출액을 달성하는 것이다. 매출 목표는 연간 경영 목표로 주어지며 통상 월간 단위로 실행 계획이 별도로 주어진다. 매출액은 고객이 구매한 금액의 합으로 통상 부가가치세가 포함된 금액인 총매출과 제외된 금액인 순매출로 나누어진다.

영업조직, 영업사원 입장에서는 매출 원가에서의 역할보다는 매출액을 높이는데 큰 역할을 두고 있다. 고객에게 가치를 극대화하는 활동을 통해 고객이 지불하는 제품 판매 가격을 제대로 받을 수 있어야 한다. 고객이 지불하는 제품 판매 가격이 모여서 매출액이 되기 때문이다. 그렇지 않고 '가치를 극대화하는 가치 영업' 대신에 '가격을 깎아주는 식의 가격 중심의 영업'을 해버리면 매출액 자체가 줄어들게 되고 궁극적으로 매출 이익이 줄어들고 매출이익률 역시 줄어들게 된다.

따라서 영업에서는 고객에게 '제 가격'을 받으면서 매출을 높이는 방법들을 강구해야만 한다. 삼성전자 역시 한동안 제품에 대한 '제 가격 받기'를 기업의 큰 핵심지표(KPI)로 관리한 바 있다.

삼성전자는 2005년 이후 지속적으로 세계 TV 1위로 시장점유율을 지키고 있다. 그러나 1990년대 후반까지는 해외에서 일본 제품 가격 대비 삼성 제품의 판매 가격이 상대적으로 싼 가격으로 판매가 되었다. 이러한 가격 차이를 극복하기 위해 영업에서는 그 당시 삼성전자의 브랜드 가치가 일본 기업에 비해 떨어짐에도 불구하고 가격을 깎아 주는 영업을 하지 않고 제품에 대한 가치를 발굴하려고 많은 노력을 하였다. 그런 전사적인 차원의 노력이 바로 '제값 받기' 캠페인이다. '제값 받기' 캠페인은 삼성전자 제품의 가격과 일본 제품의 가격을 비교하여 지수로 관리하는 것이다. 만일 삼성전자의 텔레비전 가격이 100원이고 소니의 제품 가격이 115원이라면 경쟁가격지수(CPI: Competitive Price Index)는 115가 된다. 영업에서는 115의 지수, 즉 15의 가격 차이를 판매 지역별로 관리하면서 경쟁적으로 줄이는 노력을 하였다.

가격 중심의 영업에서 가치 영업으로 혁신하여 가격 차이를 15, 14, 13, 12, 11, 10 이하로 줄여 나갔다. 물론 지금은 가격 지수가 완전 역전이 되어 삼성전자가 오히려 일본 기업의 제품보다 훨씬 높은 가격으로 판매 되고 있다.

이와 같이 영업 현장에서 고객에게 어떤 마인드와 자세로 판매하느냐에 따라 기업의 매출과 손익은 완전히 달라진다. 따라서 영업 현장 직원들의 '매출'과 '손익'과 '가치'에 대한 확실한 개념 숙지로 경쟁사와 차별화 된 품격 있는 영업을 전개해야 한다.

영업조직에서는 위와 같이 '제값 받기'를 하면서 고객당 매출액을 높이는 방법들을 함께 구사해야 한다. 매출액을 높이는 방법으로는 고객중심의 상담으로 프리미엄 제품으로 상향 판매(up-selling)를 한다든가 교차판매(cross-selling)를 통해 세탁기와 건조기를 함께 판다든가 아니면 구매한 고객이 일정기간 이후에 다시 재구매(reselling)를 하게끔 유도한다든가 주위 친지를 통한 소개 리퍼럴 마케팅 활동 등의 방법이 있다.

장기 저성장기에서 기업이 생존하기 위해서는 성장을 통한 이익 실현이 필수적이다. 이 미션을 책임지고 있는 부서 중의 유일한 부서가 바로 영업이다. 이 미션을 달성하기 위해서 영업에서는 고객에게는 제품의 가치를 제공하고 동시에 제품에 대한 제가격을 받음으로써 기업에게는 이익을 확보해주는 중요한 역할을 해야 한다. 이런 중요한 개념을 전 구성원이 숙지하고 경쟁사와 완전히 차별화된 품격 있는 영업으로 기업의 지속성에 도전해야 한다.

Chapter 5

목표 달성을 위해 스스로 뛰는
'초격차 실행 영업'을 하라

영업 성과의 차이는
영업관리자의
실행력 차이다

앞에서 불황기 영업 돌파 전략으로 '초격차 영업 4P모델'을 제시하였다. 초격차 영업 4P모델 중에서 가장 먼저 '초격차 전략 영업'을 강조하였다. 마케팅 학자인 알 리스와 로라 리스는 마케팅과 영업 활동의 성과에 영향을 미치는 것은 전략이 90%를 차지하고 실행은 10%에 불과하다고 전략의 중요성을 강조한 반면에 하버드대 비즈니스스쿨의 프랭크 세스페데스 교수는 "훌륭한 전략에 빈약한 실행보다는 차라리 평균적인 전략에 훌륭한 실행이 오히려 더 큰 성과를 가져온다"며 전략보다 오히려 실행의 중요성을 강조하였다.

필자 역시 실행을 강조한 이 말에 깊은 공감이 간다. 그렇다고 전략이 덜 중요하다는 말은 아니다. 결론적으로 영업 현장과 고객의 관점에서 잘 짜여진 영업 전략과 영업 현장의 강한 실행력이 좋은 성과를 낼 수 있는 요소인 것만은 틀림이 없다.

이러한 실행의 중요성을 인정한 많은 글로벌 리더들이 늘어나면서 2001년 초에는 전미기업이사협회(NACD)가 기업체 이사들의 실적 평가 항목에 실행력을 포함시켰다. 이는 조직에서 실행력의 책임은 리더에게 있기 때문이다. 영업조직 또한 영업관리자의 실행력은 바로 기업의 실적과 연결되므로 영업관리자의 실행력을 매우 중요하게 여기고 있다.

필자와 함께 오랫동안 근무했던 오세국 지점장은 실행과 관련해서 기억에 남는 직원 중의 한 사람이다. 오 지점장은 서울 북부지역에 있는 삼성 디지털플라자(프랜차이즈)들을 관리하는 역할을 맡고 있었다. 그는 많은 지점장들 가운데 좀 다른 면이 있었다. 회사에서 어떤 판매 정책이라도 나오면 다른 지점장보다 매우 빠르게 움직였다. 빨리 움직인 만큼 실적 역시 항상 우수한 편이었다.

오 지점장은 항상 먼저 판매 정책을 어떤 전술로 풀어갈 것인지를 연구한다. 다음은 영업사원들과 함께 세부적인 실행 방안을 협의한다. 그리고 거래선 사장들을 모아 세부적인 정책을 설명하고 이 정책이 거래선들과 고객에게 어떤 이익을 주는지 충분히 설명하고 때에 따라서는 설득을 하는 경우도 있었다. 이렇게 거래선들을 충분히 이해를 시킨 다음 마지막으로 이 정책을 고객에게 세부적으로 커뮤니케이션하는 방법까지 구체화시킨다. 오 지점장은 항상 이런 식으로 영업의 큰 그림을 디테일 하게 풀어 나가면서 영업을 했다.

반면에 일부 다른 지점장들은 항상 반 박자 늦는 실행력을 보였다. 영업사원들과 거래선에 접근하는 방식 또한 조금씩 차이가 났다. 심지어 영업사원들과 함께 구체적인 영업 방법을 강구하기는커녕 일방적으로 실적만을 강요하는 지점장들도 간혹 있었다. 영업에서 평가는 일 년에 두 번씩 하는데 한 번은 실적을 중심으로 한 업적평가, 또 한 번은 잠재적인 역량을 평가하는 역량평가를 하게 된다.

필자는 아무리 영업관리자가 잠재적인 역량이 우수하다 하더라도 실행을 하지 않고 영업 성과로 나타나지 않으면 잠재적인 역량을 크게 인정하지는 않았다. 오 지점장의 경우는 그런 측면에서 모든 평가를 역시 잘 받았던 것 같다. 오 지점장과 함께 근무하고 있는 직원들 역시 지점장을 닮아 가면서 '리틀 오 지점장'이 되어 갔다. 결국 실행력의 차이가 영업력의 차이가 되고 그 차이가 매출의 차이로 나타났다. 실행력이 영업조직의 경쟁력의 차이가 된 것이다. 누가 먼저 긍정적인 마인드를 가지고 민첩하게 실행하느냐에 따라 성과의 차이는 물론 맡고 있는 조직의 역동성도 또한 달라진다.

필자의 경험을 바탕으로 실행을 강화하기 위한 방안을 아래와 같이 세워보았다.

첫째, 실행의 책임은 영업관리자에게 달려 있다.

필자의 경험으로 보면 영업관리자는 두 종류의 부류로 나누어진다. 먼저 영업관리자가 전체적인 방향만 주고 영업사원들이 알아서 계획을 수립하고 실행까지 진행케하는 조직과 영업관리자가 영업사원들과 함께 세부적인 운영 계획을 수립하고 함께 진행하는 경우이다. 물론 조직의 업무 패턴과 역량 정도에 따라 각각 장,단점은 있겠지만 대체로 일선의 영업관리자가 책임감을 갖고 일을 세밀하게 진행할 때 기업의 실행력은 향상된다.

특히 실행력을 높이려면 영업관리자의 현장 실무에 대한 이해도가 높아야 한다. 단위 조직에서 영업관리자가 전술을 수립하여 운영할 경우 영업관리자가 전반적인 영업 환경과 내용을 이해하지 못하고 영업의 방향성이 틀린 전술을 수립하여 운영할 경우 성과에 큰 차질이 생길 수도 있다. 또한 영업관리자는 영업사원들과 함께 실행 리더십을 통해 적극적으로 업무에 참여해야 한다.

이런 업무 참여를 통하여 조직 내에서 상호 보완적인 긍정적인 면을 얻을 수도 있다. 움직이는 실행 리더십을 통하여 관리자는 업무의 진행 정도를 더 이해할 수 있고 구성원들은 관리자로부터 업무 코칭 또한 받을 수 있다. 그리고 영업관리자가 영업사원들과 함께 참여함으로써 목표 달성에 대한 강한 동기를 부여할 수도 있다.

둘째, 실행을 위해서 영업관리자는 효율적인 인력 조직을 확보해야 한다.

영업관리자는 조직 구성원들을 정확하고 깊이 있게 평가하여 구성원들의 장점과 단점을 파악하여 실행력을 더욱 올릴 수 있어야 한다. 또한 구성원들의 다양한 특징을 발굴하고 육성해야 한다. 영업관리자가 보유하고 있는 영업사원들 중에 현재 업무를 잘 하면서 성과를 우수하게 내는 사원들이 '미래'의 업무도 수행할 능력이 있는지를 평가하고 교육을 통하여 부족한 역량은 육성시켜 줘야 한다. 영업관리자의 역할 중에서 부하들을 정확하게 평가하고 육성, 계발하는 것이 관리자의 주요한 임무 중의 하나이다.

셋째, 실행을 조직의 문화로 만들어야 한다.

영업관리자의 적극적인 참여와 실행 리더십을 조직의 문화로 만들어 가야 한다. 조직원들의 마인드를 실행이 영업 성과를 만들어 내는 중요한 도구로 인식하게끔 해야 한다. 그리고 실행을 시스템적으로 운영할 수 있도록 해야 한다. 영업 전략이나 영업 정책을 실행으로 구체화시키고 실행에 대한 역할과 책임을 명확하게 하여 효율을 극대화할 수 있어야 한다. 또한 조직 구성원들의 참여와 역할 분담으로 조직의 목표 달성을 서로 체험하여 실행을 완전한 조직의 일부로 정착화시켜야 한다.

넷째, 전략을 실행하기 위한 구체적인 로드맵을 수립해야 한다.

본사나 마케팅팀에서 영업 전략이나 마케팅 전략을 수립할 때 전략을 실행하는 영업 현장의 세부적인 사항은 고려하지 않는 것이 보통이다. 보통 본사에서 개괄적인 전략을 수립하여 영업조직으로 보내게 된다. 그러나 전략을 실행할 때는 반드시 실행 로드맵이 필요하다.

그래서 영업에서는 다시 세부적인 행동 계획을 포함한 전술을 수립하게 된다. 이때 단위 영업부서에서 이 일을 수행할 인력과 자원이 충분하지 않을 경우가 많다. 그럴 경우 실행하기 전에 별도의 대책을 강구해야 한다. 아무리 좋은 전략을 수립하였다 하더라도 현장에서 전략을 전술로 실행할 수 없게 된다면 아무 소용이 없다. 이럴 경우 '전략 따로 현장 따로' 라는 이야기가 나오며 상호 간의 불신이 생기기 시작한다.

아직도 적지 않은 영업조직에서 현장과 동 떨어진 영업 전략, 달리 말하면 실행할 수 없는 '기업 측면의 훌륭한 전략'으로 현장에 실행과 성과를 요구하고 있는 경우가 많다. 실행할 수 없는 전략은 쓰레기와 같은 것이다.

최근에는 경영은 실행이라는 말을 할 정도로 실행을 비중있게 강조하고 있다. 그러나 실행의 정의에 대해서는 모두 막연하다. '실행은 맡은 일을 완수하는 것' 혹은 '생각이나 계획이 아니라 실제 움직이는 것' 그리고 '목표를 완수하는 것'이라고 생각하는 사람들이 많다. 여기에 대한 해답으로 『실행에 집중하라』의 저자인 래리 보시디와 램차란이 정의한 '실행'의 의미를 살펴보자.

1) 실행은 하나의 체계이며 전략의 일부분이다. 이 말은 조직에서 실행력을 충분히 파악하지 않고서는 올바른 전략을 수립할 수 없다는 것이다. 한마디로 요약하면 실행이란, 현실을 직시하고 그 현실에 대응하는 체계적인 방식이라고 했다. 그러나 문제는 기업이나 단위 영업 조직에서 자기가 처한 현실을 정확히 인식

하지 않는 것이다. 때문에 조직의 실행력은 떨어질 수 밖에 없다.

2)실행은 비즈니스 리더가 맡은 중요한 책임이다.

3)실행은 기업 문화의 핵심에 자리해야 한다.

결론적으로 영업 현장과 고객의 관점에서 잘 짜여진 영업 전략과 영업 현장의 강한 실행력이 좋은 성과를 낼 수 있는 요소인 것만은 틀림이 없다.

당신이 맡고 있는 영업조직이나 관리자인 당신은 전략을 제대로 이해하고 강력하게 실행하고 있는지 되돌아볼 필요가 있다.

우수
영업관리자의
'7가지 행동의 비밀'

세스 고딘(Seth Godin)의 저서『보랏빛 소가 온다』에서 "당신의 아이디어가 얼마나 중요한 것인가는 중요하지 않다. 실행에 옮길 수 없는 것은 아무 짝에도 쓸모가 없기 때문이다"라고 하면서 실행의 중요성을 강조하였다. 앞에서도 전략의 중요성을 강조하였지만 전략보다 중요한 것은 그 전략을 실행으로 옮기는 것이다. 실행으로 옮기지 않고는 아무런 성과를 만들 수 없기 때문이다. 실행을 강조한 또 한 명이 있다. 20세기 최고의 과학자 아인슈타인은 "움직이지 않으면 아무 일도 일어나지 않는다"라고 하였다.

영업과 관련한 어떤 좋은 전략이나, 아이디어도 '행동', '실행' 없이는 전부 무용지물이다. 기업의 좋은 아이디어를 담은 전략이나 정책 그 자체도 사실 아무 의미가 없다는 말이다. 영업에서의 전략은 실행을 동반해야만 영업 성과로 그 가치를 발휘할 수 있는 것이다.

페덱스(FedEX) 창업자인 프레드 스미스만 역시 '24시간 이내 전국 어느 곳이나 물건을 보낼 수 있는 서비스가 있었으면 좋겠다'는 대학 때 쓴 리포트를 실행으로 옮김으로써 오늘의 세계적인 기업이 된 것이다. 세상에는 그냥 앉아서 아이디어를 내고 말로만 하는 사람은 수도 없이 많지만 정작 실행으로 옮기는 사람은 그다지 많지 않다.

앞에서 언급한 오세국 지점장의 사례에서 보듯이 조직에서 탁월한 성과를 만들어 내는 영업관리자에겐 실행과 관련하여 어떤 행동의 특징들이 있다.

조직에서 실행의 책임과 주체 역할을 하고 있는 리더의 '일곱 가지 행동의 비밀'을 『실행에 집중하라』의 저자인 래리 보시디와 램차란은 아래와 같이 주장하였다.

1)인력과 비즈니스를 정확히 파악하라.

2)현실을 직시하라.

3)목표와 우선순위를 명확하게 설정하라.

4)적극적으로 추진하라.

5)실적에 대해 보상하라.

6)코칭을 통해 구성원들의 역량을 개발하라.

7)너 자신을 알라.

영업에서 실행은 전략과 함께 매우 중요한 요소이다. 따라서 이러한 영업조직에서 실행력을 올리기 위한 리더의 '일곱 가지 행동의 비밀' 중에 우선 1)'인력과 비즈니스를 정확히 파악해야' 실행에 도움이 된다는 제안은 큰 의미를 담고 있다.

우선 영업관리자는 영업 현장과 맡고 있는 비즈니스에 대한 실무적인 업무 이해가 필요하다. 영업관리자의 실무적인 업무 이해가 부족한 상황에서 훌륭한 조직의 실행력은 기대하기가 어렵다. 또한 업무의 이해 부족으로 영업사원들과의 커뮤니케이션도 쉽지 않을 수 있다. 반대로 관리자가 업무에 대해 빠삭한 실무 지식을 갖고 있을 때 조직의 실행이나 성과는 역시 우수하다. 또한 구성원들에게 역할과 임무를 주고 진행 정도를 체크하고 거래선과의 교감을 통해 실행하는 속도 또한 빠르다.

필자의 경험담이다. 과거 회사에 다닐 때 새로 부임한 상사가 있었는데 시간이 지났음에도 영업에 대한 이해도가 썩 나아지지 않았다. 그러자 조직 구성원들이 영업에 임하는 자세나 영업 성과 역시 리더의 영업 이해 수준을 크게 벗어나지 못하였다. 상사가 업무를 많이 이해할수록 조직에 대한 업무 실행력은 물론 성과의 질도 확연히 달라진다. 결국 상사가 업무를 많이 알수록 부하 직원들은 더욱 긴장하고 업무를 깊이 있게 하게 된다.

2)'현실을 직시하면' 실행에 도움이 된다는 제안은 1)의 개념과도 서로 통하는 의미를 갖고 있다. '현실을 직시하라'는 의미는 전략 부

서에서 마케팅 전략이나 영업 전략을 수립할 때 가장 먼저 해야 하고 중요하게 무게를 두는 환경 분석에 해당된다. 주요 개념으로 '3C 분석'은 '고객(Customer), 경쟁사(Competitor), 자사(Company)'의 분석을 의미한다. 단위 조직을 맡고 있는 영업관리자 역시 '3C'개념에서 현실을 직시해야 한다.

거래선과 최종 고객에 대한 개념, 경쟁사의 제품과 활동에 대한 개념, 자기가 맡고 있는 조직의 영업 능력과 수준 등의 현실을 직시해야 한다. 영업관리자가 맡고 있는 영업조직의 현실을 제대로 모른 채 전략에 대해 실행을 전개할 때 올바른 자원의 배분이나 전술 전개를 하기는 매우 어려울 것이다.

이런 이유로 영업관리자는 항상 영업 현장과 고객을 중심으로 활동을 해야 한다. 영업관리자가 현장을 이해하는 순간 전략에 대한 이해도나 전술을 현장에서 전개하는 방법이 달라진다. 더욱 구체적이고 사실적이 될 수 있다. 이런 구체성은 실행의 차이로 연결되어 조직의 성과로 나타날 수 있다.

3)'목표와 우선순위를 명확하게 설정'하면 실행의 효과를 더욱 높일 수 있다고 하는 개념이다. 사실 영업은 소소하게 할 일이 참 많은 조직이다. 영업사원들의 수첩을 살펴보면 할 일들과 미결 업무로 늘 빽빽하다. 거기에 하루에도 수십 건씩 본사로부터 정보와 할 일들이 메일로 또 내려온다. 수첩에 있는 이런 일들을 나누어 보면 성과와 관련이 없는 수비적인 업무와 성과와 직접적으로 관련이 있는 공격

적인 업무로 나누어진다.

그러므로 영업관리자는 영업사원들이 해야 할 일들을 정확히 알고 우선 순위를 정해줄 필요가 있다. 해야 할 일들은 많지만 그 중 조직에서 성과와 연결될 공격적인 업무를 가장 우선으로 설정해야 한다. 그러기 위해서는 나머지 업무들에 대한 완급을 영업관리자가 잘 조정해 주어야 한다. 현장에서는 이런 것을 영업관리자가 "가지를 쳐준다"고 표현한다. 가장 최악의 영업관리자는 영업사원의 세부적인 업무를 파악하지도 않은 채 매출목표 대비 달성에만 관심을 두는 관리자다. 영업사원들이 현장에서 뛸 수 있도록 업무 조정을 명확하게 해줘서 영업에만 집중할 수 있도록 '영업효율성'을 높이는 것이 매우 중요하다.

4)당초 계획한 데로 실행을 '적극적으로 추진'해야 한다. 그러나 보통은 전략에 대한 실행 계획은 그럴싸하게 만들었으나 실행하는 단계에서 흐지부지 끝나는 경우가 적지 않다. 영업관리자는 실행에 대해서 세부적인 일정과 실행의 수준, 실행의 책임자를 분명히 정해서 추진해야 한다. 이러한 실행의 체계가 또한 조직에 문화로 반드시 정착해야 한다. 계획한 것은 반드시 체계에 의해서 실행한다는 것이 조직원들의 인식으로 자리를 잡아야 한다.

5)'실적에 대해 보상'을 하라고 한다. 그러나 영업조직에서는 그때그때 우수한 실행과 성과에 대해서 보상을 할 수 있는 인사 시스템이

안 되어 있는 경우가 많다. 하지만 영업관리자는 영업사원의 우수한 업적에 대해서 분명히 칭찬과 함께 성과를 인정하고 연간 평가와 보상에 반드시 반영을 해줘야 한다.

6)'코칭을 통해 구성원들의 역량을 개발'하면 실행에 대한 효율을 훨씬 높일 수 있다고 하였다. 예를 들면 본사로부터의 내려온 영업 정책에 대해 영업사원별로 이해하고 받아들이는 수준은 모두 다르다. 따라서 영업관리자는 항상 업무를 통하여 영업사원들을 육성하고 개발하는 것이 바람직하다. 또한 영업관리자는 교육을 통해 새로운 환경에 적합한 필요한 영업 역량을 키워야 한다.

팀 어시니 외 2명이 저술한 『영업의 결정적 순간, 코칭이 답이다』라는 책에서 유능한 코치의 역할을 다음과 같이 서술했다.

1)목표와 동기부여 방법을 이해한다.
2)효과적인 질문을 한다.
3)경청한다.
4)신중하게 생각하고 분명하게 말한다.
5)전략을 짜고 문제를 해결한다.
6)목표를 성취하기까지 장애물을 뛰어넘는다.
7)사람들이 행동하고 해결할 수 있게 만든다.

위와 같이 영업관리자는 조직의 영업 역량은 개인 역량의 합이라는 차원에서 영업사원을 끊임없이 육성해야 한다.

마지막으로 7)조직을 맡고 있는 영업관리자, '너 자신을 알라'는 것이다. 영업의 실행에 있어 영업관리자의 자질은 가장 중요한 으뜸 항목이다. 조직을 운영하는 실무적인 영업 지식 이외에 종합적인 리더십이 중요하다. 필자가 재직 시에도 가끔 보면 어떤 관리자는 자기 소속의 부하 영업사원들을 칭찬하는 관리자가 있는 반면에, 어떤 관리자는 항상 영업사원들의 역량 부족으로 성과를 제대로 내지 못한다고 불만을 토로한다. 후자와 같은 관리자를 부하 직원들은 과연 어떻게 평가할까?

그리고 영업관리자는 목표를 정하고 조직이 그 방향으로 가도록 만드는 사람이다. 또한 본사로부터의 영업 전략에 대한 실행 계획 수립, 솔선수범, 혁신에 대한 의지 등 관리자의 역할은 매우 중요하다.

과거의 영업 방식으로 무조건 현장을 발로 바쁘게 누빈다고 성과가 나오는 것은 아니다. 올바른 실행으로 최대의 성과를 내는 영업 현장의 총책임자는 바로 영업관리자이다.

조직의 성과를 책임지고 있는 관리자 자신이 본인의 위치와 자신의 강,약점을 분명히 알고 영업사원들과 조직을 함께 이끌어 가는 것이 이 시기에 더욱 중요하다.

맞춤 육성 전략으로
고성과 영업조직
구축

영업조직에 있어 매출의 시작은 매월 1일에 시작해서 통상 월말에 마감을 하게 된다. 필자의 경우 영업을 30년 했으니 영업 마감은 통상 360번 정도는 한 셈이다. 지나간 시절에 영업 마감을 회고해 보면 만족스럽게 영업을 마감했던 순간보다는 항상 아쉬웠던 순간이 많았던 것 같다. 이것은 비단 필자 개인만이 느끼는 감정은 아닐 것이다. 왜냐면 항상 주어진 매출 목표를 깔끔하게 100% 달성한다는 것이 그렇게 생각만큼이나 쉽지 않기 때문이다.

매달 매출목표를 위한 하루하루 영업활동의 과정은 사실 긴장과 어려움의 연속이다. 그 결과 월말에 매출 마감을 하고 나면 어떤 경우에는 어려운 영업 환경에서도 목표 대비 100%를 초과 달성하여 기쁨을 맛 본 경우도 있지만 대부분 뭔가 2%가 부족한 98%로 마감을 하는 경우가 많았다.

여기서 98%라는 의미가 매출 달성률이 98%라는 것이 아니라 100%를 약간 밑도는 목표 달성을 의미하는 것이다. 이렇게 100%를 약간 모자라게 달성하는 것을 우리 영업인들은 "2%가 부족하다"는 식으로 표현하곤 한다.

목표 달성을 위해 최선을 다한 한 달이지만 결과는 항상 작은 수치의 차이로 목표 달성과 미달성으로 나누어진다. 이때의 기분은 영업조직뿐만 아니라 개인적으로도 아쉬움과 허탈감이 든다. 가끔은 조직에 죄인이 된 기분을 느낄 때도 있었다. 매월 초 마케팅팀에서는 항상 전월의 영업 결과를 두고 원인 분석을 하게 된다. 조직별, 유통별, 지점별, 점포별, 영업사원별로 다각도로 분석을 한다. 결과는 항상 비슷하다.

똑같은 영업 상황인데도 어떤 조직, 어떤 유통, 어떤 사원은 100%를 훨씬 초과한 반면에 어떤 조직은 늘 100%에 턱 없이 부족한 실적을 보인다. 회사 전체의 매출을 책임지고 있는 마케팅팀으로서는 회사 전체 매출 목표를 달성하지 못한 원인은 늘상 2%가 부족했던 조직으로 돌릴 수밖에 없다.

그렇다면 저성과(C-Performance)를 내고 있는 영업조직을 어떻게 하면 고성과(A-Performance)를 내는 조직으로 만들 수 있을까? 하는 것이 본부 경영진의 중요한 관심사였다.

'저성과 조직과 저성과 영업사원(저성과자)들이 조금만 더 잘해 주면 회사 전체로 100% 매출 목표를 달성하면서 계획된 이익도 달성할 수 있을 텐데' 하는 생각이다. 저성과(C-Performance)에서 중간성과(B-Performance)로만 올라가도 조직 전체로는 100%를 초과할 수 있다는 생각에서 저성과 조직과 저성과자(C-Performer)에 대해 여러 측면에서 대책을 강구하고 조치를 취하게 된다.

흔히 하는 저성과(C-Performance) 조직과 저성과자(C-Performer)에 대한 개선 대책으로 조직 내에서 탁월한 성과를 내는 스타 지점장이나 영업사원들을 통한 우수사례(Best Practice) 전파 강의나 개인별 성과 부진에 대한 원인 분석과 개선 대책을 발표하는 것이다. 그러나 이러한 대책은 영업을 하는 모든 조직에서는 기본적으로 하고 있을 것이다.

또한 B2C인 경우 잘하는 점포를 직접 방문하여 점포 진열에서부터 운영까지 우수 지점장으로부터 직접 영업 노하우를 전해 듣기도 한다. 그럼에도 목표 미달성의 횟수가 많아지고 개선이 되지 않는 경우에는 정신력의 문제로 간주하여 무박2일의 극기훈련 차원의 산행이나, 해병대나 공수부대 등의 특수부대 병영체험 등을 하면서 목표 달성에 대한 의지를 보이기도 한다.

사실 국내에서도 비즈니스 영역별로 정말 탁월한 영업 성과를 내는 우수 영업사원과 명장들이 수없이 많다. 그 예로 매년 발표하는 자동차 판매왕이나 보험왕, 홈쇼핑 대박 판매왕 등의 성공 사례들을 보면 경영학이나 마케팅의 이론으로는 도저히 설명을 할 수 없는 자기 나름대로의 판매 방법들이 대부분이다. 그리고 영업조직에서는 이러한 성공 사례들을 조직에 접목하여 똑 같은 기대효과를 내고 싶은 유혹에 빠지게 된다. 그러나 이제껏 신문지상에서 이런 우수 사례들을 조직에 전파하여 똑같이 좋은 효과를 냈다고 하는 기사는 아직 본 적이 없다.

왜 이런 일들이 안 일어날까. 분명히 성공한 사례가 있는데…. 그렇다. 이유는 영업사원들이나, 영업조직이 갖고 있는 특성이나 상황이 모두 다르기 때문이다.

B2B인 경우 전반적인 영업 환경과 경쟁 여건이 다르고 영업스타일을 포함한 영업의 인적 구성에서 크게 차이가 난다. B2C인 경우에도 역시 지역별 영업 요건(상권력, 점포력)들이 모두 다르고 차이가 있다는 것을 인정하고 접근을 해야 한다. 동일한 증상에 대한 동일한 처방으로는 상황을 개선하기가 힘들고 조직은 시행착오로 자원만 낭비하게 된다.

해외에 있는 사례들도 눈여겨 보자. 2000년 초 자동차 산업과 전혀 관련이 없는 비즈니스 영역의 국내 대기업들과 해외 유수 기업들이 일본의 도요타자동차를 벤치마킹 하였다. 도요타의 혁신적인 생산 방식과 경영혁신에 대한 현장 사례들을 직접 보고 듣기 위해 삼성전자에서도 필자를 포함하여 많은 임원들이 도요타를 방문하였다. 이때 도요타의 생산라인은 물론 심지어 도요타에 부품을 납품하는 작은 협력회사까지 방문하여 혁신 사례들을 배웠다.

그러나 그 이후 도요타를 벤치마킹 하여 좋은 혁신 사례를 접목했다는 사례 역시 아직 알려진 게 없다. 아무리 보고 듣는다고 하여도 그들처럼 할 수는 없다. 다른 이의 성공 사례를 보고 우리 상황에 맞게 만드는 것은 매우 어렵기 때문이다.

도요타의 벤치마킹의 사례에서 보듯이 벤치마킹으로 조직을 상향 평준화시킨다는 것이 그렇게 쉽지만은 않다. 그럼에도 영업조직에서 목표 달성에 2% 부족한 저성과 조직과 저성과자를 앞으로 계속 물고 늘어질 것인가. 그들만 개선시키면 정말 부족한 매출 차질분 2%를 채울 수 있을까. 필자의 지금의 생각으로는 아니라는 생각이 오히려 더 크다. 목표를 근본적으로 달성할 수 있는 새로운 방법을 강구해 봐야 한다.

우선 필자는 기업에서 사업 계획이나 중장기 전략을 수립할 때 썼던 SWOT분석에 대한 개념을 응용해볼 것을 제안한다. 매우 간단한 비즈니스 툴이지만 강력하다. 영업에도 접목시켜보자. 강점(Strength), 약점(Weakness), 기회(Opportunity), 위협(Threat)에서 우리 영업조직의 영업 역량 중에서 강점과 약점을 잘 활용해보자. 조직 내에서 강점을 갖고 있는, 즉 고성과를 내고 있는 영업조직을 더 강화시키고 아울러 영업역량이 약한 저성과 조직을 함께 육성시켜 보자는 것이 필자의 생각이다.

기업은 고성과(A-Performance) 조직과 고성과자(A-Performer)에

대해서는 저성과 조직과 저성과자에 비해 다소 다른 후한 배려를 한다. 조직 내에서는 성과가 좋다는 이유로 별도의 교육이나 행사에 참여하는 대신에 빨리 현장에 돌아가서 성과를 내는 것에 몰입하라고 배려 아닌 배려를 한다. "너희들은 잘하니까 이대로 열심히만 해줘"가 회사들이 일반적으로 하고 있는 패턴이다.

그러나 일반적으로 우수성과를 내고 있는 고성과 조직인 경우 대체로 조직에서 저성과 조직보다 B2C인 경우 매출 규모가 큰 점포를 맡고 있고, B2B인 경우에도 대형 거래선을 갖고 있는 경우가 많다. 매출 규모가 작게는 3배에서 5배 정도의 차이가 난다. 매출 목표가 큰 고성과 조직과 영업사원인 경우 양면성을 갖고 있다. 영업이 잘되면 성과를 더 높게 낼 수도 있는 반면에 영업이 잘 안되면 조직의 목표 달성에 더 큰 매출 리스크를 줄 수도 있다.

따라서 필자의 과거의 영업 경험과 이론적인 전략을 바탕으로 조직의 성과 관리에 대한 세 가지 대책을 아래와 같이 제시한다.

첫째, 고성과를 내는 우수지점이나 영업사원을 전략적으로 더 강하게 만들어라.

고성과를 내는 우수지점이나 영업사원은 나름대로의 영업방법을 알고 있다. 그러나 남의 것을 잘 인정하려고 하지 않는 부분이 있다. 그들만의 메이저 리그를 만들어서 리그별 매출 경쟁을 시켜보자. 매출 규모가 큰 장에서 경쟁을 붙이고, 잘하는 메이저끼리 노하우를 공유시켜 조직의 시너지를 더 크게 만들어 보자.

이것은 앞에서 설명한 SWOT분석의 네 가지 전략 대안 중에서 첫째 전략 대안인 'SO(Maxi-Maxi) 전략'이다. 기업이 갖고 있는 내부적인 강점(Strength, 고성과 조직)을 최대한 활용하여 영업의 외부적인 기회(Opportunity)를 최대한 살리고, 최고의 성과를 내자는 것이다.

예를 들면 저성과 조직인 경우 3억 원 매출 목표에 10%를 개선시키면 3,000만 원이 늘어나지만 고성과 조직의 경우 10억 원 매출 목표(저성과 조직×3배 매출 규모)에 10%를 성장시키면 1억 원의 추가 매출 효과가 있다. 이제 고성과 조직과 저성과 조직의 양 날개를 함께 돌리자. 한쪽 날개만 돌리면 날지 못한다. 제자리에서 맴돌고 만다.

둘째, 맞춤 전략으로 마이너리그의 저성과자를 육성시켜라.

최근 제조, 생산의 화두는 대량 고객화(mass customization)이다. 그러나 영업은 소량 고객화, 개별 맞춤화가 절실히 필요한 시점이다. 잘게 썰어서 디테일하게 맞춤 육성 전략을 수립하자. 영업사원 개인과 점포 개별로 특성을 인정하고 맞춤별 육성 전략으로 나가야 한다. 육성 전략에 대한 일괄 표준화 전략 역시 성장기에 전략이다.

미국의 인사관리 학자인 베스 악셀로드(Beth Axelrod) 외 두 사람은 2002년 1월 「하버드 비즈니스 리뷰」에서 "저성과자 관리법(A New Game Plan For C Players)"이란 논문을 발표하였다. 여기서 주목할 내용은 기업들 대부분이 내부 인재를 관리함에 있어서 '저성과자를 관리하는 기능이 부족하다고' 하였다. 또한 성공하는 기업은 최우수사원뿐만 아니라 저성과자도 함께 잘 관리하고 있다고 강조했다(112개사, 1만3,000명의 고위관리자 대상 설문조사, 27개사 집중 분석).

앞에서도 설명했듯이 SWOT분석의 네 가지 전략 대안 중에서 둘째 전략 대안인 'WO(Mini-Maxi) 전략'으로 기업이 갖고 있는 내부적인 약점(Weakness, 저성과 조직)을 최소화하고, 영업의 외부적인 기회(Opportunity)를 최대한 살려 높은 성과를 내게 하자는 것이다.

셋째, 벤치마킹이나 우수사례 확산을 전략적으로 하라.

어떤 특정지역이나 영업사원의 판매 우수사례를 절대로 여과 없이 바로 전사로 확산해서는 안된다. 영업의 깔대기에 집어 넣어 분석하고 또 분석해 보자. 시범 운영을 하여 가능성이 보이면 일반화하여 확산을 시켜야 한다. 검증이 안 된 판매 우수사례의 확산은 조직을 피로하게 하고 자원만 낭비하게 만든다. 본부의 지시로 할 수 없이 벤치마킹이나 우수사례를 접목하는 척하는 것은 조직에 혼선만 가중시키고 성과로도 연결이 되지 않는다.

성과자의 특성별로 각각 다른 맞춤 육성전략으로 조직 전체를 고성과 영업조직으로 구축할 필요가 있다. 고성과자는 더욱 더 강하게, 저성과자에게는 스스로 방법을 찾아갈 수 있도록 맞춤 육성 전략으로 조직 전체를 고성과자 영업조직으로 육성시켜 나가자.

전략 실행을 위한
최강 영업
조직 만들기

『실행에 집중하라』의 저자인 래리 보시디와 램차란은 "실행은 하나의 체계이며 전략의 일부분"이라고 했다. 그리고 "우리가 알고 있는 전술은 실행의 한 부분이며 실행과 전술은 동일한 의미는 아니다"라고 했다. 따라서 전체적인 계보를 정리하면 '전략→실행→전술'의 단계로 이해하면 된다. 그리고 실행을 성공하기 위해서는 비즈니스의 3대 프로세스 '①인력 프로세스', '②전략 프로세스', '③운영 프로세스'가 꼭 필요하다고 하였다. 실행이 제대로 되지 않는 기업은 이 세 가지 프로세스가 서로 유기적이지 않고 따로 움직이는 데 그 원인이 있다고 본다.

특히 영업 전략을 영업 현장에서 성과로 연결하려면 인력 프로세스가 제대로 잘 작동되어야만 한다. 다시 말하면 전략이 현장에서 현실성을 가지려면 반드시 인력 프로세스와 연계돼야만 한다. 그리고 인력 프로세스의 핵심은 결국 고객과의 접점에서 성과를 만들어 내는 영업사원에 달려 있다. 따라서 영업사원의 육성을 책임지고 있는 영업리더와 영업관리자는 '전략→실행→전술'을 위한 첫 단계인 전략을 영업사원이 이해하는 것이 실행의 기본이라 생각한다. 전략 실행을 위해서는 영업사원을 최강으로 전략화시켜야만 영업의 성과를 크게 할 수 있는 것이다.

과거에는 전략은 전략을 수립하는 부서에 있는 사람들만 알아야 하는 것으로 이해했다. 그러나 이제는 영업 현장에서 전략을 실행으로 옮기기 위해서는 영업사원의 필수 역량 중의 가장 으뜸이 전략을 이해하는 것이다. 최근 모 대기업에서 영업을 맡고 있는 스텝 인력들에 대한 교육 의뢰가 들어왔다. 소속팀장 임원은 "영업 스텝 인력들이 전략의 기본 내용조차도 이해하지 못해 일을 진행시킬 수가 없다"고 하소연을 하였다. 그뿐만이 아니라 전략과 전혀 상관 없는 공공기관에서도 필자에게 전략과 실행에 대한 교육을 의뢰하는 곳이 늘어나고 있다. 왜 공공기관에서조차 전략과 실행에 대한 교육이 필요할까?

과거에 영업사원들은 본부에서 만들어 준 전략을 단순히 실행만 하면 된다고 생각하고 전략에 대해서는 크게 중요하게 생각하지는 않았다. 그 이유는 영업사원들의 대부분이 성장기에 영업을 했기 때문에 전략의 중요성이나 필요성을 크게 느낄 수 없었다. 또한 영업은 누구나 할 수 있고 전문화된 기술이 크게 필요하지 않다고 생각했을 수도 있었다. 사실 지금 영업사원들의 백그라운드를 보면 굉장히 다양하다. '다양하다'는 표현은 '좋다'라는 의미가 아니라 '문제가 많다'라는 의미다.

예를 들면 영업에 오기 전에 연구개발을 했다든지, 생산부서, 구매부서, 소프트웨어 개발, 디자인 등 너무 영업과 관련이 없는 부분에서 일했던 사람들로 구성이 되어 있다. 또한 전공 또한 다양하여 과거 대학에서 경영학을 배운 적이 있는 사람의 비율은 5%도 채 되지 않는다.

신입사원인 경우도 마찬가지다. 입사하자마자 영업에 대한 기본적인 개념도 모르는 상황에서 간단한 제품 교육을 포함하여 시스템을 다루는 법 등의 기초적인 영업 교육만을 받고 현장에 배치되는 경우가 많다. 물론 입사 이후에 추가로 교육을 받긴 받지만 한동안 영업에 대한 입문 교육의 영업 지식을 갖고 현장에 투입되어 영업을 시작하게 된다. 그 이후에는 영업선배들로부터 구술로 비정형화된 영업 지식을 간간이 배우는 것이 거의 영업에 대한 지식의 전부이다.

설사 대학에서 경영학을 전공하였다고 해도 '마케팅 관리'나 '마케팅 원론' 과목에서 영업 관련한 내용을 배우는 것은 채 몇 시간이 되지 않는다. 이렇듯 영업이라는 것은 대학에서 정규 교과목도 없을 뿐만 아니라 영업에 관련한 내용을 대학에서 가르치는 곳도 찾아보기 어렵다. 그러나 기업의 성과인 매출은 고객과 접점에 있는 영업사원에 의해 최종 이루어진다. 과거 산업화시대에는 구매와 제조에서 경쟁력을 확보했다. 그러나 이제는 기술의 발달로 누구든지 높은 품질의 제품을 손쉽게 만들 수 있게 되면서 제조 경쟁력으로 시장에서 차별화하기는 점점 더 어려워져 가고 있는 것이 현실이다. 이젠 마케팅과 영업력에서 부가가치를 만들어야 한다. 필자는 다행히도 기업에서 마케팅과 영업을 다년간 경험했으며 박사학위를 받으면서 영업과 관계가 깊은 분야(경영학, LSOM: Logistics, Service, Operations, Management)를 전공하였다.

필자는 이러한 이론과 실무의 경험을 바탕으로 지금과 같은 불황기에서 영업 성과를 만들어 내기 위한 영업사원의 전략화를 아래와 같이 제안한다.

첫째, 마케팅 4P에서 7P로 전략 영업력을 강화하라.

제품과 서비스를 팔고 있지만 마케팅의 4P 개념을 정확히 모르고 있다면 얼마나 모순된 이야기인가. 특히 영업관리자인 경우 마케팅과 영업에 대해 체계적이고 이론적인 지식의 부족으로 영업사원들을 대상으로 현장에서 교육을 시킬 수 없다면 신입사원과 비교하여 영업 지식의 차이는 과연 무엇일까. 앞으로도 과거에 했던 밀어내기식(Push)의 영업성과를 무용담으로 후배들에게 계속 들려줄 것인가?

전통적인 마케팅믹스는 4P로 제품(Product), 가격(Price), 유통(Place), 그리고 판촉(Promotion)을 주어진 시기와 장소에서 가장 적합한 믹스를 어떻게 할 것인가 하는 차원이다. 마케팅 4P는 전통적인 제조업에서 출발하여 운영해 왔지만 서비스 산업이 발달한 20세기 후반에서는 마케팅 4P로 모든 전략을 운영하기에는 부족한 요소가 많다.

따라서 오늘날의 서비스 산업사회에서는 전통적인 마케팅 4P에 3P가 추가되었다. 3P는 '과정(Process)', '물리적 증거(Physical evidence)', '사람(People)' 등이 포함된다. 추가된 3P 중에서 우선 '과정(Process)'은 서비스 과정을 말하는 것으로 예를 들어 고객이 매장에 들어와서 나갈 때 까지의 전 과정을 말한다. 고객은 이 과정에서 서비스 품질을 평가하게 된다. 기업에서는 고객과 직원과의 접점에서 고객 만족을 높이기 위한 프로세스 개발 등의 연구가 필요하다.

다음으로 '물리적 증거(Physical evidence)'는 소비자들의 구매의욕을 이끌어 내기 위한 것으로 점포인 경우 점포 외관과 내부를 포함하여 점포 내의 모든 시설과 조명, 색상을 포함한 인테리어까지를 말하게 된다.

마지막으로 '사람(People)'은 영업과 관련된 구매자와 영업사원 등이 모두 포함된다. 영업사원인 경우 영업 품질에 영향을 미치는 복장, 외모, 태도, 그리고 행동에 대한 것들이 모두 포함된다. 특히 제품과 관련된 고객과의 상담에서는 영업사원의 전문적인 역량에 기반한 능력 등이 여기에 포함된다.

그리고 이젠 영업도 전략을 알아야 한다. 이러한 전략적인 전문역량 없이는 성공적인 영업을 만들어 낼 수 없다. 즉 영업사원의 역량에 따라서 판매를 성공시킬 수도 있고 실패할 수도 있는 것이다. 상담에서 구매로 체결이 안 되는 원인은 여러가지가 있겠지만 판매 체결의 실패를 제조차원에서 제품의 품질 불량으로 가정해 보자.

제조에서는 생산하기 전에 품질 불량을 없애기 위해 많은 노력을 한다. 또 생산한 이후에도 만일 품질 불량이 발견되면 그 원인을 밝히기 위해 지속적으로 개선 활동을 한다. 그러나 영업조직의 영업관리자와 영업사원은 과연 어떤가. 영업에서의 품질 불량, 즉 판매 실패 혹은 구매 전환의 실패를 단순히 경쟁사 대비 제품력이나 판매 조건의 열세 혹은 가격 조건 등으로 그 원인을 돌려 버리는 경우는 없는가? 이제 영업사원은 과거의 전통적인 마케팅 4P는 물론 영업에 적용되는 확장된 마케팅믹스인 7P를 기본적으로 숙지하고 전략화해야 한다.

영업력 강화가 물론 마케팅믹스 7P만이 아니다. 이것 이외에도 고객의 기대와 지각에 대한 개념으로 고객 만족과 서비스 품질에 대한 개념과 진정한 CRM에 대한 개념인 고객관계 구축에 대한 개념 등은 기본적으로 알고 있어야 한다.

필자의 후배인 전종대 사장은 삼성전자에서 컴퓨터 관련한 IT마케팅과 영업을 주로 하였다. 그는 다른 후배들과 다르게 항상 그가 맡고 있는 IT관련한 제품 지식은 물론 마케팅과 영업 공부를 많이 하였다. 그 결과 그는 재직 당시 항상 남다른영업성과를 보였다. 또한 조직에서 나와 IT관련한 소프트웨어 회사인 이지닉스(EZNIX)를 창업하여 지금까지 성공적으로 사업을 잘 운영하고 있는 훌륭한 경영자가 되었다.

둘째, 영업 전략을 영업전술로 성과와 연결시켜라.

B2C인 경우 매출은 통상 '상담 고객수×판매성공률×고객 당 구매금액'으로 표현한다. B2B인 경우에도 크게 다르지는 않다. 하버드대 비즈니스스쿨의 프랭크 세스페데스 교수 역시 『영업혁신』이라는 책에서 영업생산성을 '역량×거래 성사율×매출 대비 수익'으로 표현하였다.

여기서 '판매성공률'이나 '거래성사율'은 동일한 개념이다. 즉 영업사원이 잠재고객을 대상으로 판매에 성공한 비율을 말하는 것이다. 이렇게 판매에 성공할 수 있는 역량은 무엇일까. 앞에서 언급한 마케팅 7P가 기본적인 역량교육이라면 단기적으로 시장과 경쟁과 관련된 영업 정책에 대한 숙지는 영업 스킬로 볼 수 있다.

B2C의 유통업인 경우 매월 혹은 주 단위로 영업 정책들이 나오는 경우가 많다. 영업 정책은 주로 그때 시장 상황과 경쟁사의 전략에 맞춰서 고객을 놓치지 않기 위하여 하는 판촉 내용들이 중심이다. 이런 주 단위 정책을 고객의 관점으로 해석하여 접객에 얼마나 잘 대응하느냐가 또한 판매 성공의 한 요소이다. 특히 유통영업인 경우 상권 내 경합점과 경쟁사 제품에 대한 지식을 항상 숙지하고 있어야 한다. 또한 고객 관리와 매장 관리에 대한 개념으로 상권 내 유효 고객 확보 및 관계 유지와 매장 청결을 기본으로 한 진열 연출이 중요하다.

B2B인 경우에도 과거에는 발품을 많이 팔고 고객을 많이 만나면 된다고 하였다. 그러나 이제는 과거와 다르게 영업을 체계화할 필요가 있다. 고객에 대한 개념으로 솔루션을 설계해줘야 한다. 특히 기

존 고객에 대한 고객 관계 관리의 구축으로 신규 고객이나 추천 효과가 발생할 수 있도록 해야 한다. 또한 영업의 파이프라인 관리에서 개인별 파이프라인의 중요성 인식으로 가망 고객 확보 노력과 기존의 가망 고객을 실고객으로 전환하는 비율을 더욱 늘려 나가야 한다.

마지막 셋째는 영업사원은 전략 실행을 위해서 '마케팅 프로세스'를 반드시 이해해야만 한다. '마케팅 프로세스'의 이해는 본부로부터 매달 정기적으로 내려오는 판매 정책이나 전략에 대한 프로세스와 전략을 중심으로 시장의 판이 돌아가는 것을 좀 더 이해하자는 개념이다.

앞에서 설명한 고객과 경쟁사와 자사의 능력을 분석하는 미시적인 '3C 환경 분석'에서 시장 세분화, 표적시장, 포지셔닝 등의 마케팅 전략을 수립하게 된다. 이때 시장 세분화, 표적 시장, 포지셔닝 등의 마케팅 전략이 본부에서만 필요한 아주 고상한 전략은 결코 아니다.

지역 영업 단위별로 가지고 있는 시장과 고객에 대한 전략을 수립할 때에도 반드시 고려할 사항들이다.

그리고 앞에서 설명한 전술적 마케팅의 7P, 4P, 4C에 대한 개념들이다. 마지막으로 실행단계에 있는 영업조직에서는 마케팅의 7P, 4P, 4C를 중심으로 고객과 접점에서 영업을 진행하게 되는 프로세스이다. 실행 이후에는 영업에서 실행한 결과가 당초 목표 대비 어느 정도의 성과를 거두었는지 면밀히 평가할 필요가 있다.

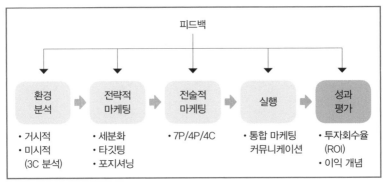

일반적인 마케팅 프로세스

목표 대비 성과에 대한 부분으로 매출, 이익, 시장점유율, 기존 고객 유지 및 신규 고객 확보 등 영업 비즈니스별로 목표에 대한 성과를 평가하고 다시 해당 조직으로 피드백하여 개선을 하게 되는 전반적인 프로세스이다.

위의 그림에서 보듯이 전체적이 기업의 '마케팅 프로세스'에서 마지막에 성과를 내는 단계는 결국 영업조직이 속해 있는 실행 단계이다. 그리고 최전선에서 성과를 내는 사람 역시 CEO도 임원도 아닌 영업사원들이다. 따라서 전략을 현장에서 실행으로 옮기는 영업사원이 전략을 이해하는 것이 본부에서 전략을 만드는 일 만큼이나 중요하다. 왜냐하면 본부에서 만든 전략을 풀어 헤쳐서 현장에서 성과를 내는 사람이 영업사원이기 때문에 본부의 전략가와 현장의 영업사원이 함께 전략적이 되어야 한다. 현장의 영업사원이 본부의 전략을 이해하고 실행으로 옮길 때 성과는 더욱 높아진다. 전략적인 실행을 위한 영업사원을 최강으로 전략화시키자.

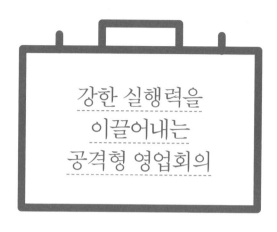

강한 실행력을
이끌어내는
공격형 영업회의

불황으로 인해 시장이 저성장기에 놓이게 되면 만드는 것보다 파는 것이 점점 더 어려워지게 된다. 만들어진 제품과 서비스를 유일하게 고객에게 매출로 연결하여 성과를 만들어 내는 부서가 바로 영업이다. 그래서 불황이 장기화될 경우 기업의 존속여부를 결정짓는 핵심적인 부서 중의 하나가 또한 영업이라고 했다.

이렇듯 과거에 비해 그 역할이 점점 중요해지는 영업조직에서의 영업회의는 의사결정 프로세스 측면에서 단순한 회의 수준의 중요도를 훨씬 뛰어넘고 있다. 제조업에서 직접 유통을 갖고 있는 전속유통인 경우에는 이 영업회의에 의해서 결정된 목표만큼만 생산하게 되며 그나마 팔지 못하게 되면 결국 공장에 재고로 쌓이게 된다. 순수 유통업인 경우에도 판매를 일정 수준인(손익 분기점, BEP: break-even point) 이상 팔지 못하면 기업이 손해를 보게 되고 결국 적자를 낼 수밖에 없다.

영업조직 구조는 대체로 지역별 영업조직 구조와 제품별 영업조직으로 구성되어 있는 경우가 많다. 지역별 영업조직 구조의 조직은 본사의 총괄 영업 본부장과 지역별 영업 지사장 체제로 되어 있는 경우가 많다. 다시 지역별로는 지사장 아래에 단위 지역별 지점 체제(지점장, 관리자)로 구성된 경우가 많다. 예를 들면 경북지사장 아래 대구지점장이 속해 있는 그런 식이다.

영업조직에 있어서 영업회의는 항상 부담스럽다. 영업은 대체로 재무성과 중심으로 관리를 하는 조직으로 목표 대비 실적이 뚜렷하기 때문이다. 조직별로는 지사 단위로 매월 그리고 누계로 영업 실적에 대한 상대적인 등수가 매겨지고 단위 조직인 경우에도 역시 지점 단위로 전국 기준의 등수가 매겨진다. 이런 이유로 영업을 맡고 있는 관리자들에게 영업회의는 항상 긴장감이 있기 마련이다. 흔히 하는 이야기로 '영업은 숫자가 인격이다' 할 정도로 매출과 이익 목표 달성 여부에 대한 결과에 매우 관심이 집중되어 있다. 회의 진행 내용이 주로 매출 목표와 결과를 두고 하는 경우가 대부분이기 때문이다.

청담 신세계 푸드마켓의 이혜정 점장은 서강대 경영전문대학원에서 박사 과정을 밟고 있다. 직장생활을 하면서도 결석 없이 공부를 열심히 하는 학생이다. 가끔 영업과 시황에 관련한 대화를 나누는데 한번은 이마트의 영업회의에 대해 필자가 물었다.

"신세계 이마트는 어떤 방식으로 영업회의를 하고, 또 얼마나 자주 하나요?"

질문에 그녀가 답해주는 이마트의 영업회의에 대해 듣는 순간, '아! 이래서 이마트가 잘 되고 있구나' 하는 생각이 들었다. 중요한 내용 중에 일부는 다음과 같다.

"월말에 마감을 하고 월초에 본부 주관의 전국 이마트 점장회의를 하는데 본부는 전사 기준으로 총 매출과 이익에 대한 목표 대비 달성에 대한 것을 먼저 리뷰해요. 다음으로 전국 160개 점포에 대한 달성률 순위(매출과 공헌이익 등에 대한 달성률 외 KPI 진척 수준)에 대한 발표로 본부의 리뷰는 짧게 끝내고 주로 점장들 간에 영업에 대해 우수한 사례나 경험을 서로 공유하는 시간을 갖죠."

예를 들면 회의 전에 이마트 본부에서는 특정 이마트 점장에게 전월에 우수했던 영업 부문에 대해 발표를 부탁하고, 부탁을 받은 점장은 자료를 간략하게 작성하여 전국의 이마트 점장들에게 사례를 발표하고 서로 공유하는 시간을 많이 갖는다는 것이다.

또 그녀는 우수 사례와는 반대로 부진했던 부문에 대해서도 서로 공유할 수 있는 시간을 가짐으로써 조직 전체가 시행착오를 다시 하지 않고 상향 평준화될 수 있는 기회의 장이 되기 때문에 이마트의 영업회의는 굉장히 유익한 시간이다라고 하였다.

또 점장들은 회의를 마친 후 소속점으로 돌아가 직원들에게 회의 내용을 다시 전파하여 조직 전체가 같은 방향과 눈높이를 가지려고 한다고 덧붙였다. 정말 필자가 예상하지 못했던 의외의 대답이었다. 이혜정 점장은 항상 긍정적이고 매사에 열정을 갖고 영업을 위해 고민을 많이 하는 것 같았다. 그리고 학교에서 배운 것은 바로 본인이 맡고있는 점포에 접목하고 조직원들에게 전파 교육을 하여 성과로 연결시키려고 노력하는 부분이 매우 돋보였다. 참 훌륭한 점장이자 학생이라고 생각한다.

이에 반해 일부 기업의 영업조직은 아직도 본부 주관의 회의를 하기 전에 회의시 윗사람의 돌발적인 질문에 답변을 하기 위한 참고자료, 소위 커닝페이퍼를 만들기 위해 2~3일 이상을 허비하는 경우가 많다고 한다. 대부분 전월 판매 실적 부진에 대한 원인과 변명 자료를 만드느라 한 달의 10%정도인 3일을 쓸데없는 일에 소모하고 있는 것이다. 본부의 발표 자료 역시 지나간 실적에 대해 이리저리 분석한 자료를 장시간에 걸쳐서 발표를 한다. 또한 영업의 CEO는 목표를 미달성한 영업관리자를 채근하는데 많은 시간을 할애하는 경우도 허다하다고 한다.

그래서 진작 차월 목표 달성을 위한 전략이나 전술에 대한 부분은 깊이 있게 토론도 못한 채 미흡하게 회의를 마친다고 했다. 이 두 기업 간의 영업회의에 대해 얼마나 많은 차이가 있는가! 필자는 이런 것을 두고 항상 축구에 비교하곤 한다. 과연 어느 기업의 영업회의가 공격형인가? 또 수비형의 기업은 어느 기업인가? 물론 분석을 하여 올바른 대책을 수립하는 것도 중요하다. 하지만 회의 방식의 차이에 따라서 영업 현장에 있는 많은 인력들이 성과와 전혀 상관없는 일을 하게 되고 쓸데없이 눈치를 보는 쪽으로 이상하게 바뀌어 가고 있는 것이다.

이제 영업회의는 강한 실행력을 이끌어 낼 수 있고 그 실행력으로 성과를 낼 수 있는 공격형 영업회의를 해야 한다. 2017년 5월 20일자 「매일경제」 기사에 의하면 조성진 LG전자 부회장은 '1등 방정식'을 강조하였다. 이는 **'1등 방정식'=(구성원의 열정, 비전)×(효율, 스피드, 실행력)**이라는 함수로 설명을 했다. 물론 전사 차원에서 일하는 방식의 변화를 위한 다섯 가지 요소를 강조하였지만 영업과 조직의 성과에 특히 관련이 큰 것은 아무래도 '스피드'와 '실행력'인 것 같다.

이제 영업회의는 회의를 통하여 전략과 전술을 공유하고 자기 지역에 맞는 맞춤 전술로 변환하여 누가 더 빨리 실행으로 옮기느냐가 관건인 것 같다. 필자는 이러한 경험과 실행에 대한 이론을 바탕으로 영업회의에 대해 아래와 같이 제안한다.

첫째, 강한 실행력을 이끌어 낼 수 있는 본부 주도의 월간 영업 전략 회의를 운영하라.

본부 주도의 월간 영업 전략 회의는 대체로 월초에 하게 된다. 전국의 영업리더들이 모이는 관계로 우수 사례들과 당월 정책에 대한 세부 달성에 대한 방안들을 충분히 공유해야 한다. 영업회의로부터 당월의 목표 달성을 위해 조직 전체가 강한 실행 마인드를 갖게 하는 것이 무엇보다도 중요하다. 기존의 회의들이 과거, 지나간 실적에 대한 분석과 질책 중심이었다면 저성장기에 월간 영업회의 방식은 완전히 바뀌어야 한다.

영업을 하면서 느낀 것으로 필자가 갖고 있는 구절이 하나 있다. '탁상 전략과 건성 실행'이라는 구절이다. 본부에서 수립한 영업 전략이 현장과 시장을 제대로 알지 못하고 수립한 전략, 즉 '탁상 전략'인 경우 영업을 시작하기도 전에 이미 영업 현장의 인력들은 이 '탁상 전략'으로는 월간 매출 목표를 달성하기가 어렵다고 판단하고 아예 시도조차도 하지 않을 수 있다.

특히, 이러한 탁상 전략이 영업 현장에서 제대로 움직이지 않는 '건성 실행'으로 연결 될 때 성과는 굉장히 부실한 결과를 낳고 만다.

과거 성장기에는 이러한 부분들이 작은 실적의 차이를 보였다면 지금과 같은 저성장기에서는 굉장히 큰 차이로 나타난다. 전국 이마트 점장의 월간 영업 전략 회의처럼 회의를 통하여 자기 점포의 현재 위치와 차월의 실행 목표를 달성하기 위한 구체적인 계획을 수립할 수 있는 영양가있는 영업 전략 회의가 돼야 한다.

둘째, 영업관리자는 단위 지역별 목표 달성을 위한 세부적인 실행 회의체를 운영해야 한다.

유통영업을 하는 B2C 유통점장들이나 혹은 B2B 조직을 맡고 있는 영업지점장들은 단위 조직의 월간 영업회의를 통하여 영업사원별 목표와 구체적인 달성을 위한 영업회의를 시행해야 한다. 사실 본부의 월간 영업 정책은 B2B나 B2C, 그리고 지역별 실정에 맞게 맞춤 전략을 모두 만들어줄 수는 없다. 따라서 영업관리자들은 본부의 정책을 지역별, 거래선별, 혹은 자기가 맡고 있는 점포에 맞게 정책을 활용할 수 있도록 구체적인 실행 계획을 만들 필요가 있다.

영업조직에서는 영업사원별 월간 목표를 일별 단위로 관리하는 것이 보통이다. 따라서 주간, 일간으로 나누어진 목표에 대한 진척 사항을 보고, 영업관리자는 특별히 이상을 보이는 영업사원 실적에 대해서는 별도의 회의나 시간을 갖고 원인과 지원 방안을 수시로 협의해야 한다.

영업관리자는 항상 영업사원들과 목표를 함께 만들어 가는 멤버라는 생각을 해야 한다. 과거의 영업관리자처럼 영업사원을 질책을 하고, 목표 달성에 대한 과정은 모르겠고 결과만을 요구하는 푸쉬(Push)형 영업관리자가 되어서는 안된다.

일간 목표가 모여 주간 단위의 목표가 되는 것이다. 일간 목표에 대한 미달성이 누적이 되면 주간 단위로는 더 큰 단위의 미달성 숫자가 발생하게 된다. 영업관리자는 항상 영업사원들의 실적과 영업 실적에 대한 추세 관찰을 통해 영업사원이 갖고 있는 문제를 사전에 공유하고 관심을 가져야 한다.

특히 유통 영업인 경우 영업관리자가 영업사원과 바로 같은 매장에 있기 때문에 영업의 문제점을 알기가 비교적 쉬운데 반해 B2B인 경우는 영업사원들이 주로 독자적으로 외부 활동을 하기 때문에 거래선과의 영업 진행사항을 영업관리자가 구체적으로 알 수가 없고 전적으로 영업사원들에게 의존할 수밖에 없다. B2B인 경우 중간중간에 과정 관리를 하지 않고 월말에 미달성된 숫자를 두고 영업사원을 질책하고 무조건 목표를 달성하라고 윽박질러도 영업사원이 차질난 매출을 메꿀 수 있는 방법은 없다. 만약 해결을 한다면 그것은 바르지 못한 방법으로 이루어지는 비정도 영업이거나 편법일 가능성이 더 크다.

이런 차원에서 영업관리자는 월간, 주간, 일간 단위로 영업회의를 통하여 과정 관리를 잘 해야 한다. 이렇게 디테일 하게 관리한다는 의미가 영업사원을 옭아매고 꼼짝 못하도록 소위 '쫀다'는 의미보다는 영업 관련한 세부적인 사항에 대해 영업사원의 말을 잘 경청하고 어려운 부분에 대한 본인의 계획이나 영업관리자의 도움이 필요한 것을 함께 적극적으로 해결을 한다는 의미이다.

셋째, 영업관리자는 영업회의를 통하여 영업사원을 육성할 수 있어야 한다.

영업 관련한 목표는 명확하다. 주로 매출 목표에 대한 달성율, 이익, 성장률, 시장점유율, 고객 만족도, 고객유지율 등으로 명확한 재무적 지표를 핵심 성과 지표로 많이 사용하고 있다. 재무적 지표는 측정이 명확하고 영업 부서 간의 성과를 비교하기가 매우 쉬운 장점이 있다. 그러나 영업관리자는 이러한 재무적 지표를 만들어 내는 과정 요소인 운영 지표(operational measures)를 함께 관리를 해야 한다. 사실 일부 학자들은 "재무 지표는 운영 지표가 좋아지면 자연히 따라오게 되어 있다"고 주장하기도 한다.

영업조직에서 매출과 이익 중심의 결과만을 챙기다 보면 결과를 만들어내는 과정을 챙기는 것은 자연히 소홀히 할 수밖에 없다. 운영 지표는 영업조직별로 다를 수 있지만 크게는 네 가지로 되어 있다. 우선 ①재무적 지표 이외에 ②고객 관점으로 성과에 영향을 주는 고객 만족도, 배송 시간, 고객 불만 건수 등을 들 수 있고 다음은 ③내부 비즈니스 프로세스 관점과 마지막으로 ④학습 및 성장 관점 부분이 있다.

특히 학습 및 성장 관점 부분은 영업조직이 지속적으로 성장하고 매출 목표를 달성하기 위해서는 영업사원들에 대한 끊임없는 교육과 생산성을 올리기 위한 코칭 등의 노력들을 아끼지 말아야 한다. 물론 이런 지표들은 전사 차원의 성과 측정 지표에 반영이 되어 관리가 되어야 하나 반영이 되지 않더라도 영업관리자는 균형된 시각에서 단위 조직의 영업사원들의 역량을 강화하면서 끌고 가야 한다. 이것은 마치 모든 영업사원들이 기본적인 체력을 끌어올리기 위해 헬스 트레이닝으로 근력을 키우는 것과 같은 의미이다.

영업관리자는 단기적인 시각에서 목표 달성만을 위해 영업사원들에게 매출에 대한 숫자만을 요구할 것이 아니라 숫자를 만들어 내는 과정관리 요소들을 함께 정하여 영업사원들을 관리하고 육성을 해줘야 한다.

이상과 같이 영업회의가 과거 성장기에 단순히 지나간 실적을 분석하는 수비적인 것에 많이 치중을 하였다면 지금과 같은 저성장기에서의 영업회의는 구체적인 목표와 달성 방안을 전 조직원들이 공유하고 목표 달성을 위한 실행 중심의 영업회의가 돼야 한다.

영업회의를 통해 전조직원들이 전략을 공유하고 경쟁사보다 발빠르고 강한 실행력으로 초격차의 성과를 확보하는 공격형 영업회의가 되어야 한다.

Chapter 6

고객가치 중심의
'초격차 프로세스 영업'을 하라

초격차 성과를
만들어 내는
고객 중심의 프로세스

앞에 설명한 바와 같이 영업 프레임워크로는 첫째는 전략 영업이 필요하고, 둘째는 전략을 실행으로 옮기는 실행 영업이며 셋째는 효율과 생산성을 높힐 수 있는 프로세스 영업, 넷째는 성과 영업이라고 했다. 이 네 가지 요소인 '전략→실행→프로세스→성과'를 묶어서 '초격차 영업 4P모델'이라고 하였다. 이 과정에서 꼭 필요한 요소가 바로 프로세스이다.

다음의 도표는 대만의 컴퓨터 제조기업인 에이서(Acer)의 창업자인 스탠 쉬(Stan Shih)가 주장한 '스마일 커브 모델'이다. '스마일 커브 모델'이란 과거에는 가장 부가가치가 높고 경쟁력의 중심에 있었던 제조(Manufacturing)가 시간이 지나면서 제조의 부가가치가 가장 낮아 졌다는 것을 의미한다. 대신에 제조의 앞 단계인 연구개발(R&D)

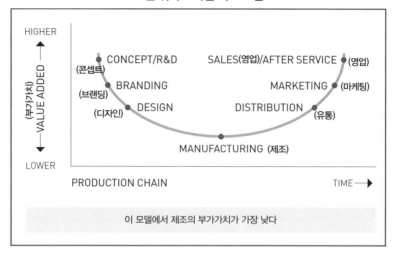

스탠 쉬의 스마일 커브 모델

이 모델에서 제조의 부가가치가 가장 낮다

자료:Stan Shin(2001)

과 뒤 단계인 세일즈, 즉 영업의 부가가치가 더욱 올라간다는 이론이다.

　기업의 중요한 부가가치 부문으로 매출과 수익으로 바로 직결되는 조직이 바로 영업과 마케팅이다. 그리고 기업에서는 영업과 마케팅의 경쟁력 중에서 프로세스가 가장 기본적인 경쟁 우위 요소 중의 하나라고 인식하고 있다. 그것은 전략을 실행으로 옮길 때 반드시 조직 내 기본적인 프로세스를 통해야만 성과로 연결될 수 있기 때문이다. 이와 같은 이유로 프로세스는 전략과 실행을 이어주는 다리와 같은 역할을 하는 것이다.

　그래서 프로세스는 회사나 조직 내에서 목적하는 바를 달성하기 위한 '효과적인 절차'를 만드는 것이라고도 정의하였다. 우리는 가끔 어떤 제품이나 서비스를 이용할 때 크게 불편을 느끼지 않고 문제가 있을 때 바로 해결이 되는 경우에 그 회사를 단골로 자주 이용하게 된다. 그리고 이 기업은 타기업에 비해 프로세스가 참 잘되어 있구나 하는 생각을 하기도 한다. 반면에 어떤 기업은 고객과의 접점에서 고객이 느끼는 감정이 뭔가 미흡하고 불편한 점이 있으면 거래를 하지 않게 되고 향후에도 역시 거래를 꺼리게 된다.

이와 같이 영업에 있어서 프로세스는 본질적인 제품과 서비스의 경쟁력 못지않게 구매와 미구매 혹은 재구매를 결정짓는 중요한 변수로 자리잡고 있다. 이럴 경우 고객 중심의 프로세스를 운영하는 A기업은 재구매의 연속적인 누적 효과로 성과가 날로 좋아지는 반면에, 그렇지 못한 B기업은 미구매와 고객 이탈의 누적 효과로 매출은 급격히 하향 추세를 걷게 된다. 이러한 프로세스의 차이가 모여 결국 기업 간의 성과의 차이로 나타난다. 이 부분에서 중요한 사실은 기업의 경영자나 관리자가 프로세스의 차이로 인해 성과의 차이가 난다는 것을 모르고 있거나 문제로 인식을 하지 못하는 경우가 대부분이다.

삼성전자의 윤종용 전 부회장이 저술한 『초일류로 가는 생각』에서는 경영 프로세스를 다음 그림과 같이 크게 제품과 서비스를 공급하는 공급과정 프로세스와 의사결정 프로세스로 나누었다. 그리고 공급과정 프로세스는 개발관리, 공급관리, 고객관리, 경영관리로 구성되어 있다. 이 프로세스는 업종과 기업에 따라 다소 다를 수도 있다.

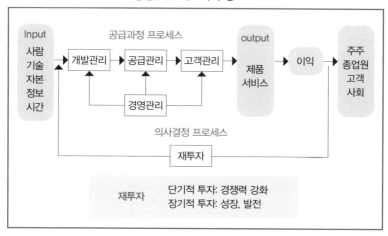

경영 프로세스의 구성 요소

출처: 「초일류로 가는 생각」 윤종용, 삼성전자

공급과정 프로세스의 개발관리, 공급관리, 고객관리, 경영관리의 4대 메가 프로세스(Mega Process)는 다음의 도표와 같이 8대 단위 프로세스로 다시 분류된다.

이 8대 단위 프로세스에서 영업과 직접적으로 관련이 있는 프로세스는 판매를 중심으로 마케팅과 물류, 서비스로 보인다. 제조를 통하여 만들어진 제품을 마케팅을 포함한 판매 프로세스로 고객에게 전달하게 된다. 기업에 따라서 마케팅과 판매가 같은 프로세스를 사용할 수도 있고, 더 나아가 물류와 서비스 프로세스까지도 함께 가져갈수도 있다. 앞에서도 언급했듯이 과거에 비해 디지털 시대가 되면서 구매와 제조에서의 부가가치가 점점 감소되고 영업의 영역인 마케팅과 판매 그리고 서비스 부문의 부가가치가 급속히 올라가는 게 전반적인 추세이다.

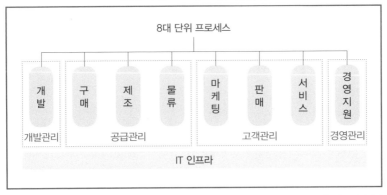

공급 과정 프로세스의 8대 단위

8대 단위 프로세스

| 개발 | 구매 | 제조 | 물류 | 마케팅 | 판매 | 서비스 | 경영지원 |

개발관리　　　　공급관리　　　　고객관리　　　　경영관리

IT 인프라

출처: 『초일류로 가는 생각』 윤종용, 삼성전자

위의 표에서 보듯이 고객관리 프로세스에는 마케팅과 판매 그리고 서비스 부문이 포함되어 있다. 삼성전자와 같이 제조와 판매를 직접 함께 하는 경우에는 이런 프로세스를 가질 수도 있고, 순수 유통업체인 경우는 공급 관리에 대한 부분은 순수한 구매와 물류 부문으로 구성될 수도 있다.

이와 같이 고객과 직접 만나는 접점에서 영업의 부가가치를 올리기 위해서는 다음과 같은 프로세스를 확보하는 것이 초격차의 영업 성과를 만들어 내는 기본 요건이라 생각한다.

첫째, 고객 접점 프로세스를 확립해야 한다.

고객 접점 프로세스는 고객으로부터의 주문에서부터 대금 결재, 배달 약속을 위한 물류 시스템과의 연결성, 애프터 서비스와의 연계성이 포함되야 한다. 그리고 고객과의 상담에서 구매까지의 전과정으로 고객 상담에 필요한 제품의 특징과 사양, 가격 그리고 고객중심의 판매 정책 등에 내용들을 포함해야 한다. 이 프로세스가 미흡하고 불편할 경우 고객과의 커뮤니케이션의 완성도가 떨어진다. 동시에 상담에서 구매로 연결되는 판매성공률 또한 떨어질 수밖에 없다.

둘째, 영업성과 관리 프로세스를 확립해야 한다.

영업조직은 특성상 지역별로 떨어져 있는 경우가 많다. 더구나 B2B인 경우는 점포를 중심으로 돌아가는 B2C 유통업과 달리 관리, 통제하기가 더욱 어렵다. 영업조직은 본부(본사)와 떨어져 있고 영업의 특성과 취급하는 제품이 다르다 하여도 성과 관리 프로세스를 통하여 ①전국의 단위 조직과 영업사원별 목표대비 실적(일계와 누계 진척률, 성장률)을 체크할 수 있어야 한다. 이러한 실시간 성과 관리 시스템으로 단위 조직과 영업사원별 현재 위치를 인식하고 문제점과 개선사항을 통하여 조직 전체가 같은 방향으로 움직일 수 있어야 한다. ②성과 평가와 인센티브 시스템의 역할을 할 수 있어야 한다. 프로세스를 통하여 성과 평가와 인센티브와 연계된 KPI(Key Performance Index)를 상시 체크할 수 있어야 한다. ③조직 단위별 매출과 손익은 물론 유통 영업인 경우 재고 현황까지도 프로세스와 시스템으로 관리할 수 있어야 한다.

셋째, 고객 관련 및 판촉 프로세스가 가동되어야 한다.

우선 고객 관련한 프로세스는 CRM을 포함한 멤버십 회원에 대한 내용과 고객 관련한 영업 우수사례 공유, 불만 고객에 대한 단골 고객화, 판매성공률 및 가망 고객 관리, 상권분석과 연계한 판촉 프로그램 등에 대한 프로세스가 가동되어야 한다.

특히 이 프로세스는 기존 고객을 중심으로 한 고객관리로 충성 고객 만들기와 CRM을 활용한 판촉 활동으로 성과를 창출해야 하는 측면에서 매우 중요한 영업 프로세스 중의 하나이다.

넷째, 경영관리 프로세스를 운영해야 한다.

경영관리 프로세스는 영업 관련한 지원 프로세스 성격으로 조직에 대한 인사와 평가에 대한 부문과 영업 직원에 대한 교육(신입사원, OJT 포함)과 복지 프로그램, 그리고 영업조직 단위의 예산 관리와 재고 관리 등이 포함된다.

고객과의 접점에 있는 영업은 이제 기업의 가치사슬에서 성과를 창출하는 중요한 부문이다. 그야말로 영업은 고객과의 상담에서 판매로 연결시키느냐 못시키느냐 하는 '진실의 순간'이 된 것이다. 이 진실의 순간인 영업에서 고객 중시의 프로세스는 기업 경쟁력의 큰 역할 중의 하나이다. 기업 입장에서는 단위 프로세스가 서로 연결이 잘 되어 전체적인 프로세스 관점에서 고객을 잘 만족시키고 있느냐 하는 것이 중요하다.

또한 업무흐름상의 숨은 문제점을 해결하기 위해서는 프로세스를 정확하게 파악하고 있어야 한다. 프로세스를 정확하게 인식하고 있어야 프로세스를 제대로 분석하고 재설계를 할 수 있기 때문이다.

미래의 기업 간 생존 경쟁에서 초격차의 압도적인 절대 우위를 확보하기 위해서는 고객 중심의 프로세스가 절대로 필요하다. 프로세스는 전략과 실행을 이어주는 다리와 같은 역할을 하기 때문이다.

영업의 생명선,
개인별 파이프라인을
구축하자

글로벌 전략 컨설팅 회사인 롤랜드버그의 시니어 파트너로 있는 히라이 다카시의 최근 저서인『1등의 전략』에서 "개인의 전략력이 모여 기업의 전략력이 된다"고 하였다. 영업으로 확대 해석해 보면 영업 역시 "개인의 영업력이 모여 기업의 영업력이 된다"고 봐도 지나친 말은 아니다. 다시 말하면 개인별 영업사원의 실적이 모여 기업의 매출이 되는 것이다.

그렇다고 기업의 영업성과, 즉 기업의 전체 매출을 만들어 내는 것이 현장의 영업력이 전부라는 이야기는 아니다. 매출을 결정짓는 요소로는 현장 영업력 이외에도 본사가 중심이 되어 제품과 브랜드를 위하여 고객에게 광고, 홍보를 포함한 다양한 커뮤니케이션 활동으로 간접적으로 현장 영업을 지원하고 있다.

하지만 이러한 회사 차원의 간접적인 지원 노력들이 타 기업과 대등한 수준이라면 결국 기업 간의 영업성과의 차이는 영업조직의 개인별 영업력의 차이로 나타난다고 볼 수 있다.

사실 영업에서 매출 목표 운영은 1차로 임원 단위의 조직 단위로 목표를 할당한다. 조직 단위가 지역 단위별 조직이라면 서울지사, 강원지사, 서부지사 등으로 목표를 부여 받는다. 그리고 다시 임원 단위의 조직 목표는 쪼개지고 쪼개져 마지막에 개인별 영업사원까지의 목표로 할당된다. 조직의 최소 목표 관리 단위는 개인이 되는 것이다. 즉 조직의 목표관리는 중간관리자로 운영되는 지점별, 그리고 최소 단위로는 개인별까지 하게 된다. 개인별 목표를 달성하지 못하면 산술적으로는 전체적인 조직 목표를 달성하기는 어렵게 된다. 개인별 목표 달성의 핵심은 결국 영업사원별로 보유하고 있는 고객수의 크기와 고객의 질에 달려 있다.

영업에서는 고객의 데이터 확보에서부터 판매 연결까지의 흐름 관리를 '파이프라인'이라고 부른다. 필자가 근무하던 삼성전자 역시 CRM시스템을 포함한 영업자동화 SFA(Sales Force Automation)시스템을 운영하고 있다. 이 시스템에서는 이것을 '파이프라인'이라 부르며 관리를 하고 있다.

그러나 필자가 만나 본 영업의 많은 임원들은 이렇게 자동화시스템으로 '파이프라인'이 구축되어 있어도 운영은 어차피 사람이 하며 제대로 활용을 잘 하지 않고 있다고 한다. 필자는 이 '파이프라인'을 농작물을 생산해 내는 논과 밭으로 비유하곤 한다. 비옥한 논과 밭이면 농작물의 수확도 좋듯이 마찬가지로 잘 관리된 '파이프라인'을 갖고 있는 영업사원은 항상 실적이 우수한 편이다.

그러나 현장에서 근무하고 있는 영업관리자들의 애로사항은 영업사원들이 매출달성에 이렇게 중요하게 영향을 미치는 '파이프라인'을 성과를 위해 체계적으로 활용을 하지 않고 있다는 것이다. 따라서 삼성전자에서 실무적으로 직접 CRM시스템을 구축하는데 참여한 경험과 이론적인 지식을 담아서 성과를 위한 파이프라인 관리를 아래와 같이 제안한다.

첫째, '파이프라인'의 전략적인 활용으로 B2B의 영업성과를 높여보자.

영업 파이프라인(Pipeline)/영업 깔대기(Sales funnel)

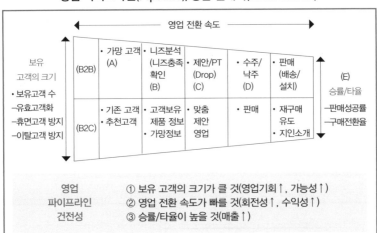

		영업 전환 속도 →					
보유 고객의 크기 •보유고객 수 ─유효고객화 ─휴면고객 방지 ─이탈고객 방지	(B2B)	•가망 고객 (A)	•니즈분석 (니즈충족) 확인 (B)	•제안/PT (Drop) (C)	•수주/ 낙주 (D)	•판매 (배송/ 설치)	(E) 승률/타율 ─판매성공률 ─구매전환율
	(B2C)	•기존 고객 •추천고객	•고객보유 제품 정보 •가망정보	•맞춤 제안 영업	•판매	•재구매 유도 •지인소개	

영업 파이프라인 건전성	① 보유 고객의 크기가 클 것(영업기회↑, 가능성↑) ② 영업 전환 속도가 빠를 것(회전성↑, 수익성↑) ③ 승률/타율이 높을 것(매출↑)

앞의 그림에서 B2B영업의 '파이프라인'관리를 통한 B2B의 성과 창출 과정을 볼 수 있다.

B2B의 경우에도 기존 고객과 신규 수요처인 가망 고객(A)으로 구성된다. B2B의 영업 '파이프라인'은 기존에 구매를 한 적이 있는 기존 고객은 재구매를 유도하고 새로운 가망 고객은 최종 수주로 연결을 시켜야 한다.

그리고 대부분의 기업에서는 영업 '파이프라인'을 CRM프로그램을 통하여 관리하고 있다. B2B인 경우 많은 신규 수요처인 가망 고객(A)의 발굴 없이는 최종 판매(D, 수주)는 크게 기대할 수가 없다. 물론 많은 수요처가 아니더라도 대형매출을 할 수 있는 수주 건이 있다면 가망 고객의 양적인 건수가 큰 문제는 아닐 것이다.

그러나 대체로 많은 가망 고객의 확보는 영업의 기회로 큰 의미가 있다. 일부 영업사원들은 의도적으로 가망 고객을 오픈하지 않는 경우도 가끔 있다. 그것은 판매로 성공한 승률(E)은 가망 고객(A)수 대비 수주(D)건수로 계산되기 때문에 승률(E)을 좋게 보이기 위해 가망 고객(A, 수요처)수를 적게 입력하기도 한다.

그러나 B2B영업의 기본은 영업 '파이프라인'을 이용하여 '보이는 관리', '영업의 가시화 관리'로 가망 고객을 많이 확보하고, 적극적인 영업 활동을 통하여 제안, 수주, 판매로 연결시키는 효율적인 성과관리프로그램으로 '파이프라인'을 전략적으로 운영해야만 한다.

둘째, 영업의 생명선, 개인별 B2C 파이프라인을 구축하자.

저성장기의 영업 환경에서는 영업의 미세관리가 더욱 중요해지고 있다. B2B에 비해 B2C의 영업조직에게는 다소 영업 '파이프라인'의 개념을 이해하지 못할 수도 있다. 그러나 유통영업의 영업관리자들도 영업사원별 목표 달성을 위해서 개인별 '파이프라인' 관리를 철저하게 관리해야 한다. 영업 '파이프라인'을 유통영업에서 보면 'CRM 데이터베이스'라고 볼 수도 있다.

영업 '파이프라인'에 있는 기존 고객으로부터 다음 달에 발생할 매출을 예측할 수도 있고 본인의 다음 달 매출 목표를 달성하기 위해서 신규 고객이나 추천 고객을 통한 나머지 매출을 예상할 수도 있다. 쉽게 말하면 현재의 영업 '파이프라인'을 통한 기존 매출이 크면 클수록 신규 매출에 대한 매출 부담은 줄어들게 된다. 이렇게 중요한 개념을 갖고 있는 영업 '파이프라인', 'CRM데이터베이스'의 중요성을 영업사원들은 얼마나 중요하게 인식하고 있을까?

B2C 유통영업의 경우에도 B2B와 동일하게 기존 고객(A)의 수가 많아야 한다. 실제 현장에서 목표 달성을 잘하는 우수 영업사원들은 본인만의 영업 '파이프라인' 관리에 특출하다. 철저한 고객 만족 활동으로 기존 고객을 충성 고객으로 잘 유지시키면서 고객이 휴면 고객으로 넘어가지 않도록 관리를 잘 한다. 또한 우수 영업사원들은 충성 고객들로 하여금 주위의 지인들에게 입소문을 내고, 소개하도록 유도하여 신규 고객을 창출한다. 그로 인해 목표 달성은 물론 성장영업을 잘 해내고 있다.

영업 '파이프라인'의 건전성으로는 일단 보유 고객수가 유효 고객

수 중심으로 커야 하며, 가망고객에서 판매와 재구매로의 전환 속도가 빨라야 한다는 것을 그림으로부터 알 수 있다. 실제 전자전문점의 우수 영업사원인 경우 기존 고객의 재구매 비율이 60~70% 이상을 상회하고 있다. 반면에 실적이 부진한 상당수의 영업사원들은 많은 고객을 갖고 있지만 형식적인 고객 만족(CS)활동과 고객관리(CRM)로 우수사원에 비하면 절반 수준에도 미치지 못한다. 그 원인은 영업 '파이프라인'에서 고객이 움직이지 않고 고여 있기 때문이다. 매출로 빠져 나오지 못하고 있는 것이다. 영업조직과 영업사원이 영업 '파이프라인'에 들어 있는 고객자산을 제대로 이용하지 못하고 있는 것이다. 어쩌면 영업 '파이프라인'에 들어 있는 기존 고객 중에서 이미 많은 고객들은 경쟁사로 이탈되었을지도 모른다. 매출을 달성하기 위해서 '파이프라인'에 확보해둔 기존 고객은 제대로 활용하지도 못한 채 또 돈을 들여 판촉과 홍보를 하면서 신규 고객을 늘릴 생각만 하고 있다.

이런 부진한 영업사원인 경우 목표 달성을 못함으로써 영업활동에서도 더욱 무리수를 두게 된다. 일단 마음이 급하고 쫓기게 된다. 고객의 입장이 아닌 기업의 입장에서 무조건 제품을 팔려고만 한다. 고객은 당연히 이런 영업사원들을 피하게 된다. 판매 성공이 될 리가 없다. 악순환의 연속이다.

이럴 경우 기본으로 돌아가서 영업사원 입장에서 앞에서 언급한 '3C 분석'의 고객(customer), 경쟁사(competitor), 자사(company)분석을 냉철하게 해 볼 필요가 있다.

셋째, '영업 파이프라인'활용을 전략적으로 활용하자.

이렇게 중요한 영업 '파이프라인'을 제대로 관리하고 진단하는 방법으로 마케팅의 '3C 분석'을 이용할 수도 있다. '3C'분석으로는 영업 '파이프라인'의 현재의 상황과 질적인 측면을 체크할 수 있다. '3C'는 크게 '고객(Customer), 경쟁사(Competitor), 자사(Company)'분석으로 구성되어 있다. '3C' 중에서 우선 '고객(Customer)분석'을 통하여 내가 보유하고 있는 영업 '파이프라인'의 고객 현황과 상태를 먼저 알아야 한다. 고객의 규모, 고객들이 현재 보유하고 있는 보유 정보 또 향후 구매할 가능성이 있는 잠재 수요, 누가 구매 의사결정에 관여하는지 등의 고객에 대한 정보를 확실하게 분석해야 한다. 만일 A라는 영업 사원이 본인의 영업 '파이프라인'에 있는 총 고객수, 휴면 고객수, 유효 고객수, 우수 고객수, 신규 고객수, 재구매 고객수 등에 대한 내용을 모르고 있다면 '파이프라인'을 제대로 관리하지 않고 있는 것이다. 이런 세분화된 고객 분석을 통하여 고객별로 필요로 하는 제품 정보와 구매와 관련된 맞춤 제안을 할 수 있다. 즉 타겟 판촉을 통한 효율적인 영업으로 성과를 올릴 수 있는 것이다.

다음은 '자사(Company) 분석'으로 나의 위치를 알아야 한다. 자사의 분석을 영업측면에서 보면 영업사원 개인이나 유통 영업인 경우 점포력의 전반적인 강점과 약점을 정확히 이해하는 것이다. 이는 점포의 강, 약점을 포함하여 영업사원인 경우 고객 확보를 위한 나의 영업 스킬에 대한 강점과 약점을 분명히 알아야 한다. 고객과의 영업 활동에서 어떤 부분을 강화시키면 '판매성공률'을 더 높일 수 있는지,

어떤 부분을 보완하면 '매우 만족'한 고객이 늘어나고 '충성 고객'으로 전환이 되는지 등을 분석해야만 한다. 개인별 영업사원의 역량이 결국 개인별 매출로 연결이 된다는 것을 알아야 한다.

마지막으로 '경쟁사(Competitor)분석'을 해야 한다. 영업은 상대적이다. 영업측면에서 경쟁사의 제품과 경쟁사의 판매 정책을 알아야 한다. 그러나 다수의 영업사원들은 경쟁사를 과소평가하거나 경쟁사에 대한 정보를 파악하지 않는 경우가 많다. 또한 유통 영업인 경우 경쟁 점포의 변화와 고객 관리 전략을 포함한 강, 약점을 반드시 알아야 한다. 경쟁사를 모르는 영업사원은 영업사원이라고 할 수 없다.

판매 자체가 점점 어려워지고 있다. 점포를 방문하는 B2C 고객의 숫자도 줄어들고 있고, 방문하여 구매를 하는 고객 역시 눈에 띌 정도로 줄어들고 있다. 저성장기에서는 고객 한 명, 한 명의 가치가 더욱 소중하게 느껴진다. 매출은 결국 고객에 의해서 이루어진다. 회사가 보유하고 있는 개인별, 조직별, CRM데이터베이스인 영업 '파이프라인'을 전략적으로 활용해보자. 영업의 생명선으로 개인별 '파이프라인'을 구축하고 전략적으로 활용하는 기업만이 불황을 돌파하고 경쟁사보다 더 나은 성과를 만들어 나갈 것이다.

개인별 영업 '파이프라인' 관리, 장기적인 성과를 창출을 위하여 이젠 선택이 아닌 필수다.

프로세스 차원의
'소개 · 입소문'
실전 영업 전략

2017년 4월 6일자 「매일경제」 1면 톱기사에 '라이프타임 밸류 크리에이터(Lifetime Value Creator)', "고객의 전 생애 주기에 걸쳐 최고의 가치를 선사하겠다"는 큼지막한 기사를 보고 필자는 깜짝 놀랐다. 이 기사는 바로 롯데그룹이 창립50주년을 맞이하여 선포한 '뉴롯데 50주년의 새로운 비전'이었다. 일반인들에게 다소 생소할 수 있는 '고객 생애 가치'라는 용어를 기업에서 사용을 한 것이다. 그것도 그룹의 비전으로 말이다. 고객에 대한 기업의 획기적인 변화라고 생각했다.

롯데그룹은 "고객의 전 생애 주기에 걸쳐 최고의 가치를 선사하겠다"고 했는데 왜 이런 비전을 롯데그룹은 발표 했을까? 먼저 롯데그룹 측면에서 고객으로부터 어떤 가치를 받을 수 있는지 알아보자.

영업을 했던 필자로서 기업의 입장에서 고객의 가치를 공식으로 표현하면 다음과 같다.

고객 가치=①고객 평생(생애) 가치+②고객 소개 가치

즉, 고객이 기업에게 매출과 수익으로 기여할 수 있는 방법은 크게 두 가지가 있다는 것이다. 이 말을 다시 표현하면 영업조직이 고객으로부터 이끌어내야 할 활동이라고도 볼 수 있다.

우선 ①고객 평생(생애) 가치(CLV: Customer Lifetime Value)는 고객이 해당 기업의 제품을 장기간에 걸쳐 구매했을 때의 가치를 말하며, ②고객 소개 가치(CRV: Customer Referral Value)는 구매한 고객이 입소문을 통하여 주변 지인들에게 해당 기업의 제품을 구매하도록 하는 가치를 말한다.

예를 들어 필자가 현대자동차 영업을 하고 있는 영업사원이라면 오늘 내가 상담하여 판매한 이 고객이 앞으로 나와 계속적으로 거래를 하여 자동차를 구매해 줄 경우에 일어나는 매출을 ①고객 평생(생애) 가치라고 한다. 그리고 ②고객 소개 가치는 오늘 나에게 자동차를 구매한 이 고객이 다른 지인들을 계속해서 소개하여 나에게 자동차를 구매하게 했을 때 발생하는 가치를 말한다.

영업을 하는 영업관리자와 영업사원들이 지나치는 것이 바로 고객 생애 가치와 고객 소개 가치이다. 만일 취급하고 있는 제품이 고객이 자주 구매하지 않는 자동차나 전자제품이나 보험인 경우 한번 제품을 팔고 나면 다음 제품을 팔기까지 상당한 기간을 기다려야만 한다. 이럴 경우 영업사원들은 보통 두 가지 선택을 하게 된다. 첫 번째는 '고객 생애 가치'를 염두에 두고 지루하지만 오랫동안 추가 매출 혹은 대체수요가 일어날 때까지 고객을 막연히 기다리는 경우, 두 번째는 고객 생애 가치는 기본적으로 관리를 하면서, 주변 지인들에게 우리 제품을 소개하여 매출을 부탁하는 '소개·입소문 활동'을 활발히 하는 경우로 나누어진다.

영업을 하고 있거나 영업에 관심이 있는 독자는 과연 어느 경우를 선택할 것인가? 당연히 후자인 '소개·입소문 활동'을 통한 '고객 소개 가치'를 선택할 것이다.

롯데그룹의 경우는 '고객 생애 가치'를 그룹의 비전으로 정했다. 이런 배경에는 롯데가 취급하는 제품과 서비스가 유통, 식품, 관광·서비스, 금융 등으로 다양하기 때문에 이런 여러가지 비즈니스 간에 일어나는 시너지 효과를 염두에 둔 것이라고 보여진다. 따라서 롯데그룹의 전략은 롯데가 아닌 다른 브랜드로 고객이 이탈되지 않고 생활에 필요한 모든 제품을 가능한 롯데 제품으로 사용하게 하여 평생 고객으로 묶어 두고 싶기 때문에 '고객 생애 가치'를 그룹의 비전으로 정한 것 같다.

전자제품은 자동차에 비하여 종류가 다양해서 고객이 전자제품을 구매하는 빈도는 자동차에 비하면 훨씬 잦다. 그러나 어쨌든 전자를 포함한 자동차와 금융 등 자주 구매를 하지 않는 저빈도 상품인 경우 '고객의 평생 가치'와 함께 집중해야 할 것은 구매한 고객의 '소개 ·

입소문 활동'에 주력해야만 한다.

그러나 현실의 영업은 그렇지 않다. '고객 소개·입소문 활동'을 해야 한다는 것은 모든 영업사원들이 공감을 하고 있으나 실행은 아직 그렇게 활발하지는 않다. '고객 소개·입소문 활동'이 성공하려면 아래와 같이 영업사원에게 돌아가는 장점을 숙지시키고 '소개·입소문 활동'의 구체적인 실행 방법을 프로세스적으로 정착시킬 필요가 있다.

첫째, '고객 소개·입소문 활동'이 영업사원에게 돌아가는 장점을 숙지시켜라.

'소개·입소문'을 통한 고객은 ①상담 후 구매성공률도 상대적으로 높고 ②상담시간도 짧다. 마지막으로 ③이익률도 상대적으로 높다는 세 가지 큰 장점을 전 영업조직이 숙지해야만 한다.

고객 '소개·입소문'의 장점은 우선 이를 통해서 맺어진 고객인 경우 그렇지 않은 고객보다 판매성공률(계약체결률)이 2배 이상이 높다는 것이다. 또 소개로 온 고객은 일반 고객에 비하여 상담에서 계약까지의 시간이 매우 짧다. 이는 이미 중간에서 소개를 해준 고객으로부터 좋은 이미지와 신뢰를 갖고 있기 때문이다. '소개·입소문'을 통한 고객은 상담 후에 구매할 확률도 높고 상담 시간도 짧다는 것은 영업사원 입장에서는 굉장히 큰 장점이다.

이 두 가지 장점 이외에 '소개·입소문'을 통한 고객의 매출은 판매 수익률이 상대적으로 높다. 소개해준 고객을 믿고 상담하는 관계로 상대적으로 가격을 깎으려고 하는 부분이 낮다. 영업사원 성과평가 항목 중에 매출 목표 대비 달성률과 이익률이 큰 비중을 차지한다. 다시 말하면 얼마를 남기고 팔았느냐 하는 부분이 중요하다.

최근의 영업은 전체적인 시장의 수요가 줄어들고 있기 때문에 가격은 고객 입장에서 자연히 구매에 매우 민감한 요소다. 따라서 이익을 확보하는 것이 영업의 큰 이슈가 된다.

둘째, 영업관리자가 '소개·입소문' 영업활동 프로세스를 숙지하고 직접 챙겨야 한다.

영업관리자가 '소개·입소문' 영업 프로세스를 숙지하고 직접 챙기지 않으면 실행으로 옮겨지기가 어렵다. 영업사원 입장에서는 '소개·입소문' 영업활동을 하고 싶어도 구체적으로 가르쳐주지 않는다고 한다. 그냥 말로만 하라고 한다는 것이다. 그러나 영업관리자가 이렇게 말로만 해서는 실행이 될 수가 없다. 그 이유는 영업사원들은 사실 '소개·입소문' 영업활동을 또 하나의 일거리로 생각할 수 있기 때문이다. 이제 '소개·입소문' 영업활동에 대한 구체적인 프로세스가 필요하다.

필자는 재직 시에 '소개·입소문' 영업활동을 기준으로 '완전 판매'와 '불완전 판매'로 판매를 정의하여 영업사원들을 교육시켰다. 여기서 말하는 '완전 판매'와 '불완전 판매'란 전자제품을 최종 구매한 고객에게 마지막으로 '소개·입소문' 영업활동을 했는지 여부에 따라 '완전 판매'와 '불완전 판매'로 구분했다. 이런 '소개·입소문' 영업활동이 영업 프로세스에서 정착되기까지는 영업관리자의 역할이 크다. 지금 삼성전자판매(주)에서 삼성 디지털플라자 현장 영업을 하고 있는 양한규상무는 과거 염창동에 있는 한 점포의 점장을 맡았다. 그때부터 그는 항상 매장에서 영업사원들이 고객과 어떻게 상담하는지 영업사원들의 태도를 관찰하는 것으로 유명하였다. 상담 후에 '소개·입소문' 영업활동을 하였는지를 점장이 직접 챙겼다.

어떤 새로운 프로세스가 완전히 새롭게 정착이 되려면 상당한 노력과 시간이 필요하다. 새로운 프로세스가 완전히 새롭게 정착이 되려면 관리자가 실행여부를 지속적으로 챙기고 우수 사례에 대한 공유를 통하여 자발적으로 실행할 수 있는 분위를 조성해 주어야 한다. 이런 노력 덕분에 양한규 상무는 계속된 기네스 매출과 혁신적인 영업활동의 전개로 동기들보다 훨씬 빠른 나이에 임원으로 승진을 하게 되었다.

셋째, '소개·입소문' 영업활동을 프로세스로 정착시켜라.

도요타자동차의 생산라인에서 일하는 직원이 생각하는 작업에 대한 개념은 타기업과 크게 다르다. 그 사람들이 말하는 작업의 개념은 '작업+개선'으로 생각한다. 매일 본인이 맡은 생산량을 달성했다고 해서 '일을 다했다' 고 생각하지는 않는다. '생산하면서 추가로 이루어지는 개선' 활동까지를 작업이라고 정의한다.

마찬가지로 영업에서도 지금 상담하고 있는 고객이 구매를 결정했다고 해서 이 고객과의 관계가 성공적으로 완료됐다고 생각해서는 안된다. 이 고객에 대한 평생 고객으로의 가치와 함께 '소개·입소문'

영업활동을 통해 주변 지인들에게 가치를 만들어 내야 한다.

영업에 '소개·입소문' 영업활동은 도요타 생산직원의 '개선'활동과 동일한 개념으로 볼 수 있다. '소개·입소문' 영업활동과 도요타 직원들의 '개선' 활동은 미래를 위한 영업활동인 것이다. 구체적인 '소개·입소문' 프로세스는 영업활동(구매 체결 이후) 후에 반드시 5분 정도 시간을 할애하여 고객 소개를 정중하게 부탁을 해야 한다. 세부적인 '소개·입소문' 프로세스는 다음과 같이 네 단계로 설명할 수 있다.

1단계는 '구매 상담 시 고객이 매우 감동할 수 있도록 접객한다'. 단순히 CS 평가에서 '매우 만족을 받기 위한 수단'으로 고객 만족 영업을 하는 것이 아니라 고객으로부터 '고객 소개를 받기 위하여' 매우 만족 활동을 하고 있다고 생각해야 한다. 이런 마인드로 상담을 할 때 상담에서 판매 성공으로 이어지는 판매성공률 역시 올라 갈 수 있다. 1단계에서 이미 고객의 마음속에는 '야! 정말 괜찮은 영업사원이네, 내 친구에게도 이 영업사원을 소개해줘야겠네' 하는 마음이 생길 정도는 돼야 한다.

2단계에서는 '상담을 하면서 고객의 특성을 파악한다'. 현재 이 고객은 나의 상담에 어느 정도 만족을 느끼고 있는지를 파악해야 한다. 고객의 특성으로 미루어 볼 때 뭔가 불만이 있어 보이고 개인적으로 분주하고 바빠 보이는 고객인 경우 고객 소개를 부탁했을 때 효과는 상대적으로 매우 흡족한 고객에 비해 다소 떨어질 것이다. 오히려 상담에 대한 고객 만족 평가를 해칠 수도 있다. 최근 영업에 있는 임원들의 의견은 고객과의 상담 이후에 '소개·입소문' 영업활동을 하는 영업사원들의 비율은 5% 수준 정도라고 한다. 문제는 바로 이 부분이다. 고객의 특성을 보고 고객 소개를 요청하고, 안하고 하는 것이 아니라 아예 시도조차도 하지 않는 영업사원이 대부분이라는 것이다. 일단 시도를 하는 것이 중요하다. 시도를 하면서 시행착오를 통해 영업사원 나름대로의 효율적인 고객 소개 방법을 찾아가는 것이 더욱 중요하다.

3단계에서는 '고객 소개 부탁을 위한 표현 스킬을 전략적으로 하라'. 고객에게 '고객 소개'를 부탁할 때 정중하게 예의를 갖춰서 할 필요가 있다. 가장 해서는 안되는 표현이 지나가는 말투로, 아니면 상담을 끝내고 문밖으로 나가는 고객을 향해 "나중에 구매할 사람이 있으면 소개 좀 해주세요" 하고 외치는 것이다. 이럴 경우 십중팔구 돌아오는 고객의 대답은 "예, 알았어요"다. 그것으로 끝이다. 고객 소개를 해줄 것이라고 기대를 하지 않는 편이 더 낫다.

반드시 시간을 갖고 '고객 소개 프로세스'를 통하여 정중하게 고객에게 부탁을 해야 한다. 고객 역시 부탁을 받고 생각할 시간을 좀 줄 필요가 있다.

마지막 4단계에서는 '고객 소개 부탁을 위한 타이밍을 적절히 이용하라'. 한국의 롯데하이마트와 같은 일본의 가전 양판점인 에디온이라는 회사가 있다. 필자가 이 회사에서 받았던 연수 내용 중 '3131'이라는 방법이 있다.

이는 앞에서도 언급했지만 제품을 구매한 후 '3'일 뒤에 판매자가 직접 전화를 걸어 전화를 하여 제품을 잘 쓰고 있는지 제품에 대한 안부 전화를 하게 된다. 그 이후 '1'개월, '3'개월에 똑같은 방법으로 전화를 하게 된다. 이 전화의 목적 역시 표면적으로는 기존 제품에 대한 안부 전화지만 추가로 필요한 다른 제품을 구매하게끔 하는 목적과 '소개 고객'의 유도가 목적이다. 그리고 가장 결정적인 것은 전자제품 구매 후 무상보증수리기간을 '1'개월 앞두고 마지막으로 전화를 하게 된다. 남은 보증기간인 1개월을 상기시켜 주면서 또 한번 전화를 하는 것이다.

고객 입장에서는 너무 고마운 것이다. 이런 정도의 고객 관리라면 정말 주위에 있는 지인이나 친지에게 이 영업사원과 전자유통인 에디온을 강력하게 추천을 하고 싶은 마음이 저절로 생길 것이다. 실제 일본에서 직접보고 체험한 것들이다. 감동 그 자체였다. 물론 가장 강력하게 효과를 불러오는 '소개 고객'을 부탁 타이밍은 상담 체결한 이후 바로 하는 것이다.

기업에 있어서 고객의 가치는 **고객 가치=①고객 평생(생애) 가치 +②고객 소개 가치**로 설명했다. ①고객 평생(생애) 가치와 ②고객 소개 가치의 개념대로 이 두 가지를 위한 영업을 하고 있는 조직은 100점이라고 보면 ②고객 소개가치를 위한 영업은 하지 않고 있다면 당신의 영업조직은 50점의 영업조직이라고 생각해야 한다. 그리고 CRM데이터베이스에 있는 수많은 고객들을 평생 고객화하여 ①고객 평생(생애) 가치로 이끌어 내기 위한 노력마저도 제대로 하지 않고 있다면 당신의 영업조직은 과연 몇 점 조직일까?

초격차의 경쟁력을 위한 영업활동은 과거와 달리 이젠 영업을 좀 더 과학적이고 프로세스적으로 해야 한다. 과거 성장기의 영업방식으로는 고객을 확보할 수도 없고 유지할 수도 없다. 이제는 '소개 고객' 유치를 목적으로 한 매우 만족 활동으로 프로세스 영업을 전개해 나가야 저성장기에서도 성장할 수 있는 강력한 회사가 될 것이다.

고객 경험 관리로
성장하는
영업

앞에서 기업이 성장을 위해서는 고객을 진정으로 만족시키는 고객만족(CS) 활동과 고객관계관리(CRM)가 중요하다고 필자는 주장하였다.

그럼 지금 하고 있는 고객만족 활동과 고객관계관리만 그대로 하면 매출 목표도 달성하고 성장을 하면서 시장 점유율을 더 확보할 수 있을까? 고객의 요구는 점점 더 까다로워지고 복잡해지며 고객이 선택할 수 있는 폭은 점점 넓어지고 있다. 따라서 기업은 고객을 만족시키기도 어려워지고 고객관계관리(CRM)를 통하여 매출를 올리기도 어려워지게 되었다. 이러한 기업의 어려움을 해결하기 위해 2000년대 초 콜롬비아비즈니스쿨의 번트 슈미트는 『CRM을 넘어 CEM으로』라는 저서에서 고객 경험 관리(CEM,customer experience management)를 처음으로 소개하였다.

고객 경험 관리는 제품이나 서비스에 대한 고객의 전반적인 경험을 전략적으로 관리하는 프로세스로 고객만족을 이끌어 내는 과정과 실행에 중점을 두는 일종의 고객만족 개념이자 전략이다. CEM은 고객의 거래내역을 분석하여 매출로 연결하려는 CRM의 수준이 아닌 고객이 기업으로부터 느끼는 브랜드 이미지나 매장환경 그리고 매장 직원 친절도, 제품 설명 능력 등에서 고객이 경험하는 전 단계를 분석하고 관리하는 것을 말한다. 고객만족(CS)과 고객 경험 관리(CEM)와의 관계를 좀 더 설명하면 고객 만족(CS) → '애호도 고객'(충성고객) → 고객 관계 관리(CRM) 활동 → 영업 성과 창출('재구매'와 '주위 추천')의 단계에서 중요한 것은 바로 고객 만족(CS)을 이끌어 내는 것이 핵심요소다. 이것이 바로 고객 경험 관리라고 볼 수 있다.

그러나 우리는 이미 고객 경험 관리라는 말을 많이 들어 봤고 그 내용을 알고 있다. 하지만 실행을 하지 않으면 모르는 것과 같은 것이다. 알고 있는 것을 실행으로 옮기는 조직이 결국 성과를 더 크게 확보하게 된다.

이제 알고만 있는 고객 경험 관리를 전략적으로 영업에 적용해야만 한다. 전 세계 커피전문점인 스타벅스의 설립자인 하워드 슐츠는 스타벅스가 '집이나 학교보다 더 자유롭고 행복하게 사람들과 만나서 이야기할 수 있는 곳' 또 '스타벅스는 또 하나의 거대한 점포망이 아닌 훌륭한 경험'이라고 하였다. 이런 결과로 스타벅스커피코리아는 2016년기준으로 커피업계 국내 매출 1위를 하면서 1조28억 원을 달성하였다. 2위는 2,000억 원으로 무려 5배의 매출차이를 보였다. 그들은 커피를 파는 것이 아니라 '공간'을 파는 새로운 경험들로 고객의 마음을 사로잡고 있는 것이다. 특히 이러한 고객 경험 관리는 SNS의 발달로 고객이 직접 경험한 것을 블로그나 페이스북,트위터,인스타그램 등을 이용하여 빠르게 공유하는 시대가 되었다.

고객 경험 관리로 성장하는 영업 비밀을 필자의 경험과 이론적인 지식들을 포함하여 아래와 같이 제안한다.

첫째, 완전 차별화된 고객 경험을 위한 서비스(영업) 프로세스를 확립하라.

서강대 김용진 교수의 저서 『Servicovation』에 따르면 서비스 부문 기업 중 약 20%만이 서비스에 대한 프로세스를 갖고 있다고 하였다. 나머지 80%의 서비스 기업들은 서비스 프로세스에 대한 독자적인 절차가 없다는 것이다. 또한 48%의 기업들은 서비스 프로세스를 확정하기 전에 프로세스를 이용할 고객의 감동을 최대한 끌어내기 위한 사전 조사를 하는 경우도 없다는 것이다.

고객 경험을 위한 이상적인 모델을 만들기 위한 방법으로 아래 그림과 같은 '서비스 블루프린트(Service Blueprint)'가 있다. 자세하게 모든 부분을 설명할 수는 없지만 '블루프린트'는 고객과 영업사원이 만나게 되는 접점에서 일어나는 상호작용을 누구나 알기 쉽게 그림으로 정리한 것을 말한다.

여기서 접점이란 고객과 기업이 서로 만나는 곳으로 기업의 성공과 실패에 결정적 역할을 하는 고객 접촉의 순간을 말하며 '진실의 순간(Moments of Truth)'이라고 한다. 이 진실의 순간에서 고객은 다양한 서비스 제공자로부터 여러 가지를 경험하며 서비스 품질을 종합적으로 느끼게 된다. 가전제품을 팔고 있는 유통인 경우에도 상담을 하는 영업사원 한 사람이 아닌 주차에서부터 매장에서 만나는 여러 직원들로부터 '진실의 순간'을 경험하게 된다.

고객은 각각의 '진실의 순간(the Moment of Truth)'에서 직원들을 접하면서 그 기업에 대해 좋은 감정이나 나쁜 감정을 느낀다. 따라서 이 진실의 순간을 얼마나 잘 관리하느냐에 따라 기업이 궁극적으로 얼마나 성공할지에 대한 여부가 결정된다. 당신의 서비스 프로세스는 고객이 만족해 하는가 아니면 불만을 가진 채 조용히 떠나는가?

'서비스 블루프린트(Service Blueprint)'는 진실의 순간을 관리하는 다시 말하면 영업사원(종업원)이 고객에게 서비스를 전달하는 과정에서 각자가 해야 할 역할을 이해하기 쉽게 정리한 것이다. 아래 고급 호텔의 '청사진'을 통하여 직원들이 실수할 수 있는 지점들을 사전에 파악하여 미리 해결할 수도 있다. 또한 직원들이 자신들이 해야 할 일과 전체적인 프로세스를 함께 이해할 수도 있다.

고급 호텔 서비스 청사진

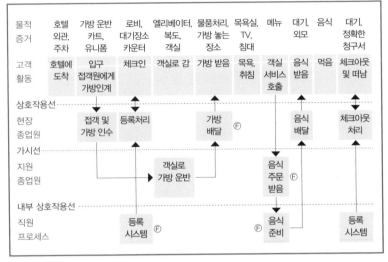

물적 증거	호텔 외관, 주차	가방 운반 카트, 유니폼	로비, 대기장소 카운터	엘리베이터, 복도, 객실	물품처리, 가방 놓는 장소	목욕실, TV, 침대	메뉴	대기, 외모	음식	대기, 정확한 청구서
고객 활동	호텔에 도착	입구 접객원에게 가방인계	체크인	객실로 감	가방 받음	목욕, 취침	객실 서비스 호출	음식 받음	먹음	체크아웃 및 떠남

상호작용선

| 현장
종업원 | | 접객 및
가방 인수 | 등록처리 | | 가방
배달 ⑤ | | | 음식
배달 | 체크아웃
처리 |

가시선

| 지원
종업원 | | | | 객실로
가방 운반 | | | 음식
주문
받음 ⑤ | |

내부 상호작용선

| 직원
프로세스 | | | 등록
시스템 ⑤ | | | | ⑤ 음식
준비 | | 등록
시스템 |

*⑤:실수 가능점

출처: 『지속가능시대의 서비스경영』, Fitzsimmons 외 2인, 서비스경영연구회 역, McGrawHill

또한 영업을 시작하기 전부터 각 단계별 고객의 니즈를 조사하여 고객이 원하는 부분을 프로세스에 반영해야 한다. 기업측면에서 일방적으로 막연히 고객이 만족할 거라고 생각하는 프로세스는 실패하고 자원만 낭비한다. '서비스 블루프린트'를 이용하지 않고 효과적인 서비스 프로세스를 만들기는 매우 어렵다. 이제 영업도 과학적인 방법을 이용해야만 한다.

고객 경험을 위한 이상적인 모델을 만들기 위한 방법으로 서비스 블루프린트 이외에 '고객여정지도(Customer Journey Map)'가 있다. '고객여정지도'는 고객이 서비스를 받는 동안 고객이 경험하게 되는 프로세스를 말한다. 또한 고객이 프로세스를 만나는 과정에서 경험하는 고객 감정을 시각적으로 표현하기 위해 사용하는 방법이다.

필자는 한국디자인진흥원 자문교수로 있으면서 공기업과 사기업에 '고객여정지도'를 포함한 서비스 디자인 작업을 가끔 한다. 최근에는 사기업을 포함한 공기업에서도 '고객여정지도'의 중요성을 인식하고 있다. 아래의 '고객여정지도'는 병원을 방문한 고객의 감정 지도를 그린 것이다. 고객이 경험한 프로세스 중에서 부정적인 감정과 긍정적인 감정을 포착하여 고객 가치 관점에서 부정적인 감정을 개선하여 전체적으로 고객 관점에서 좋은 경험과 감정을 줄 수 있는 프로세스를 과학적으로 개선할 수 있다.

병원 방문 감정 지도

긍정적 감정

- 환영받고 기다리고 있었다는 느낌, 편안한 느낌
- 존중받고, 보살핌을 받고, 정보를 잘 제공받은 느낌
- 검사가 잘 이루어져 안도감을 느낌

병원 도착 → 접수 담당자 확인 → 대기실 대기 → 상담자 만남 → 초기진료 대기 → 초기진료 →

부정적 감정

- 질병에 대하여 불안하고 걱정됨, 어디로 가야 할지 혼란스러움
- 오래 기다려 짜증남; 화남−다른 환자와 상담하는 것을 우연히 듣기도 함
- 의사의 질문이 걱정되고 제안된 처방이 두려움
- 통제 불능이라는 느낌, 내가 그저 물건인 것처럼 느낌

출처: 『서비스운영관리』 Robert Johnston 외 2인, 김대철 외 3인 역, 한경사

둘째, 고객 경험을 부각시키기 위한 서비스스케이프를 강화하라.

서비스스케이프(Servicescape)는 서비스가 이루어지는 총체적인 주변 환경을 말한다. 병원의 서비스스케이프는 주차장, 건물, 장식, 식당, 대기실의 분위기 등을 말한다. 마케팅의 대가인 코틀러는 서비스스케이프는 어떤 경우에는 장소가 갖는 분위기가 상품 자체보다 구매 결정에 더 많은 영향을 미친다고 할 정도로 서비스스케이프의 중요성을 강조하였다. 수많은 커피숍이 있지만 스타벅스를 자주 가는 소비자들은 그들만의 이유가 꼭 있다. 그것은 주요 상품인 커피 맛이 좋아서 가는 부분도 있지만 커피 맛 이외에 스타벅스가 주는 서비스스케이프, 즉 매장 내 분위기, 음악, 의자, 향기, 직원들의 접객, 외부 간판, 주차장 등이 매장을 찾는 더 큰 이유가 될 수도 있다.

앞에서 언급한 '고객여정지도'에서 고객의 긍정적인 감정을 끌어내고 고객에게 더 좋은 경험을 주기 위해서는 서비스 프로세스와 함께 반드시 고민해야 할 것이 바로 서비스스케이프이다. 아무리 좋은 프로세스를 사전에 구축하여도 그것을 받쳐줄 물리적인 환경, 서비스스케이프가 미흡하면 고객의 감동은 반감되고 말 것이다.

고객이 필요로 하는 제품과 서비스를 공급하는 기업은 수도 없이 많다. 아니 넘치고 넘친다는 표현이 오히려 더 정확한 표현일 수도 있다. 이런 공급 초과의 시대에서 어떻게 하면 고객의 마음을 잡을 수 있을까. 이제는 과거 성장기와 달리 세부적으로 프로세스적인 접근이 필요하다. 한번 거래를 한 고객이 어떻게 하면 재방문을 하고 충성 고객으로까지 발전할 수 있을까? 그것에 대한 해답 중의 하나가 바로 다른 곳보다 더 고객 중심적이고 차별화된 서비스 프로세스로 고객 경험과 서비스스케이프를 보여주는 것이다.

B2B 전략화,
프로세스 영업으로
성과를 확대하라

기업이 일반 소비자를 대상으로 하는 B2C(Business to Consumer)
영업인 경우 전반적인 수요의 침체로 기업 간의 경쟁이 매우 치열하
다 따라서 상대적으로 경쟁이 덜한 기업과 기업 사이에 이루어지는
B2B(Business to Business) 영업이 기업들로부터 많은 관심을 받고 있
다. B2B 비즈니스는 조직과 단체를 상대로 하는 사업 분야로 주로 기
업을 포함하여 정부기관, 금융기관, 학교, 병원 등 이다. 그러나 B2B
와 B2C 간의 영업 방법에는 큰 차이가 있다.

우선 점포를 갖고 하는 유통영업의 B2C인 경우에는 고객이 구매
할 브랜드를 어느 정도 정하고 살려고 하는 마음을 갖고 매장을 방
문하는 경우가 많다. 그래서 B2C영업은 스스로 방문한 고객을 상대
로 상담을 하고 판매로 연결시키는 것이 보통이다. 이에 반해 B2B는

구매 의향이 없는 고객(수요처)를 직접 찾아 가야 한다. B2B 고객의 경우 구매의도를 갖고 있지 않은 경우가 대부분이다. 따라서 B2B와 B2C 사이의 영업은 영업의 출발선이 완전히 다르다. 고객이 직접 찾아오느냐, 아니면 고객을 직접 찾아가는가 하는 차이이다.

그러나 시장은 전반적으로 구매하려는 사람보다 판매하려고 하는 사람이 많아지고 있다. 따라서 B2B영업 역시 구매하려고 하는 의사가 없는 가운데 팔려고 하는 영업사원은 상대적으로 많은 것이 최근의 현실이다. 그래서 B2B영업이 B2C영업에 비하면 오히려 경쟁이 치열하고 매출에 대한 변동성도 크면서 영업 환경이 훨씬 더 어려워지고 있다. 이런 차원에서 B2B영업을 타기업과 차별화하여 어떻게 성과를 확보하느냐 하는 문제로 기업들은 많은 고민을 하고 있다.

B2B영업은 기업 간의 거래로 고객사의 상황에 따라 확정된 매출도 납품이 지연되거나 심지어 삭제되는 일도 가끔 발생한다. 필자가 마케팅팀장으로 재직 당시에도 월말에 조직별 매출 마감을 하고 집계를 해보면 항상 매출에 차이가 나는 조직은 B2B영업팀이었다. B2B에서는 가시성(visibility)이라 단어를 흔히 사용하는데 확정되지 않았던 가망 고객에서 수주가 확정되어 매출로 결정되는 정도를 가시성이라고 말한다. 이 가시성은 사실 가변성이 많다. 최종 수주가 확정되기 전까지는 전혀 알 수가 없다. 매출이 최종으로 확정되기 전까지는 마음을 놓을 수가 없는 이유가 바로 여기에 있다.

영업사원을 관리하는 가시성 차원에서도 보면 B2C에 비해 B2B

가 훨씬 가시성이 떨어진다. 그 이유는 B2C인 경우 대부분 조직화되어 있고 점포 유통업인 경우 점장을 비롯하여 같은 장소에서 모여 있는 경우가 많아 개인별 매출 상황과 문제점을 알기가 쉽다.

영업에 대한 노하우 역시 B2C영업이 많이 알려져 있다. 반면에 B2B영업은 주로 혼자서 영업을 하는 경우가 많고 영업에 대한 노하우 역시 B2C영업만큼 쌓여져 있지 않다. 더구나 B2C영업인 경우 영업과 관련된 마케팅 서적들이 많이 나와 있으나 B2B영업에 대한 전문서적은 그리 많지 않은 것이 현실이다.

하여 필자의 경험과 이론적인 내용으로 기존에 개인기 중심으로 해오던 B2B영업을 좀 더 전략화하고 프로세스에 의해 가시성을 높인 영업으로 전환할 수 있도록 다음과 같이 제안한다.

첫째, 마케팅과 영업 전략을 바탕으로 전략 영업을 시도한다.

B2C영업인 경우 고객 관리, 접객 스킬, 상담 능력, 판촉 활동 등의 영업 역량이 B2B에 비해 좀더 과학적으로 영업을 하고 있는 편이다. 이에 반해 B2B영업은 과거부터 해오던 영업방식에서 큰 변화가 없다. 데이터를 기반으로 하기보다는 영업사원의 경험이나 감(感)에 의존하는 경우가 많다. 이럴 경우 영업을 오래한 선배 영업사원이나 신규로 영업을 시작한 사원 간에 매출뿐만 아니라 영업 역량에도 큰 차이가 없다. B2B영업사원인 경우 B2C영업사원과 마찬가지로 영업에 대한 전문지식을 위해 끊임없이 학습을 해야만 한다. 시장과 고객은 급변하고 있다. 과거의 방식으로는 치열한 B2B 시장에서 고객을 확

보할 수도 없을 뿐더러 수주로 연결시킬 수도 없다.

그리고 B2B영업사원은 B2B시장을 항상 직시할 필요가 있다. 우선 영업 전략 차원에서 가장 먼저 해야 할 것은 영업 환경을 정확히 파악하고 시장의 판이 어떻게 돌아가는지를 파악하는 것이다. 그리고 어느 시장이 성장 가능성이 높은지, 해당 시장에 대한 구체적인 정보는 무엇인지 파악해야 한다. 또한 경쟁사는 어떤 제품을, 어떻게, 누구에게 판매를 하고 있는지도 분석해야 하며 경쟁사의 강점과 약점 등을 포함한 경쟁 전략을 확보해야만 한다.

고객은 해당 비즈니스에서 어떤 제품을 원하고 있고 고객들의 잠재적인 시장의 규모 등을 포함한 전반적인 분석이 필요하다. 이와 같이 과거에 해오던 감에 의한 영업, 말로만 하는 영업, 경쟁사와 고객을 생각하지 않고 자사 중심의 영업 형태에서 벗어나야 한다.

이제 B2B영업도 고객 데이터 분석과 경쟁사의 제품과 활동에 대한 분석 그리고 자사의 제품력과 영업 능력과 판매 조건 등의 분석을 통해 전략적인 사고를 갖춰야 한다.

둘째, 판매성공률을 목표로 한 영업 파이프라인 관리를 해야 한다.

B2C영업에서는 CRM데이터베이스를 중심으로 영업을 한다면 B2B영업에서는 '파이프라인'을 중심으로 영업을 해야 한다. 2장에서도 설명했듯이 영업 파이프라인은 영업 기회의 확보에서 최종 수주로 전환되는 과정을 영업 단계별로 관리하는 것을 파이프라인이라고 하며 영업자동화 SFA(Sales Forces Automation)의 일부 프로그램인

CRM 시스템을 통하여 '파이프라인'을 관리하고 있다.

이 '파이프라인'이 영업 성과에 영향을 미치는 변수는 크게 네 가지로 **①확보 영업 건수에서 ②양질의 영업 기회 건수 ③영업 건수별 단계별 전환율 ④최종 수주로 연결되는 판매성공률**로 구성되어 있다. 영업사원들이 해야 할 일은 영업활동을 통하여 양질(고객사의 건전성, 매출 규모, 당사와 거래 여부 및 당사 제품과의 적합성 등)의 영업 기회와 건수(가망 고객)가 확보되도록 해야 한다. 다음은 각 영업 건수들이 계획대로 진척이 되어 다음 단계로 전환이 되도록 관리를 해야 한다. 마지막으로 최종 수주로 결정이 되어 판매로 이어지는 성공률을 높이도록 노력해야 한다.

이 과정에서 문제점은 양질의 영업 기회는 확보하였으나 중간과

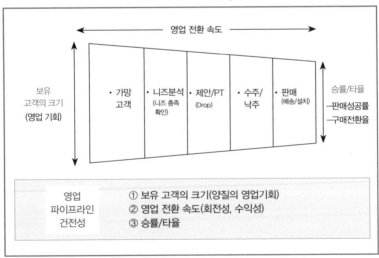

B2B 영업 파이프라인(Pipeline)

거래선별 영업단계 관리

매출구분	거래선	거래선구분	영업단계					대응구분		
			가망고객	니즈파악	제안(PT)	수주	판매성공률	영업사원	영업관리자	영업팀
A급 (10억↑)	00	신규∨	0							0
		기존								
		충성								
B급 (5억↑)	00	신규								
		기존								
		충성∨	0						0	
C급 (5억↓)	00	신규								
		기존∨	0					0		
		충성								

정의 관리 미흡으로 최종 수주로 연결이 안 되는 경우가 많다. 이 문제를 해결하기 위해서는 파이프라인을 세부적으로 전략 관리를 할 필요가 있다. 위의 표와 같이 파이프라인의 거래선별 영업단계 관리 방향은 크게 세 가지로 구성이 된다.

1) 위의 표에서 좌측의 가망 고객의 거래 유형에 따라 다르게 관리를 해야 한다. 거래선의 유형은 신규 거래점, 기존 거래점, 충성 거래점으로 분류하여 영업하는 방법을 달리 할 필요가 있다.

2) 예상되는 매출 규모별, 수주 가능성별로 거래선을 전략적으로 관리해야 한다. 매출 규모는 산업별로 차이는 있으나 예를 들면

10억 원 이상점, 5억 원 이상점, 5억 원 이하점으로 분류하고 수주 가능성(가시성, A, B, C: visibility)별로 전략적인 관리가 요구된다.

3) 대응체제 수준으로 거래선을 구분한다. 예를 들면 영업사원 수준에서 처리 가능, 영업관리자의 지원이 필요한 점, 영업팀 단위의 집중 지원이 필요한 점 등으로 지원 정도를 구분하여 시각적으로 관리한다.

B2B영업사원의 영업 성과는 결국 파이프라인으로부터 나온다. 파이프라인을 어떻게 관리하느냐에 따라 영업성과는 달라진다. 영업관리자는 CRM의 SFA영업자동화에 의존한 관리로는 고효율의 판매 성공률을 기대할 수가 없다. 시스템은 어디까지나 시스템일 뿐이다. 시스템만 믿고 기다려서는 가시적인 매출을 기대하기가 어렵다. 직접 파이프라인을 세부적으로 들여다보고 영업사원과 수주를 위한 전략을 함께 짜고 지원을 해줘야 한다.

영업자동화의 파이프라인에 아무리 많은 영업 기회들이 있어도 단계별 전환이 늦어지고 판매 성공으로 이어지지 않으면 아무 소용이 없게 되는 것이다. 그리고 영업사원은 영업관리자가 미리 확인하고 진척사항을 물어보지 않는 한 가망 고객에 대한 진행사항을 미리 이야기하는 경우는 드물다. 파이프라인에 문제가 있어도 도움을 받기 보다는 혼자서 해결하려고 시도하는 경우가 많다. 영업사원은 자신의 약점을 영업관리자에게 잘 노출하지 않으려고 하기 때문이다.

셋째, 과학적인 데이터를 바탕으로 한 전략적인 B2B영업을 실행하라.

과학적인 데이터를 바탕으로 한 전략적이고 효율적인 B2B영업을 위해서는 크게 세 가지로 업무 역량을 강화할 필요가 있다. 우선 영업과 관련한 전문지식을 통하여 영업사원의 역량을 키워 나가야 한다. 일반적으로 영업한 경험이 많으면 많을수록 영업 성과가 클 것이라고 생각하지만 영업의 경험 년수와 영업 실적과는 높은 상관관계가 없다는 것이다. 오히려 영업 경험이 적은 신입사원이 오히려 더 높은 실적을 보이기도 한다. 실제 필자의 경험에서도 처음에는 영업 경험이 많은 고참에게 대형 거래선을 맡기지만 나중에 보면 신입, 혹은 경험이 그렇게 많지 않은 사원이 훨씬 더 높은 성과를 보이는 것을 경험하였다. 왜 이런 일이 발생할까? 그것은 바로 영업을 하는 사람에 그 원인이 달려있는 경우가 많다. 영업의 연륜이 높다고 영업 지식이 높아지는 것은 결코 아니다. 전문지식은 물론 회사의 정책과 함께 전략적인 영업 지식을 습득해야만 한다. 세상은 모두 변하고 있다. 중요한 것은 고객과 시장은 더 빨리 변하고 있다는 사실이다.

다음으로는 양적인 성과와 질적인 성과를 고려한 영업을 시행하라. B2C영업에서는 매출액과 이익률, 시장점유율, 고객 만족도 등의 평가를 하고 있다. B2B영업 역시 성과에 대한 평가를 하게 된다. 성과 평가의 세부적인 항목은 B2C영업만큼 다양하지는 않다. 가장 핵심적인 성과 평가의 항목은 주로 매출과 이익의 비중이 크게 차지한다. 여기서 문제는 매출액과 이익률이 서로 일관성이 없다는 것이다.

아래 그래프에서 보듯이 세로축에서 보면 '0' 손익분기라인 이하로 적자를 보면서도 거래를 많이 하고 있다. 또한 가로축의 매출액 크기와 상관없이 세로축의 고객별 이익률은 일관성이 전혀 없다.

이것은 필자의 경험에서도 매출액의 크기나 거래기간, 장기적인 기여도, 자사에 대한 충성도 등에 따라 이익률을 적용해야 함에도 불구하고 매출액이 적고 거래기간이 짧은데도 불구하고 오히려 대형 거래선보다 더 싼 가격으로 공급하는 사례를 많이 경험하였다.

물론 나름대로의 이유는 다 있다. 그러나 아래 그래프와 같이 매

기계업체 B사의 고객별 거래액 대비 고객별 이익률

출처: 『보스턴컨설팅그룹의 B2B마케팅』 이마무라 히데아키, 정진우 역, 비즈니스맵

출액의 크기와 전혀 상관없는 이익률의 패턴은 그 이유를 설명하기가 매우 어렵다. 따라서 영업에서는 양적인 매출액의 달성도 물론 중요하지만 질적인 이익률 관리를 전략적으로 할 필요가 있다.

마지막으로 성과를 고려한 전략적인 영업 방문활동을 해야 한다. 통상 일반적으로 거래선을 방문하는 것도 매출액이 높고 전략적인 거래선은 자주 방문을 하고 그렇지 않은 거래선은 덜 방문을 해도 된다. 그러나 영업사원들의 영업활동을 보면 매출액의 규모와 상관없이 그 반대로 방문하는 경우도 많다. 대형 거래선이지만 까다로운 고객인 경우 방문을 기피하고 매출은 적으나 호의적인 거래선에서 시간을 오히려 많이 보내는 경우가 많다.

화학업체 C사 영업사원의 담당 고객별 매출 잠재력 대비 방문 빈도

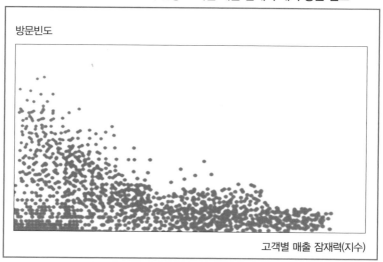

출처: 『보스턴컨설팅그룹의 B2B마케팅』 이마무라 히데아키, 정진우 역, 비즈니스맵

B2C영업은 모든 직원들이 가시권에 들어와 있지만 B2B영업인 경우 오전에 영업 현장으로 나가면 사실상 어디서 어떻게 영업을 하고 있는지 알 수가 없다.

이마무라 히데아키의 저서 『보스턴컨설팅그룹의 B2B마케팅』에서도 영업사원의 비효율적인 고객 방문 활동을 지적하였다. 앞의 그래프에서 가로축의 거래선별 매출액 크기와 세로축의 영업사원의 방문 빈도는 전혀 상관성이 없음을 보여준다. 가로축의 좌측에 있는 매출액이 작은 거래선에 오히려 영업사원의 방문 빈도가 높은 것을 볼 수 있다.

B2B영업을 전략화하기 위해서는 영업사원과 영업관리자는 마케팅과 영업 전략을 통한 과학적인 영업을 해야 한다. 영업조직은 고객과 경쟁사와 자사의 능력을 충분히 파악하고 파이프라인의 세부적인 관리를 통해 판매성공률을 높여 나가야 한다. 과거에 했던 영업 경험과 인맥 중심의 개인기 영업에서 영업자동화 SFA(Sales Forces Automation)를 기반으로 한 선진영업으로 대전환을 해야 한다.

Chapter 7
과학적인 성과관리로
'초격차 성과 영업'을 하라

전략적인 성과 평가로
장·단기 영업력을
확보하라

영업조직인 경우 매년 말에 차년도 매출 목표를 포함한 경영 목표를 수립한다. 이때 영업조직에서는 매출 목표를 포함한 성과 평가 목표를 정하는데 많은 시간과 노력을 들인다. 성과 평가 목표 중에서 가장 큰 비중을 차지하고 있는 매출 목표인 경우 전년 대비 어느 정도의 수준으로 잡을 것인가를 놓고 많은 줄다리기를 하게 된다. 영업조직 단위의 임원들은 서로 매출 목표를 적게 받기 위하여 올해보다 내년 영업이 어려운 이유를 본부에 이야기를 한다. 이는 매출 목표를 조금이라도 적게 받기 위해서다. 이 연간 경영 매출 목표에 따라 모든 성과 평가에 대한 결과들이 정해지기 때문이다.

그래서 영업조직에서는 매출목표를 포함한 성과평가 지표들이 매우 중요하다. 특히 영업조직에서는 매출 목표 대비 달성률이 가장 큰 가중치를 차지하기 때문에 매출 목표를 가능한 조금이라도 적게 받으려고 현장의 임원들은 그야말로 몸부림을 친다. 왜냐하면 이 성과목표에 따른 평가 결과에 의해 성과금, 연봉, 승진과 연결되어 있기 때문이다.

기업에서 성과 평가 제도를 통하여 바라는 목적은 크게 두 가지로 나뉜다. 하나는 기업이 그 해 목표를 달성하기 위한 것이고, 또 다른 하나는 당해 연도는 물론 미래에도 기업이 추구하는 목표를 지속적으로 달성할 수 있는 역량을 평가 지표를 통해서 갖추기 위해 성과 평가 제도를 운영하는 것이다.

그러나 실제 기업에서 운영하는 성과 평가 제도의 관리 지표를 보면 두 가지 목표 중에서 전자에 해당하는 그 해 목표만을 달성하기 위한 지표를 운영하는 경우가 대부분이다. 그 목표란 주로 매출을 중심으로 한 재무적인 성과로 집중되어 있다. 즉 장기적으로 안정적인 매출을 위한 조직의 역량을 키우는 과정 관리에 대한 지표는 부족하다는 것이다.

닐 도쉬와 린지 맥그리그는 그들의 저서 『무엇이 성과를 이끄는가』에서 관리 지표에 대한 오류의 사례로 '코브라 효과'를 예시로 들었다.

인도가 영국의 식민지로 있을 때인 1800년대에 인도의 델리 도심에 다니는 코브라의 개체 수를 줄이기 위해 영국 정부는 코브라 사체에 포상금을 걸었다. 그 이후 포상금을 받기 위해 코브라를 잡아들여

한동안 코브라가 줄면서 코브라에 대한 공포가 좀 낮아지는 것처럼 보였다. 그러나 일부 사업 수완이 좋은 사람들은 코브라로 포상금을 벌기 위해 코브라 농장을 차렸다. 영국 정부는 사태를 파악하고 포상 제도를 없애 버렸다. 그에 따라 코브라를 키우던 코브라 농장에서는 코브라를 방생하게 되고, 결국 코브라의 개체수는 오히려 늘어났다고 한다.

이와 같이 조직에서는 성과 평가에 대한 지표를 어떻게 정하느냐에 따라 조직의 관심 우선순위와 행동의 방향이 완전히 달라질 수 있다.

이런 측면에서 조직의 성과 평가를 단타식의 1년짜리로 운영할 것인지 아니면 3~5년 후의 영업 역량을 위한 장타식의 성과 평가로 운영할 것인지를 결정하는 것은 매우 중요하다. 필자의 경험과 이론적인 내용을 포함하여 아래와 같이 장·단기 영업력을 함께 강하게 만들기 위한 성과 평가 제도를 제안한다.

첫째, 영업의 리더는 미래의 경쟁력을 함께 키울 관리 지표 항목을 직접 결정하라.

성과 평가 항목에 대한 결정 프로세스는 주로 기업의 전략을 담당하는 마케팅팀과 관리팀, 혹은 재무팀에서 서로 협의하여 결정한다. 최종적으로 의사 결정의 권한은 물론 영업의 리더에게 있지만 중요도에 비해 결정 과정에 대한 프로세스는 대부분 폐쇄적으로 결정하는 경우가 많다. 또한 리더의 경영 안목이나 특성에 따라 다소 다르겠지만 리더 본인이 중요하다고 생각하는 항목 중심으로 관리 지표를 결정하고 배점을 정하게 된다. 그러나 결과는 영업리더 또한 매출과 이익을 중심으로 평가를 받는 관계로 역시 재무 중심으로 가중치를 많이 둔 평가 지표를 운영하게 된다. 결국 매출과 이익을 만들어 내는 조직의 근육과 같은 과정 지표는 소홀하게 다루어 지고 만다.

그러나 영업리더는 조직의 성과 평가를 위한 관리 지표를 좀 더 장기적인 관점으로 균형있게 보아야 한다. 조직은 평가 항목에 따라 전체의 행동 방향이 달라지는 관계로 단기적인 성과와 함께 장기적으로 미래의 성과를 만들어 낼 수 있는 역량 강화 부분에도 평가 항목을 균형있게 배정해야 한다. 장기적인 관점에서 조직의 역량을 키우는 것이 리더의 의무이자 책임이다.

앞에서 설명한 말콤 볼드리지의 'MB모델'에서는 기업의 평가 항목 중에서 경영 성과 즉, 재무적인 성과의 가중치를 1,000점 만점에 450점으로 평가하게 되어 있다. 즉, 재무 성과에 45%를 배정하고 재무 성과를 만들어 내는 과정 관리 요소에 55%의 가중치를 두어 균형을 유지한다. 'MB모델'에서는 재무 성과보다 결과를 만들어 내는 과정 관리 요소, 즉 역량 부분에 오히려 더 큰 55%의 비중을 주고 있는 것이다.

그러나 실제 국내에 있는 많은 영업조직에서는 그렇게 운영을 하지 않는다. 매출을 중심으로 한 재무적인 항목에 성과 평가 배점을 약 70~80%정도를 배정하고 있다. 사실 재무적인 성과는 이미 성과로 발생한 과거에 대한 부분이다. 과거 성과에 70~80%를 가중치를 크게 배정을 하고 정작 미래의 매출을 위한 역량을 준비하는 부분에는 가중치를 소홀히 하고 있다. 이럴 경우 모든 영업조직은 미래 역량 강화 보다는 단기적인 성과에만 급급한 영업활동만 하게 된다. 예를 들면 영업사원의 역량개발을 위한 교육이나 자격증 취득 등과 같은 것은 모두 쓸모없고 가치 없는 일이 되고 만다. 다시 말하면 이런 평가제도에서의 영업은 오늘만 있고 내일은 없게 되는 것이다.

둘째, 현장의 프로세스를 잘 이해하고 평가 지표를 정해야 한다.

영업 역량을 강화하기 위한 관리지표를 선정할 때 관리 지표와 현장에서의 운영 결과에 대한 사전 검토와 시뮬레이션을 충분히 해봐야 한다. 마케팅과 관리팀에서 평가항목을 결정할 때 평가항목을 제대로 선정을 못하면 조직의 역량 강화도 안될뿐더러 전체적으로 영업사원들에게 삽질만 시키게 된다.

앞에서 설명한 내용으로 고객에게 주위 지인에게 소개를 부탁하자는 차원에서 '가망 고객 정보를 받자'는 캠페인을 시행한 어느 기업의 이야기이다. 캠페인과 함께 '가망 고객 정보'에 대한 전산 입력 건수를 조직별, 영업사원별로 관리하였다.

전국에 있는 점포별, 영업사원별 '가망 고객 정보'에 대한 실적을 매일매일 전산에 입력한 실적을 기준으로 랭킹(순위)을 매기고 관리를 하였다. 전산에 입력한 실적 기준으로 부진한 지점이나 영업사원은 '가망 고객 정보'에 대한 취지와 중요성을 인식하지 못한다는 차원에서 질책까지 당하게 되는 것이다.

그 이후에는 어떻게 되었을까? 여러분이 상상하고 있는 일이 실제 벌어졌다. 영업사원들은 엉터리 가망 고객 정보를 입력하기 시작했다. 결국 전산의 데이터베이스만 복잡해지고 쓸모없는 고객정보와 유효한 데이터가 뒤섞여 모두 쓸모없는 자료가 되었다고 한다. 따라서 평가 지표를 최종적으로 정하기 전에 스텝에서는 실제 현장에서 실행할 영업사원들과 충분한 의견교환을 통하여 이 일이 정말 중요한지, 실행하면서 부작용은 무엇인지, 장애 요인은 무엇인지를 충분히 의견을 교환하여 시행착오를 없애는 것이 가장 중요하다.

셋째, 성과 관리 및 평가에 대한 실행 파수꾼은 영업관리자의 몫이다.

영업 현장의 단위 조직을 맡고 있는 영업관리자의 역할은 대단히 다양하다. 그 중에서 영업사원들과 함께 영업 정책을 활용하여 목표달성을 해야 하는 것이 주요한 역할 중의 하나이다. 그러나 그것 못지않게 중요한 것은 본사의 영업정책을 포함한 모든 성과평가를 위한 지표에 대한 현장과 고객의 반응과 진행상의 문제점을 본사에 있는 그대로 피드백 해줘야 하는 역할이 있다.

한번은 이런 경우가 있었다. 전자 전문점인 롯데하이마트, 삼성 디지털플라자, LG 베스트숍를 포함한 모든 가전 판매점이 주말(토, 일요일)판매를 많이 하기 위하여 주말마다 경쟁적으로 판촉을 하게되었다. 물론 지금은 그렇게 하지 않고 있다. 이렇게 한동안 주말 판촉으로 '주말 이틀 간의 매출'을 모든 가전 판매회사들은 동종업계와 자연스럽게 비교하면서 영업 단위별, 지점별 랭킹(순위)을 매기게 되었다. 영업 현장에서는 심지어 주중(월~금요일)에 구매를 위해 방문하는 고객을 영업관리자가 주말 판매 비중을 올리기 위해서 주말에 방문하게끔 유도하는 어처구니 없는 일까지 벌어지게 되었다.

이렇게 해서 처음 시작할 때 45%정도의 주말 2일 간의 매출 비중이 급기야 65%까지도 올라가게 되었다. 그러나 주중과 주말의 매출을 모두 합친 주간 단위의 매출 증가는 크게 변동이 없었다고 한다. 풍선효과에 지나지 않았던 것이다.

이 해프닝은 할인된 가격으로 주말 판매를 하지 않으면 주말에 경쟁사에 고객을 뺏길 수도 있다는 우려 때문에 시작한 일이지만 모든 전자제품 전문점이 억지로 따라가는 면도 없지 않았다. 결과적으로는 모든 가전 판매회사들은 오히려 비용만 더 쓰는 꼴이 돼버린 것이다.

또한 주말에 고객이 몰리게 됨에 따라 고객에게 그만큼 친절하게 제품에 대해 설명할 수도 없고 친절한 접객 역시 등한시할 수밖에 없었다. 영업사원 역시 주말에 몰린 고객을 응대하느라 힘이 들고 가치 중심이 아닌 가격 중심의 영업을 할 수밖에 없었다. 그리고 고객에게 배달해야 할 물건 역시 왜곡이 되고 변동성이 커서 제조에서는 제품의 납기를 맞추는데 큰 어려움을 겪게 되었다.

고객과 가장 가까이 있는 사람은 결국 영업사원과 영업관리자들이다. 영업관리자들은 이러한 관리 지표들을 포함한 모든 정책에 대한 현장 의견이나 피드백을 가감 없이 스텝에 피드백 해야 한다. 이런 영업관리자의 피드백으로 본부는 조직 전체가 올바른 방향으로 나갈 수 있는 제대로 된 성과 목표와 전략을 수립할 수 있게 된다.

영업조직 역시 현장의 의견이 반영된 올바른 성과 지표를 실천하면서 영업 역량도 동시에 만들 수 있다는 공감을 가질 때, 단기 중심이 아닌 장기적인 미래 관점의 역량을 확보할 수 있다.

성과 평가 제도는 단순히 조직을 평가하고 보상하는 목적 이외 미래의 조직 역량을 어떻게 하면 일을 통하여 자연스럽게 강화시킬 것인가 하는 것이다. 또한 미래에도 안정적으로 성과를 내면서 경쟁사보다 더 큰 초격차의 시장점유율을 확보하는 것이다.

결국 이 문제에 대한 해답은 성과 평가에 달려 있다. 기업을 강하게 만들 수도 있고 기업과 조직을 망하게도 할 수 있는 성과 평가 제도와 관리 지표에 대해 새롭고 강한 눈길을 주자.

최고의 성과를 위해
스스로 뛰는 조직을
만들어라

저성장시대다. 영업을 책임지고 있는 영업관리자의 고민은 목표 달성이다. 이 영업목표 달성을 위하여 조직을 어떻게 움직여야 할까? 목표 달성을 위한 성과평가 제도가 있긴 있지만 평가 제도만 가지고 목표 달성을 할 수는 없다.

블레이크와 머튼은 리더십을 '독재형', '인간관계형', '방임형', '중간형', '이상형' 다섯 가지로 나누었다. 이 다섯 가지의 리더십을 영업 측면으로 나누어 보면 성과 중심의 '독재형'과 성과에 관계 없이 인간관계만 신경 쓰는 '인간관계형', 성과를 달성하기 위해 부하의 참여와 단결을 호소하는 '이상형'으로 압축해 볼 수 있다. 흔히 이상형으로는 개그맨 유재석의 예를 많이 든다.

그런데 영업관리자의 특성을 보면 대체로 성과 중심의 '독재형'들이 많다. 성과 평가 제도는 이미 전사적으로 결정된 공통 사항이다. 현장의 단위 영업조직에서는 이 평가 기준을 조정할 수가 없다. 결국 영업조직에서는 영업목표를 달성하기 위해서는 조직을 능동적으로 움직이게 하는 수밖에 없다. 영업에서 흔히 볼 수 있는 '독재적인 방법'을 사용하면 지속적으로 좋은 성과를 만들면서 갈 수 있을까? 조직에서는 관리자의 리더십 스타일에 따라 조직 분위기가 완전히 다를 수 있다.

세계적인 미래학자인 다니엘 핑크는 그의 저서 『드라이브』에서 "배고픔이나 성욕 등의 욕구를 '동기1.0'으로, 물질적인 보상을 '동기2.0', 그리고 창조적인 사람을 움직이게 하기 위해서는 '동기3.0'이 중요하다고 강조하였다. 관리자는 독재적인 방법이 아닌 직원들이 스스로 목표에 도전하고, 목표를 달성하기 위해 스스로 아이디어를 내고 뛸 수 있도록 '내적 동기(Internal Motive)', 즉 자발적 동기에 불을 붙여 주는 것이 관리자의 역할이다"라고 하였고 리더 또한 조직원들이 '내적 동기'를 유발할 수 있도록 솔선수범하는 것이 중요하다고 했다.

필자의 경험에서 보면 동일한 영업환경에서도 항상 최고의 성과를 내면서 즐겁게 조직원들과 똘똘 뭉쳐서 영업을 잘 했던 경인지사(수원과 인천을 담당)가 특히 기억에 남는다. 나머지 지사장들도 항상 그 지사에는 뭔가 특별한 것이 있다고 생각했다. 지금 돌이켜 생각해 보면 경인지사에는 그 당시 지사장을 중심으로 조직 내 보이지 않는 특별한 동기부여 요인이 있었던 것 같다.

로체스 대학의 에드워드 데시(Edward Deci)와 리처드 라이언(Richard Ryan)은 인간이 어떤 행동을 하는 데는 이유나 동기가 있다고 하였다. 크게 '직접 동기'와 '간접 동기'로 나누며 '직접 동기'는 성과를 높여주는 동기로 '일의 즐거움'과 '일의 의미', '일을 통한 성장'을 요인으로 들었다. '간접 동기'는 반대로 성과를 떨어뜨리는 동기로 '정서적 및 경제적 압박감'과 '타성'을 요인으로 들었다. 영업의 특성상 영업조직에서는 항상 압박감이 있을 수밖에 없다. 앞에서 언급한 경인지사의 경우 성과를 높여 주는 '직접 동기' 요소의 플러스 점수가 압박감을 주는 '간접 동기'의 마이너스 점수보다 훨씬 컸었던 것 같다. '직접 동기'의 플러스 값과 '간접 동기'의 마이너스 값을 합하면 '총 동기 지수'가 되는 것이다.

조직 문화 전문가인 닐 도시와 린지 맥그리그의 저서 『무엇이 성과를 이끄는가』에서 소개한 다음의 표 '모티브 스펙트럼'을 보면 상단 왼편에 '업무'라는 칸이 있다. '업무'라는 칸에 가까울수록 성과를 높여주는 요소이고 멀어질수록 성과를 떨어뜨리는 요소가 된다. 283페이지의 표에서 보면 '즐거움' 동기가 다른 동기보다 성과를 크게 올리는 요소인 반면에 '업무'라는 칸에서 가장 멀리 떨어져 있는 '타성'이 성과를 가장 떨어뜨리는 요소가 된다.

이 표에서 알 수 있듯이 영업관리자와 영업사원들이 힘을 합쳐 최고의 성과를 내는 조직의 '직접적인 동기'는 닐 도시와 린지 맥그리그

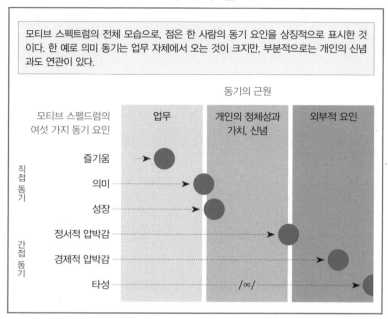

모티브 스펙트럼

모티브 스펙트럼의 전체 모습으로, 점은 한 사람의 동기 요인을 상징적으로 표시한 것이다. 한 예로 의미 동기는 업무 자체에서 오는 것이 크지만, 부분적으로는 개인의 신념과도 연관이 있다.

동기의 근원

| 모티브 스펠드럼의 여섯 가지 동기 요인 | 업무 | 개인의 정체성과 가치, 신념 | 외부적 요인 |

|직접동기| 즐거움 |
| 의미 |
| 성장 |
|간접동기| 정서적 압박감 |
| 경제적 압박감 |
| 타성 |

/∞/

출차: 「무엇이 성과를 이끄는가」 닐 도시와 린지 맥그리그, 유준희 외 1인 역, 생각지도

는 다음과 같이 세 가지로 설명하였다.

첫째, 조직과 관리자는 직원들에게 '일의 즐거움'을 줘야 한다.

우리 모두가 경험 했듯이 가장 좋은 성과를 내는 경우는 좋아하는 일을 할 때 일어난다. 필자의 경우 수영을 할 때 즐거움을 느끼고 어떤 보상이 없어도 꾸준하게 수영을 하여 기량을 늘리고 있다. 자신의 일터에서 하는 일이 모두 재미 없고 지루한 일이라면 매일매일이 괴로움의 연속이 될 것이다.

영업조직인 경우 매월 달성해야 할 매출 목표가 있다. 영업관리자는 어떤 방법과 경로를 통해서 매출 달성을 할 것인지 독재적인 방법

이 아닌 직원들과 함께 아이디어와 해결책을 찾으며 그 가운데 '즐거움'을 줘야한다. 우리는 구글이나, 사우스웨스트, 도요타와 같은 회사들이 '일의 즐거움'을 통해 성과를 만들어 내는 대표적인 사례로 알고 있다. 이 글을 읽는 대부분의 독자들은 그 회사들은 글로벌 회사니까 충분히 그럴 수 있다고 생각할 수도 있다. 그러나 사실 '일의 즐거움'이나 재미는 기업차원의 문화나 정책도 중요하지만 내가 일하고 있는 작은 단위 조직의 근무 분위기가 더 중요하다. 따라서 이러한 단위 조직의 근무 분위기나 '일의 즐거움'의 원천은 바로 조직의 책임자인 영업관리자로부터 나오는 것이다. 영업관리자가 직원들이 스스로 움직일 수 있도록 직원들의 이야기를 경청하고, 직원들을 이해하고 함께 상호작용을 하는 것이 가장 중요하다.

독재형의 영업관리자가 되느냐, 아니면 '일의 즐거움'을 찾아 스스로 움직이는 조직을 만드느냐 하는 것은 바로 영업관리자의 몫이다.

둘째는 영업관리자는 영업성과를 높이기 위해 직원들에게 '일의 의미와 일을 통한 성장'을 줄 수 있어야 한다.

필자의 경험을 보면 과거 근무 시 퇴사를 결심한 직원들을 면담해 보면 퇴사 이유 중의 하나는 바로 자기가 생각했던 일이 아니라는 것이다. 또 다른 이유는 앞으로 본인이 원하는 10년 후의 모습은 현재의 영업관리자의 모습이 아니라는 것이다. 지금 이 말을 되새겨 보면 바로 '일의 의미와 일을 통한 성장' 측면에서 신입사원들이 앞으로 근무를 계속해야 할 동기를 갖지 못했던 것이다.

사실 영업이라는 일이 매일 반복된 것을 하는 것이다. 그러나 결과를 만들어 나가는 과정은 매번 다르다. 만약 지금이라도 조직에서 퇴사를 결심한 신입사원들이 있다면 영업관리자는 신입사원과 대화와 상호 작용으로 하고 있는 일에 대한 가치와 중요성 그리고 이 일을 통해서 앞으로 성장해 나갈 비전을 제시해 줄 수 있어야 한다. 직원들은 성과에 대한 보상도 중요하지만 그것보다 일을 통하여 이 일이 미래에 과연 나에게 얼마나 도움이 되느냐 하는 것을 더 중요하게 생각한다.

마지막으로 영업관리자는 영업성과를 떨어뜨리는 요인을 전략적으로 관리해야 한다.

영업성과를 떨어뜨리는 동기로 '정서적 및 경제적 압박감'과 '타성'이 있다. 영업의 특성상 부정적인 압박요소가 타 조직보다 상대적으로 많은 게 사실이다. 관리자와의 관계에서 오는 정서적인 압박과 영업성과에 따른 직접적인 보상과 처벌 등에 대한 압박이 강하다. 이런 압박에 의한 요소로 인해 '일의 즐거움'이나 '의미'나 '일을 통한 성장' 등이 무력해지는 것이다. 하루하루가 괴롭고 떠밀려 살아가는 기분으로 '타성'에 젖어 일을 하게 된다.

그러나 앞에서 언급한 구글이나 사우스웨스트와 같은 회사도 마냥 성과를 높여주는 '즐거운 동기요소'들만 있는 것은 아니다. 다음의 표 좌측을 보면 사우스웨스트의 총 동기값 41에 비해 경쟁사는 27에

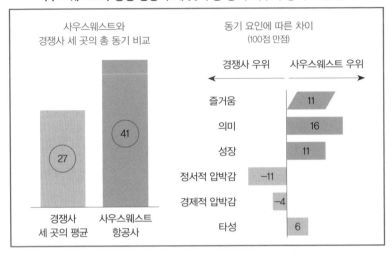

사우스웨스트와 경쟁 항공사 세 곳의 총 동기 지수와 동기 요인 분석

사우스웨스트와
경쟁사 세 곳의 총 동기 비교

동기 요인에 따른 차이
(100점 만점)

경쟁사 우위　사우스웨스트 우위

즐거움　11
의미　16
성장　11
정서적 압박감　−11
경제적 압박감　−4
타성　6

경쟁사
세 곳의 평균　27
사우스웨스트
항공사　41

출처: 『무엇이 성과를 이끄는가』, 닐 도시와 린지 맥그리그, 유준희 외 1인 역, 생각지도

머물고 있다. 이런 수치가 결국 영업 현장에서 고객에게 경쟁사보다 더 큰 '즐거움'과 고객 만족으로 이어지며 고객을 환호하게 만들고 결국 경영상의 수익으로 돌아오게 하는 것이다.

최고의 성과를 위해 직원들이 스스로 뛰는 조직에는 분명한 특성이 있다. 기업에는 성과를 올리는 '직접적인 동기'도 있지만 반대로 압박을 주는 '간접적인 동기'들도 분명히 있다. 하지만 성과를 높이기 위해서는 '직접적인 동기' 요소를 더 높이는 것이 성과를 위해 스스로 뛰는 조직을 만들 수 있다.

확실한 성장 전략,
'판매 성공률'로
승부하라

'판매성공률'을 다르게 말하면 타율, 승률, 구매전환율이라고도 한다. 오프라인 매장에서는 고객을 상담하고 판매로 연결된 비율을 말하고 온라인 유통에서는 고객이 광고를 클릭하여 사이트에 방문하여 회원으로 가입 후 실제 구매로 연결된 비율을 구매전환율이라고 한다.

영업조직에 따라 '판매성공률'을 중요하게 생각하고 성공률을 관리하는 조직이 있는가 하면 그렇지 않은 조직도 있다. 특히 구매 빈도가 낮고 구매 단가가 높은 자동차나 전자제품의 경우에는 특히 구매를 결정하기 전에 고객은 여러 브랜드를 검색하고 점포를 방문하면서 제품과 가격을 비교하는 경우가 특히 많다. 그래서 상담을 하는 건수는 많으나 한 번의 상담으로 100% 판매를 성공시키는 것은 사실상 그렇게 쉽지만은 않다.

특히 요즘과 같은 저성장기에서 영업조직의 고민은 항상 목표 달성과 성장에 집중되어 있다. 성장을 하려면 '매장을 방문하는 고객의 수를 늘리는 방법'과 '고객을 상담하고 판매하는 판매성공률을 높히든가' 아니면 '1회 구매하는 구매 금액을 높이는 방법'과 '구매하는 빈도를 더 늘리게 하는 방법' 등이 있다.

그러나 어느 것 하나 만만치 않다. 성장기와 달리 저성장기에는 물건을 살려고 매장을 방문하는 고객의 숫자는 오히려 줄어들고 있으며 1회 구매하는 금액을 높인다든가 구매하는 빈도를 늘리기가 사실 참 어렵다.

이마트, 롯데마트와 같은 대형마트의 성장률도 역성장과 보합 수준을 맴돌고 있다. 성장을 위한 해법 중의 하나로 고객과의 접점에 있는 영업조직과 영업사원의 역량을 통하여 매출을 끌어 올려야 한다. 그러니 과거 성장기와는 다른 개념의 판매 기법과 상담으로 '판매성공률'을 높여보자.

일부 기업들은 이미 오래 전부터 '판매성공률'을 관리하고 있다. 그리고 이미 관리하고 있는 기업이라면 좀 더 과학적이고 체계적인 관리가 필요하다. 현재의 '판매성공률'에서 현상만 관리하고 있다면 아무 소용이 없다. 필자의 경험과 이론적인 내용을 바탕으로 아래와 같이 '판매성공률'을 높혀서 성과를 올리는 방안을 제안한다.

첫째, 영업사원들에게 '판매성공률'에 대한 필요성과 효과를 확실히 인지시킨다.

'판매성공률'을 관리하면 1)확실하게 매출을 달성하기가 쉽다. 영업사원 각자가 매출 달성을 위한 수단으로 인식하는 순간 '타율' 향상을 위한 노력을 하게 된다. 야구선수 역시 '타율'을 올리기 위해 근력을 키우고 자기의 강,약점을 파악하여 무수한 노력을 하게 된다. 야구선수들의 '타율'은 그냥 쉽게 올라가지는 않는다. 영업의 '타율'을 위해서도 필요한 영업 근력을 키워야 한다.

2)판매 영업사원들로 하여금 영업에 대한 적극성을 이끌어낼 수 있다. 영업사원별 '타율'의 공유로 고객과의 상담에서 판매를 성공시키기 위해 더욱 적극성을 갖게 된다.

3)성공률을 관리하면 경쟁 점포보다 경쟁력을 우위로 가져 갈 수 있다. 고객은 이 점포에 왔다가 경쟁 점포에도 방문할 수 있다. 어느 점포의 영업사원이 더 접객 능력과 영업역량이 우수한지에 따라 판매가 결정될 수도 있다. '타율'에 따른 점포 매출의 차이가 바로 경쟁력의 차이로 나타난다.

둘째, 영업사원별 '판매성공률'에 대한 구체적인 목표와 전략으로 접근해야 한다.

사실 이런 '판매성공률'과 같은 새로운 전략을 정착시키려면 정말 어렵다는 이야기를 앞에서 이미 하였다. 이와 같은 경우에도 '타율'을 조직별, 개인별로 관리를 하면서 강하게 챙겨버리면 허수가 생기게 마련이다. '타율'은 상담한 고객수 중에서 판매로 성공한 고객수를 말한다. 따라서 '타율'을 올리기 위해서 상담 고객수를 줄여버리면 '판매성공률'이 완전히 왜곡이 되어버린다. 상담 고객수를 줄이면서 '타율'만 올린들 무슨 소용이 있는가? 매출은 늘어나질 않고 목표 달성도 못하는데….

이런 때는 영업관리자의 역할이 대단히 크다. 영업사원별 '타율'에 대한 역량을 올리고 실제 매출 성과에 도움이 될 수 있게 구체적인 상담 스킬에 대한 교육으로 '타율' 관리를 해줘야 한다. 영업은 사실 첫 상담, 1회 상담으로 판매를 성공시키는 것이 가장 이상적인 영업이다. 상담의 기회는 이번뿐이고 절호의 찬스라는 생각으로 상담을 해야 한다.

고객이 이곳에서 구매를 하지 않고 다른 기업을 찾는 이유는 14%만이 '제품에 대한 불만족'이고 68%는 '기업과 직원의 접객과 서비스에 대한 불만족' 때문이라고 한다. 이렇듯 영업사원의 실력에 따라 판매 여부가 결정된다는 연구자료이다.

표를 통해 K영업사원의 '판매성공률' 즉 '타율'에 따른 매출액의 변화와 추가로 늘어나는 매출액을 비교해보자.

현재 타율 50%에서 '타율'을 10%만 높여 60%로 하면 매출은 일간 100만 원, 월 매출은 3,000만 원이 늘어나게 된다. 늘어난 매출 3,000만 원은 당초 매출 1.5억 원보다 20%나 성장한 숫자이다.

K영업사원은 또한 어제까지 누계 타율을 알아야 한다. 판매하고 있는 품목이 여러 품목인 경우 품목별 타율을 반드시 알고 관리를 해

	현재 타율이 50%인 경우				타율을 60%로 향상한 경우	
A	일일 상담고객수	20명		A	일일 상담고객수	20명
B	판매성공고객수	10명		B	판매성공고객수	12명
C	상담실패고객수	10명		C	상담실패고객수	8명
D	고객당 구매 금액(예)	50만원		D	고객당 구매 금액(예)	50만원
E	일일 매출액(B×D)	500만원		E	일일 매출액(B×D)	600만원
F	월 매출액(E×30일)	1.5억원		F	월 매출액(E×30일)	1.8억원

야 한다.

자동차 산업인 경우 중형차는 타율이 높은데 대형과 소형의 타율이 상대적으로 떨어지면 원인을 파악하고 개선책을 만들어야 한다. 개선책은 산업별로 다를 수 있지만 우선 ①제품지식이나, 판매 정책 숙지, 제품 설명력 ②고객니즈 파악(문제점 경청)자세 ③CS마인드 등으로 세분화해야 한다.

셋째, 영업사원은 상담 실패한 '미구매 고객'의 가망 고객화(Prospect)로 재판매를 성공시켜라.

위의 표에서 우리는 영업사원의 구체적인 역량을 높여서 첫 상담의 타율을 10%를 올리는 방법을 이야기하였다. 다음은 첫 상담에서 판매를 실패한 고객을 대상으로 재판매를 성공시켜 성공률을 다시 한번 높일 수 있는 방법에 대하여 살펴보자.

방문한 고객 2명 중 1명에게 판매를 하면 타율이 50%가 된다. 다음의 표에서 보면 20명의 고객 중에 첫 상담에서 10명에게는 제품을

	현재 '타율'이 50%인 경우			상담 실패 고객 10명을 재판매로 유도한 경우	
A	일일 상담고객수	20명	a	상담 실패 고객수	10명(a)
B	판매성공고객수	10명	b	가망 고객화(60%)	6명 (b=a×60%)
C	상담실패고객수	10명	c	재방문권유(60%)	4명(3.6명) (c=b×60%)
D	고객당 구매 금액(예)	50만원	d	재방문고객판매성공(60%)	2명(2.4명) (d=c×60%)
E	일일 매출액(D×C)	500만원	e	고객당 구매 금액(예)	50만원
F	월 매출액(E×30일)	1.5억원	f	일일 추가 매출액(d×E)	100만원 (월 3천만원)

팔고 나머지 10명에 대해서는 팔지 못했다. 판매가 안된 이유는 가격, 제품력, 구색, 시장조사, 상담 미숙, 고객 대응 부족, 가족 미동의 등의 여러 가지 이유가 있을 수 있다. 이럴 경우 고객과의 추가적인 대화로 고객과 한번 더 재판매를 하기 위한 연결의 끈을 놓쳐서는 안된다.

고객과 자사의 영업사원과의 재판매를 위한 이 연결의 끈을 우리는 위의 표에서 가망 고객화(b)라고 부른다.

가망 고객화(b) 절차는 고객의 전화번호나 인적사항 등으로 회원으로 등록할 수 있다. 이런 절차가 없으면 이 고객은 경쟁 점포로 가서 제품을 구매하고 경쟁사의 평생 고객이 될 수도 있다. 이런 가망 고객화(b) 활동으로 상담 실패 고객수 10명(a)으로부터 약 60%에 해당하는 6명을 가망 고객화(b)하여 전화번호나 인적사항 등을 확보해야 한다. 다음은 가망 고객화(b)된 6명으로부터 약 60% 정도인 4명은 재방문을 할 수 있도록 재방문권유 활동(c)을 해야 한다. 마지막으로 점포를 다시 방문한 4명 중 2명(2.4명)에게는 약 60%의 판매성공률로 제품을 팔자는 내용이다. 상담 실패 고객수 10명(a)으로부터 출발하여 모든 가능성을 60%로 가정한 것이다. 정리하면 상담을 실패한 고객을 그냥 포기하지 않고 끈질긴 가망 고객화 활동으로 다시 한 번 점포로 재방문하게끔 유도하여 최종적으로 판매와 연결시킨다는 내용이다.

따라서 당초 K영업사원의 '판매성공률' 50%에서 60%로 10%를 높였을 때 추가 매출은 3,000만 원이었다. 다시 상담에서 실패한 고객을 다시 재판매로 유도하여 추가 매출 3,000만 원을 더 올렸다. 그래서 K영업사원의 원래 매출 1.5억 원에서 두 가지 영업 활동으로 6,000만 원이 추가(40% 성장 금액)되어 총 2.1억 원이 되었다.

제품을 사려고 하는 사람들이 점점 줄어들고 있다. 반대로 기업은 매년 전년보다 매출 성장을 해야만 한다. 이를 위해서 영업 현장에서는 판촉과 홍보를 통하여 신규 고객을 더 많이 유치하려고 한다. 그러나 신규 고객 확보는 기존 고객 유지보다 6배 더 많은 비용을 들여야 한다. 따라서 기존의 영업활동을 보다 더 디테일 하게 하여 성장을 하는 전략이 필요하다.

그 대안으로 '판매성공률' 즉 '타율' 관리를 통하여 매출을 늘리는 방법과 판매 첫 상담에서 실패한 고객을 방치하지 않고 가망 고객화 하여 재판매로 추가 매출을 확대하는 방법을 제안한다. 이마트, 롯데마트와 같은 대형마트와 백화점과 같은 대형 유통들도 이미 성장을 멈추고 있다. 새로운 방법과 영업 혁신으로 40% 이상의 기하급수 성장에 과감하게 도전해보자.

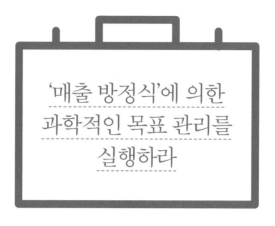

'매출 방정식'에 의한
과학적인 목표 관리를
실행하라

과거 일본 히로시마에 본사를 두고 있는 일본 가전전문 유통인 에디온에서 유통 연수를 했을 때 필자가 연수과정에서 깊은 인상을 남긴 것 중 하나는 에디온 직원들이 갖고 있는 목표에 대한 인식, 목표를 달성하기 위한 세부적인 계획과 활동들이었다. 한국의 롯데하이마트와 같은 가전전문 유통이지만 점포의 규모는 롯데하이마트에 비해 몇 배로 더 크다. 그들은 점포별 전체 목표에서 출발하여 최종 개인별로 할당된 목표를 갖고 있었다. 점장인 경우에는 점 전체의 목표를 어떻게 달성할 것인가를 두고 일별로 관리하고 있었고 영업사원역시 맡은 제품 혹은 맡고 있는 코너를 통해 구체적인 달성 계획을 갖고 있었다.

국내 영업에 근무하는 많은 기업의 영업조직과 영업사원들 역시 목표에 대한 개념과 구체적인 달성 계획을 갖고 있다고 본다. 그러나 좀더 체계적이고 구체적인 달성 방안과 함께 생활화가 되어 있느냐 아니냐 따라 다소 차이가 있다.

'목표'란 기업에서 주어진 기간 내에 달성해야 할 업무 과제를 말한다. 영업인 경우 목표를 크게 다음과 같이 다섯 가지로 구분한다. 우선 ①양적인 목표(매출액 목표, 판매 수량 목표, 품목별 비중 목표), ②질적인 목표(고객 인당 구매 단가 목표, 프리미엄 제품 판매 목표), ③기간 목표로 단기 목표(일, 주간, 월간, 분기)와 중기 목표(고객 확보와 직원육성 목표와 같은 과정 목표), ④유형 목표(매출 목표, 성장률 목표, 이익 목표), ⑤시장 검증 목표(경쟁력 목표)가 있다. 물론 비즈니스에 따라서 관리하는 업무 과제가 다를 수 있다.

그리고 '목표 관리'는 주어진 목표에 대해 목표 달성을 위한 실행 과정과 목표 결과 전체를 관리하는 것을 말한다. 목표 관리에 대한 프로세스는 모두가 잘 알고 있는 네 가지 프로세스 '계획(Plan)', '실행(Do)', '원인 파악(Check)', '문제점과 대책 수립(Action)'으로 이루어진다.

①'계획(Plan)'에서는 목표를 설정하고 달성 '계획'을 수립하는 단계이고 ②'실행(Do)'에서는 목표 달성을 위한 계획을 '실행'하는 단계이다. ③'원인 파악(Check)'에서는 '계획'과 '실행 내용'을 비교 점검하고 차이(Gap)가 발생하는 내용에 대한 '원인'을 파악하는 단계이다. ④마지막으로 '문제점과 대책 수립(Action)'은 '계획'과 '실행' 간의 '갭

(Gap)해소'를 위한 문제점과 대책을 수립하는 단계이다.

이 과정에서 일본 가전 전문 유통인 에디온이 특히 중점을 두고 있는 사항은 네 가지 프로세스인 'P→D→C→A'를 분명하게 지키는 것이다.

유통 연수의 경험으로 보면 국내 기업에 비해 일본 에디온은 특히 '실행(Do)'의 단계를 매우 강하게 진행을 하고 점검(Check)단계에서도 목표 달성에서 '차이(Gap)'가 예상되는 부분에 대한 원인을 철저히 분석하여 대책을 수립하는 게 돋보였다. 이러한 선진기업의 목표관리에 대한 필자의 경험과 이론적인 지식을 바탕으로 초격차 성과영업을 위한 과학적인 목표관리를 아래와 같이 제안한다.

첫째, 영업관리자는 디테일하고 전략적인 목표 관리를 실행하라.

만약 K점포의 영업관리자, 지점장의 이번 달 매출 목표가 10억 원인데 최근 3개월 매출 실적이나 시황을 고려할 때 9억 원 정도의 달성이 예상된다면 ①'계획(Plan)단계에서 목표 달성에 '차이(Gap)'가 예상되는 부분에 대해 세부적인 대책이 있어야 한다. 이러한 세부 대책이 없다면 월말 마감 후에는 거의 90%의 달성 수준인 9억 원에 머물고 말 것이다. 어떻게 시황이 좋아져서 달성이 되겠지 하고 무턱대고 영업을 진행하는 것은 목표 관리가 아니다.

다음으로 영업관리자는 ③'원인 파악(Check)'단계에서 월중에 매출 차이(Gap)가 발생하는 부분에 대한 '원인'을 정확히 파악하는 것이 중요하다. 그 원인과 대책에 대하여 직원들과 구체적인 방법을 강구하고 실행해야 한다. 목표 관리의 중심에는 전체적인 영업을 책임지는 영업관리자의 역할이 중요하다. 영업관리자의 목표에 대한 시각과 전략적인 관리가 결과를 전혀 다르게 가져온다.

둘째, 영업사원이 갖고 있는 개인별 목표 의식 없이는 조직의 목표 달성은 힘들다.

영업관리자의 디테일하고 전략적인 목표관리와 함께 영업사원별 목표의식이 중요하다. 예를 들면 영업관리자의 전체 목표가 10억 원이고 K영업사원의 매출 목표가 1억 원이라면 전체적인 비중은 10%를 차지한다. 영업사원은 개인별 목표 1억 원을 30일 기준으로 일일 단위로 목표에 대한 진척 관리를 해야 한다. 1억 원에 대하여 기본적으로 달성할 수 있는 수준을 약 80%로 가정하여 8,000만 원이라고 한다면 나머지 2,000만 원에 대한 판매 달성 방안을 강구해야 한다. 1억 원을 30일로 나눌 경우 1일 매출 목표가 350만 원이라면 하루에 몇 명을 상담하여 몇 퍼센트의 판매 성공을 가져가야 달성 가능한지를 계획하여야 한다. 물론 그 방법으로는 판매성공률을 더 높이는 방법과 내방하는 고객 수를 더 올리는 방법이 있다. 내방 고객이 목표에 미달하여 더 올려야 할 경우에는 영업사원이 갖고 있는 개인별 CRM 데이터베이스(파이프라인)를 이용하여 고객을 점포로 유도하는 활동 등을 계획적으로 해야 한다.

셋째, '매출 방정식'에 의한 '개념 목표 관리'를 시행하라.

요즘 흔하게 '개념'이라는 말을 많이 쓴다. '개념'이란 특정 분야를 지칭하는 단어 앞에 붙어, 그 분야 중에서도 기준이 되고, 개념이 잡혀있다는 것을 나타내 주는 수식어다. 영업을 하는 모든 조직원이 매출을 만들어 내는 '매출 방정식'을 이해하고 영업활동을 할 경우 목표 달성과 관련한 현장의 문제점과 대책 수립에 훨씬 도움이 된다는 내용을 필자는 '개념 목표 관리'라는 말로 정리해 보았다.

개념 목표 관리를 위한 '매출 방정식'에는 일곱 가지 공식이 있다.

보스턴컨설팅그룹의 B2B마케팅의 저자 이마무라 히데아키는 그의 저서에서 '매출 방정식'의 정의를 매출이 무엇에 의해 오르고 내리는지 몇 개의 요인으로 인수분해하여, 그 중에서 매출 신장에 가장 효과적인 요인을 검토하는 방법이라고 했다.

점포를 갖고 유통영업을 하는 가전매장의 '매출 방정식' ①을 살펴보면 우선 '매출 방정식' 을 구성하는 네 가지 세부 요소가 있다. 우선 점포를 방문하는 '내방 고객수'와 실제 구매를 위해 상담을 하는 '접객 고객수' 그리고 상담하여 판매로 이어지는 '판매성공률' 마지막으로 고객 1인당 구매하는 '객단가'로 되어 있다.

한마디로 정리하면 점포에는 많은 고객이 와야 하고 상담을 통하여 많은 사람이 물건을 사가면서 가급적 고객당 구매 금액, 즉 구매단가가 높으면 매출향상에 전체적으로 도움이 된다는 것이 '매출 방정식'①이다. 이를 위해서 각 요소를 어떻게 효율적으로 높일 것인가를 고민해야 한다.

'매출 방정식'②는 '매출=구매 고객수×객단가'이다. '구매 고객수'

를 늘리는 방법과 객단가를 올리는 방안을 고민해야 한다. 어느 한쪽 혹은 각각의 조합으로 모두 올릴 수도 있다. 구매 금액을 올리는 방법으로는 고객의 구입 제품의 수를 늘리는 방법으로 교차판매(Cross Selling)와 프리미엄 제품으로 상향판매(Upselling)를 유도하는 방법 등이 있다.

'매출 방정식'③은 '매출=고정 고객×내방 빈도×객단가'다. 이 부분은 고객 관계 관리CRM와 판촉에 대한 내용이다. '고정고객'이란 일단 CRM데이터베이스에 있는 유효한 고객수에서부터 출발한다. 여기서 '고정 고객'이란 데이터베이스 내에 있는 고객으로 타 점포나 브랜드로 이탈이 안 된 고객으로 판촉행사시 점포를 방문하여 제품을 구매해 주는 '단골 고객' 혹은 '충성 고객'으로 보면 된다. 이러한 CRM 데이터베이스 안에 있는 고객을 판촉 행사를 통해 점포를 방문하게 하여 '내방 빈도'를 높이는 방법을 고민해야 한다. 그냥 단순히 데이터베이스에 고객만 보유하고 있는 것은 아무 의미가 없다.

고정 고객들이 보유하고 있는 제품 정보를 기준으로 고정 고객들이 필요할 것 같은 제품을 제안하여 점포로 방문을 유도한 후 판매로 연결시켜야 한다. 여기서 핵심은 '고정 고객'이 점포로 내방하도록 해야 하는데 그것은 바로 영업사원별 보유하고 있는 개별 고정 고객(개인별 파이프라인)을 매장으로 유도하는 방법이 가장 좋다. 매장의 이름으로 고객에게 메시지를 보내는 것 보다 과거에 구매할 때 상담했던 영업사원의 이름으로 판촉행사를 알리는 것이 훨씬 친근감이 있다. 이때 영업관리자는 어느 영업사원의 고정 고객이 얼마나 매장을 방문했느냐 하는 것으로 영업사원별 고객 관계 관리와 CS에 대한 수준을 간접적으로 파악할 수 있다.

'매출 방정식'④는 '매출=영업일수×일별 매출'에서 '일별 매출'은 주로 평일, 주말, 경축일에 따라서 매출이 달라진다. 영업에서는 매일 매일의 '일별 목표'를 통상 줄여서 '일목'이라고 부른다. '일목'이 달성이 안되면 '월목(월별 목표)'을 달성할 수가 없다. 이런 관점에서 '일목'을 달성하기 위한 구체적인 방법이 필요하다. 마찬가지로 '월별 목표'는 또한 영업사원별 '일목'을 달성하는 것으로부터 출발한다.

'매출 방정식'⑤는 '매출=품목 판매대수×품목 평균단가'로 나타난다. 여기서는 '품목 평균단가'에 주목을 해야 한다. 고객에게 판매한 제품에 대한 품목별 판매 단가가 전사 평균과 영업사원 개인과 비교를 해봐야 한다. '품목 평균 단가'가 전사와 비교하여 영업사원 혹은 점포 전체의 수준과 비교하여 전사 기준보다 떨어질 경우 그 원인을 파악하여 조치를 취해야 한다. 품목별 평균단가를 올리기 위해서는 진열 연출이나 상품 설명력, 경쟁사 제품 지식 등에 대한 여러 가지 개선이 필요하다.

'매출 방정식'⑥은 '매출=영업사원수×영업사원당 매출'로 나타난다. '일별 매출'은 결국 '영업사원당 매출'의 결과에 따라서 다르게 나타난다. 앞에서 말했듯이 영업사원별 판매력의 차이가 전체 조직의 매출력이라 보아도 무방하다.

'매출 방정식'⑦은 '매출=매장 평수×평당 매출'로 나타난다. 점포 평당 발생하는 매출은 점포 주변의 상권에 따라 상대적으로 다를 수 있다. 하지만 점포의 매장 면적에 따른 평당 매출을 인근에 위치한 경쟁 매장과 비교하여 항상 체크해야만 한다. 그렇다고 매장이 커질 수록 매출이 따라서 커진다는 개념은 아니다. 여기서 우리는 '효율성'이나 '생산성' 측면을 생각해야 한다.

'효율성'이란 투입한 노력이나 자원 대비 거두어들인 성과의 비율을 의미한다. 그러나 우리가 이 '매출 방정식'에서 생각해야 하는 것은 '상대적 효율성'을 생각해야 한다. 이 '상대적 효율성'은 동일한 자원을 투입하고도 더 높은 성과를 얻든지, 아니면 더 적은 자원으로 동일한 성과를 얻는 것을 말한다. 무조건 비싼 임대료로 큰 점포만 확보하면 매출을 많이 할 수 있다는 것이 아니라 상대적으로 효율성이 있느냐 없느냐 하는 것을 체크해야만 한다.

따라서 매장 규모 대비 매출을 제대로 하고 있는지, 어떻게 하면 매장 면적 대비 최고의 매출을 만들어 낼 것인지를 항상 연구해야만 한다.

매출을 확대하기 위해서는 영업관리자의 디테일 한 관리 능력과 영업사원의 목표 의식이 중요하다. 따라서 전 조직원이 일곱 가지 '매출 방정식'으로 '개념 목표 관리'를 하는 것이 중요하다. 그리고 모든 조직 구성원들이 매출을 만들어 내는 요소들을 잘 이해해야만 한다.

우선 점포 전체로 보유하고 있는 고정 고객의 중요성과 함께 고정 고객을 판촉이나 문자 등을 통하여 점포로 자주 방문하게끔 하는 것이 중요하다. 다음은 점포를 방문한 고객에게 얼마나 높은 판매 성공을 하느냐 그리고 여러가지 제품을 함께 판매하여 객단가를 높이느냐 하는것이 중요하다.

그리고 영업사원 개인별 매출액에 대한 개념을 인식하는 것이 중요하다. 개인별 매출 달성이 조직 전체의 매출이 되는 것이다. 이럴 경우 개인별 판매 제품의 평균 단가가 전사 평균 대비 높은지 아니면 낮은지를 파악하고 품목별 판매 단가가 높게 유지될 수 있는 방법을 강구해야 한다.

마지막으로 점포의 매장 평수와 비교하여 평당 매출이 제대로 나오고 있는지 파악하고 면적 대비 점포의 매출이 제대로 나오지 않는 경우 진열이나 영업사원별 판매 방법에 대한 실행 방안을 만들어 시행해야 한다.

이처럼 조직의 매출을 만들어 내는 것은 많은 복합적인 원인에 의해 이루어진다. 따라서 이렇게 복잡하게 얽혀있는 '매출 방정식'에 대한 개념을 이해하고 구성원들이 함께 움직일 때 고성과 영업조직이 되는 것이다.

초격차
영업을 위한
성과 평가 전략

거의 모든 산업들이 이미 저성장시대로 접어들었다. 장기 불황시대에서의 핵심은 어떻게 하면 기업 간의 경쟁에서 승리를 하고 시장 점유율을 더 많이 확보할 것인가, 그리고 시장에서 경쟁사보다 지속적으로 더 높은 성장을 할 것인가 하는 것이 주요한 이슈이다. 본질적인 제품의 경쟁력이 비슷하다고 보면 이 문제를 해결하기 위한 방법은 결국 가치사슬(Value Chain)의 끝단에 위치하고 있는 고객과의 접점에 있는 영업조직의 역할에 달려있다고 해도 지나친 말이 아니다.

삼성전자에서는 경영의 세 가지 구성 요소를 '3P'라고 부른다. 이는 제품(Product), 프로세스(Process), 그리고 사람(Personnel)으로 정의하였다. 경영의 세 가지 구성 요소인 3P를 중심으로 경영 이슈인 매출과 성장과 경쟁력의 해결방안을 찾아보자.

경영의 세 가지 구성 요소인 3P 중에서 영업에서 가장 중요하게 생각하는 요소는 아무래도 사람(Personnel)일 수밖에 없다. 영업에서 사람을 가장 중요하게 생각하는 것은 기업의 영업 전략은 제품과 서비스를 어떻게 하면 경쟁사보다 더 탁월하게 고객에게 전달할 것인가 하는 문제를 갖고 있기 때문이다. 그 역할을 수행하는 것은 결국 영업조직에 있는 사람이기 때문이다. 따라서 영업의 핵심인 사람의 역량을 올리기 위한 수단으로 조직을 가장 강하게 움직이는 방법은 성과 관련한 평가제도다.

성과 관련한 평가제도는 목표에 의한 관리(MBO: Management by Objective, 이하 MBO)라는 이름으로 1954년 드러커(Drucker)가 처음 사용하기 시작했고 1992년에는 카플란(Kaplan)과 노튼(Norton)이 균형성과지표(BSC: Balanced Scored Card, 이하 BSC)를 새롭게 제시하였다. 많은 기업에서는 아직도 MBO를 이용하고 있다. 그러나 MBO의 효과성에 대해 상충되는 견해가 많다. MBO의 단점으로는 기업의 비전 및 전략과 연계성이 부족하다는 지적을 많이 듣고 있다. 다시 말하면 목표와 관련된 세부적인 지표 설정의 어려움으로 MBO를 성과 측정 지표로 활용하는 데는 한계점이 많다고 한다. 필자 역시 기업에 있을 때 MBO를 사용하였으며 평가 지표의 가중치는 주로 매출 중심의 재무적인 목표에

균형성과표

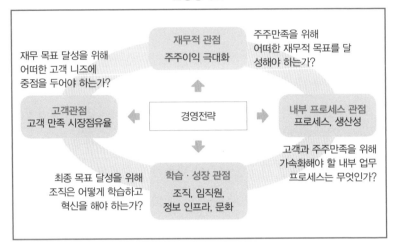

출처: 『말콤 볼드리지 MB모델 워크북』 신완선 외 8인, 고즈윈

치중하였고 목표를 달성하기 위한 과정관리에 대한 세부적인 지표는 상대적으로 미흡하였다.

이에 반해 균형성과표(BSC)를 처음으로 제시한 카플란(Kaplan)과 노튼(Norton)은 재무적 지표만을 중심으로 평가하던 MBO 성과 측정 시스템을 비판하고 균형성과표(BSC)의 네 가지 관점을 위의 그림과 같이 제시하였다.

균형성과표의 네 가지 관점을 설명하면 우선 첫째, 재무적 목표 달성 차원의 재무적 관점과 둘째는, 고객 관점으로 재무목표를 달성하기 위한 고객관점의 성과측정 지표로 주로 시장점유율, 고객 만족도 및 고객유지율 등이 있다. 셋째는, 내부 비즈니스 프로세스 관점으로 고객 만족에 영향을 주는 프로세스로 성과측정 지표로는 사이클 타임, 품질, 직원의 숙련도 및 생산성 등을 들 수 있다. 넷째는, 학습 및 성장 관점으로 기업이 계속해서 좋은 성과를 내기 위한 구성원의 능력을 올리고, 학습 능력을 개발하는 것을 말한다.

기존의 MBO 성과측정시스템이 과거 실적 중심의 재무적 관점에 치중하였다면 균형성과표인 BSC는 재무적인 성과 측정 뿐만 아니라 비재무적인 성과 측정도 가능하다. 그리고 임직원들에게는 기업의 재무적인 목표를 달성하기 위해서 비재무적인 세부 측정 지표를 분명하게 알게 해준다.

최근에 미래 경쟁력을 걱정하는 일부 기업들과 발 빠른 공기관에서도 기존의 MBO 성과측정시스템 대신에 균형성과표인 BSC를 도입하고 있다. 저성장시대에 대응하여 미래 역량을 키워야 하는 이 시점에서 과거의 MBO 성과측정시스템으로는 더 이상 성장과 경쟁의 차별화를 얻기는 점점 어려워졌기 때문이다.

다음은 초격차 영업을 위한 성과 평가 전략의 사례로 2014년에 필자가 연구한 국내 전자 유통의 평가 제도에 대해 살펴보자. 국내 전자 산업은 2012년 이후 전 부문에서 큰 폭으로 매출이 역성장을 하고 있다. 역성장과 함께 전자제품 취급 유통은 과포화로 유통채널 간의 경쟁은 더욱 치열해지고 있다. 이런 유통 간의 경쟁은 가격 중심의 과도한 직접 경쟁으로 이어져 수익성의 악화와 함께 적자 점포가 계속 발생하고 있다. 이를 타개하기 위한 대책으로 대부분의 전자제품 유통업체들은 점포의 경쟁력을 향상시키는 방안을 모색하고 있다.

전자제품 소매점포의 경쟁력을 향상시키는 방안 중 하나는 영업 관리자와 함께 영업사원들의 역량을 올리는 방법이다. 영업조직의 역량을 전반적으로 올리게 하는 방법은 성과측정지표를 바탕으로 조직 전체가 같은 방향으로 움직이게 하는 것이다. 그러나 대부분의 전자제품 소매유통들은 주로 재무적 성과 지표에만 치중하여 평가를 하고 있다. 이러한 단기 중심의 목표관리는 영업조직 전체를 단기성과 중심으로만 집중하게 만들고 미래 경쟁력을 확보하는데는 자연히 소홀하게 된다.

국내 전자제품 소매유통들의 성과 평가는 주로 재무적 성과 지표인 매출에 약 70% 이상의 가중치가 집중되어 있다. 이 70%의 재무적인 성과에 대한 가중치는 기업의 경영 평가 모델인 말콤 볼드리지 'MB모델'이 제시하는 45%(450점)에 비하면 1.5배의 높은 수준이다. 반면에 미래의 역량이나 성과를 만들어내는 과정에 대한 가중치는 10~20% 수준에 머물고 있다.

또한 매월 영업 실적을 평가하여 분기마다 지급하는 성과급 즉 인센티브 기준의 측정 지표는 거의 모든 가전 유통들이 재무적 성과지표인 매출에만 100%의 가중치로 집중되어 있다.

이러한 국내 전자제품 소매유통들의 재무 중심적인 성과 지표는 너무 매출에만 집중이 되어 있어 미래를 위한 역량 확보는 놓치지 않을까 하는 우려가 든다. 앞의 균형성과표와 같이 '재무 성과'를 만들기 위한 '내부 프로세스 관점'과 '고객관점' 그리고 '학습과 성장 관점'으로 균형된 성과지표 관리가 시급하게 필요하다.

국내 소매유통들의 미래의 경쟁력은 어느 유통이 먼저 합리적이고 미래를 함께 내다보는 새로운 성과평가 시스템을 운영하느냐에 달려있다고 본다. 영업조직의 초격차 성과달성을 위한 성과평가 전략을 아래와 같이 제안한다.

첫째, 균형성과표(BSC)의 도입으로 미래 경쟁력을 확보하라.

MBO 성과측정시스템이 성장기에 운영해온 시스템이라면 이제는 성과를 만들어 내는 과정관리에 더 많은 비중을 할애하는 균형성과표를 도입해야 한다. 균형성과표의 도입으로 재무적인 성과측정뿐만 아니라 비재무적인 성과 측정도 가능하게 하여 미래의 성과를 창출할 수 있는 역량을 동시에 확보해야 한다.

둘째, 평가를 위한 시스템이 아닌 상시 과정 관리로 균형성과표를 활용하라.

평가를 위한 시스템으로 균형성과표를 활용하지 않고 과정을 관리하는 즉 비재무적인 지표들을 관리하면 재무성과가 결과로 나온다고 생각하고 과정을 관리해야만 한다.

셋째, 성과를 만들어 내는 비재무적인 핵심 성공요소(CSF:Critical

Success Factor)를 선정하라. 성과를 만들어 내는 비재무적인 핵심 성공요소를 사전에 검증하여 잘 선정해야 한다. 성과평가에 반영되는 측정 요소에 따라 조직 전체의 행동이 달라지는 관계로 사전에 검증 프로세스를 거쳐서 성공 요소를 발굴해야 한다. 또한 이 핵심 성공 요소에 대한 중요성이나 내용들은 조직원들의 교육을 통해 충분한 공감대를 얻어야 한다. 또한 경영자나 영업관리자의 임의적이고 즉흥적인 핵심 성공요소의 변경이나 가중치의 변경은 조직의 일관성을 헤치게 된다는 사실을 명심해야 한다.

저성장기, 불황기의 영업의 차별화는 결국 사람의 차별화이다. 영업조직의 사람을 중심으로 한 영업 역량의 차별화를 통해서만 경쟁사와의 초격차 영업을 실현할 수 있다. 영업조직을 일사분란하게 한 방향으로 움직일 수 있게 하는 강력한 방법 중의 하나가 바로 성과평가 전략이다. 균형성과표의 도입으로 현재와 미래의 경쟁력을 함께 확보하자.

직장인 처세 시리즈

황인태 외 지음 I 각 권 13,800원

성과 내고 싶은 직장인, 리더에게 인정받고, 팔로워에게 존경받고 싶은 중간 리더들의 필독서!

평생직장의 개념이 없어지면서 현대의 직장인들이 방황하고 있
다. '과연 이 회사에 몸바쳐 일하는 것이 맞을까?', '이 회사에
서 얼마나 더 일할 수 있을까?' 헷갈리고 걱정스럽다.
이 시리즈는 '이왕 직장생활을 시작했으니 제대로 한번 해 보자'
라고 꿈을 세운 후 회사 생활을 시작하라고 말한다. 어떻게 하
면 조직에서 인정받는 핵심인재가 될 수 있을지, 어떻게 하면
성과 내는 중간 리더가 될 수 있을지 궁금하다면, 반드시 이 시
리즈를 필독하라!

빅데이터 경영 4.0

방병권 지음 I 15,000원

구글, 아마존, 넷플릭스는 어떻게 늘 혁신적인 의사결정을 할까? 밀려오는 4차 산업혁명의 파도, 빅데이터로 경영의 중심을 잡아라!

4차 산업혁명 시대에서 빅데이터를 활용하는 것은 크게 2가지
로 나눌 수 있다. 기존의 사업에서 빅데이터를 얻을 수 있는 부
분을 찾아 수집하고 활용하여 사업화하는 것과 나에게 필요한
빅데이터를 수집하여 사업에 활용하는 것. 저자는 책에서 후자
를 새로운 경영의 핵심이라 말하면서 "현장으로 직접 나가 측정
하라"고 조언한다. 4차 산업 혁명은 시작되었다. 우리는 이 대
세 흐름에서 벗어날 수 없다. 이 책은 새로운 패러다임 속에서
당황하고 있는 이들에게 해외의 성공 사례는 물론, 국내 사례
사례를 소개하여 실질적인 도움을 줄 것이다.

글로벌 코드로 일하라

곽정섭 지음 | 13,800원

**언제까지 전 세계 1%도 되지 않는 비좁은
국내 시장에서 경쟁할 것인가?
99% 넓은 시장으로 눈을 돌리면
1000배 많은 기회가 있다!**

사회적 서비스망이 잘 갖춰져 있지만 아직 청년과 비즈니스맨들
의 아이디어, 도전정신이 부족하다. 세상을 들썩이게 하는 아
이템은 우리보다 기술적으로 뒤처진 미국, 중국, 인도에서 나
오는 것이 현실이고, 오히려 우리나라는 미투(me too) 전략 같
은 후발 주자로서 유명 콘텐츠를 따라가기에 바쁘다. 이 책에는
지난 30여 년 간 국제 비즈니스 무대를 온몸으로 경험한 저자의
이야기가 담겨 있다. 우리 청년들이 주인공으로, 세계무대에
설 수 있는 기회를 놓치지 않도록 100배, 1000배 큰 세계 시
장에서 가능성을 펼칠 수 있는 구체적인 방안을 알려준다.

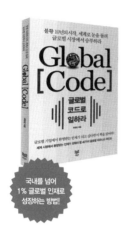

국내를 넘어
1% 글로벌 인재로
성장하는 방법!

삼성처럼 프레젠테이션하라

박지영 지음 | 13,800원

**이기는 PT를 하고 싶다면 당장 따라 해라
당신을 바라보는 상사들의 눈빛이 바뀐다!**

많은 직장인들이 효과적으로 프레젠테이션을 하는 데 도움을
화술, 슬라이드 작성법 등에 관심을 기울인다. 그러나 프레젠
테이션은 멋지게 발표하는 것이 목적이 아니다. 프레젠테이션
은 청중, 고객, 상사, 경영진을 설득하기 위해서 하는 것이다.
매끄러운 화술과 폼 나는 이미지로 호감을 사고, 웃기고, 사로
잡고, 감동을 주려는 것도 모두 그들을 설득하기 위한 것이다.
그들을 설득해서 상품을 팔고, 계약을 따내고, 프로젝트를 승
인받는 것이 프레젠테이션의 목적이다. 삼성물산에서 해외사업
을 담당하며 프레젠테이션의 노하우를 쌓은 저자가 쓴 이 책은
그럴듯하기만 한 프레젠테이션이 아닌 계약을 따내고 성과를
올리는 프레젠테이션을 하는 데 도움을 줄 것이다.

기획부터 작성법까지
100전 100승하는
프레젠테이션 노하우!